宗喀巴大師父子三尊

宗喀巴大師父子三尊 偈讚

肇建雪域車軌宗喀巴

事勢正理自在賈曹傑

顯密教法持主克主傑

佛王父子三尊敬頂禮

哈爾瓦·嘉木樣洛周仁波切 講記

四家合註

入門②

【增訂版】

親近善士

大慈恩·月光國際譯經院

總監 真 如

譯者 釋性柏、釋如行等

四家合註入門

第二冊・譯場成員

承辦／大慈恩・月光國際譯經院　第二譯場

總　　　監／真　如

主　　　譯／釋性柏

主　　　校／釋如行

初 稿 譯 師／釋如祥、釋性輝、釋性泰、釋性正、釋性璠、釋性謹、
　　　　　　釋性揚、釋性恕

眾　　　校／釋性祥、釋性利、釋性徹

眾　　　潤／江寶珠

打 字 編 排／釋性回、南海寺僧團（釋起演、釋起運、釋法論、
及 校 定　　釋法虔、釋法載、釋法鍊、釋法入、釋法方）、
　　　　　　張承、張波、王士豪

哈爾瓦・嘉木樣洛周仁波切

《四家合註》簡介

自宗喀巴大師依據阿底峽尊者的《道炬論》教授，將三藏十二部一切佛語的扼要，攝為成佛之道的次第——《菩提道次第廣論》以來，菩提道次第便成為諸多修行者的圭臬。尤其在格魯派中，菩提道次第更被視為實修佛法的不二教授。

大師造論六百多年來，許多祖師們為之著作了大量相關釋論。其中或為攝頌、講義、科判、講記、問答、實修指導、單科詳釋、結合餘論的通釋，種種形式，同彰一意。依據不完整的統計，格魯派的道次論著約共有一百二十餘家，近三百種。然而真正為整本《菩提道次第廣論》作全文註釋的論典，卻非常少見。

正是因應了學法者的需求，約十八、十九世紀初，誕生了《菩提道次第廣論四家合註》這部多樣而全面的《廣論》註釋，其中總集了

巴梭法王、語王堅穩尊者、妙音笑大師、札帝格西這四位大德所著的
箋註。《四家合註》問世以來，得到諸大德們的推崇。如阿嘉永津仁
波切於《廣論名詞解釋論》，及洛桑諾布仁波切於《菩提道次第教授
大寶藏論》中，皆特別介紹了《四家合註》，將之與道次第八大教授
並列。

　　這四部箋註的側重點各有不同，巴註主要針對難解、簡約的文
句，嵌入字詞以釋其義，令學者暢讀無滯。語註則多為徵引典故、歸
結論義、探討難點、結合修要的大段註釋。然而此二家箋註，較側重
於止觀之前。妙註則重在列科梳文，貫通全論；札註則專解勝觀，發
微闡幽。正由於四家的側重不同，無所重疊，交相輝映，因此成為了
學習《菩提道次第廣論》者的珍貴傳承教授。

哈爾瓦・嘉木樣洛周仁波切 簡介

　　至尊哈爾瓦・嘉木樣洛周仁波切（聯波活佛）1948年出生於青海久治縣。3歲時即被認定為前世哈爾瓦仁波切的轉世化身。1951年藏曆9月21日剃度。第二天正式在各莫寺坐床。從此，仁波切開始跟隨寺內最有學問的三位上師，聽聞、修行各種顯密教法。8歲時，他已能非常流利的背誦許多佛教經典與法本，以優異成績通過了本寺舉行的背經大考。1958年，仁波切被迫離開寺院，回到父母家中居住。1960年入學各莫小學，開始有機會較為系統地學習漢文。四年後，仁波切被下放到西藏中部的偏遠山區，自此開始長達十六年的放牧務農的生涯。

　　然而在這期間，無論條件多麼艱苦，仁波切卻未絲毫動搖內心對佛陀及教法的信仰，依舊嚴格持戒，精進修學。1978年間，仁波切從毛爾蓋・桑木丹大師學習聲明學。1980年，仁波切33歲時回到了闊別多年的各莫寺，重新擔負起寺院住持的各項職責與任務，一方面師從阿喀嘎桑、阿喀洛桑、阿喀智華等諸大格西，聞思修學《因明》、《現觀》、《中觀》、《俱舍》、《戒論》等各種教法，另一

方面還要經常為僧人們講經傳法，主持寺院的各項重建工作。自1983年起，仁波切先後擔任中國佛教協會理事、四川省佛教協會常務理事。其後數年之間，於拉卜楞寺從毛爾蓋・桑木丹大師求得《寶生百法》、《納塘百法》、《巴日百法》、《修法大海》等傳承，得受數百種灌頂隨許法。

1987年，仁波切來到北京參加了由班禪大師主持的中國藏語系高級佛學院的教材編寫工作。同年9月，仁波切作為首批學員正式入佛學院進修，深得班禪大師的賞識與愛佑。在此期間，仁波切於佛學院師從夏日東活佛，九個月中無所間歇地完整聞習《菩提道次第廣論四家合註》。1988年6月，仁波切以優異成績畢業。同年，由班禪大師提名任命，經國務院宗教局正式批准，仁波切開始出任藏語系高級佛學院藏傳佛教研究室主任。隨後數年之間，又師從拉卜楞寺法台根敦加措大師習學《因明》、《現觀》、《中觀》等論；從色拉寺耶謝旺秋大格西得受《上師薈供廣解》等傳承。

1990年，仁波切任各莫寺法台，與此同年，在極為艱辛的條件下興建各莫寺大經堂，1993年，大經堂正式開光啟用。

1995年，仁波切秉持佛法「慈悲濟世」的精神，開始創辦各莫寺弘法利生會，為當地社區做了大量印經助學、扶貧救災、施診放藥的工作，深得各界的認同及廣大牧民的讚歎。為使正法久住，眾生善根任運增長，從1997年2月起，仁波切開始出資修建各莫寺菩提大寶塔，並於1999年9月順利建成，以供奉宗喀巴大師的頭骨舍利，令有緣眾生得值殊勝福田，見者得益。

為了培養適應現代社會的弘法人才，仁波切還在各莫寺內創辦了顯密聞思講修院，從寺內外請來一流的格西擔任教師，添置引進了現代化的教學設備，為寺院僧團建設打下了堅實的基礎。期間，仁波切禮請拉卜楞寺法台根敦加措大師及阿喀洛桑師徒親臨各莫寺傳法，從而得受《金剛鬘》諸灌頂隨許法及《宗喀巴大師父子三尊文集》等傳承。

2013年，仁波切又從固嘉·智華加措格西，得受由拉科仁波切傳拉摩楚臣倉，拉摩楚臣倉傳智華格西的拉卜楞寺體系《菩提道次第廣論四家合註》傳承。仁波切以弘揚道次第傳承為己任，經兩次得受《四家合註》傳承之後，即為各莫寺僧眾傳授此珍貴傳承。翌年，又應邀至大覺佛學院傳授《四家合註》。透由仁波切辛勤地弘傳，此傳承得以傳於千餘名僧眾的相續之中。

近年來，仁波切以其恢宏的利生心願，於各莫寺興建以供奉彌勒佛為主尊的宏偉佛殿，為祈願彌勒的教法能得久住利樂人天，故以彌勒所居之兜率內院為立名——法喜苑，使一切眾生得親近者，皆如身處兜率淨土，面覲諸聖，洗滌心靈，深植勝緣。為此，仁波切於傳法之餘，更荷擔了沉重的興建佛殿工作。自2012年啟建，已於2017年夏天正式舉行開光典禮。由此殊勝因緣，必有無量眾生得受佛陀恩澤加被，僧伽居士大眾，更得安住於善淨妙法之中。

 四家合註入門 請法因緣

善知識是大寶庫藏，而有幸值遇，人生會突然富足，猶如貧人得至寶，心也彷彿從黑暗走向光明一樣，充滿希望。

每個人都有此生一定要完成的事，而尋找善知識並追隨學法，那正是我最大的理想。

我被一種痛苦擊中，那即是生死問題，為什麼一定要有生老病死？這問題猶如火般的追擊著我。渴望善知識為我解釋生死的心也變成長長的痛，不知他在哪兒，去何處尋覓。如果沒有這個人為我解釋生死之結，該何以堪？懷著這樣的痛苦，膽小怯懦的我，也終於敢離開家鄉，踏上尋找善知識之旅。

就這樣走到了北京，猶如在滿天星辰中，尋找屬於自己的那顆璀璨之星。想藉著它的光明，在黑暗中也敢前行。一邊尋找善知識，一邊學習淨土念佛法門，一邊拚命地鑽研禪宗，從一切可能中探索著生從何來，死向何去。有一天，一位友人送給我一本《廣論》，那是我此生第一次看到《廣論》。捧讀之際，竟愛不釋手，看了一段時間後，被其中善知識、念死、菩提心等部分深深地觸動，所以就到處詢問有沒有哪位大德講《廣論》，幾經輾轉居然聽說有一位台灣的大德有講，問：「是每句都有講嗎？」答：

「是。」聽後立即想得到那套講解的音檔。後來又到處尋找，終於一位法師幫忙借到了這套音檔，打開來迫不及待開始聽，一聽即是常師父的聲音，頃刻間眼淚就流下來了，彷彿一道陽光，照臨心上，獲救的感動瞬間充滿著內心，從此就再也離不開這樣的聲音。

那是一個夏日，我又和一群信佛並喜歡上早晚課的學生相遇，他們說要去拜見西黃寺的一位活佛，希望我也一起去。他們說不太容易見到，機會非常難得。我問：「什麼是活佛？」因為那之前完全沒有接觸過藏傳佛法。他們告訴我說：「就是轉世多生的成就高僧，有很多法力，還會咒語。」我問他們：「為什麼要去拜見？」他們說：「那是班禪大師的親傳弟子，最重要的是那位活佛會漢文，可以直接問問題。」然後我們就討論說要去問什麼。有一個學生說：「我想請活佛算卦，我要不要去留學？」還有一位說：「我想要了解學習藏傳佛法。」我們一起說著各自的願望，很期待拜會。而我還是想問那日夜揪著我的心，讓我無法安寧的問題：生死怎麼更快了脫？

於是那一天我們就早早坐了公交車，公交車下來又換了車，終於來到了西黃寺，走向了我的上師！

一進入西黃寺，映入眼簾的是，黃琉璃瓦的屋頂，亮麗在陽光下，紅牆蒼松，古色古香的寺院莊嚴肅穆，氣勢非凡。

還沒有到拜見的時間，他們就帶我去禮塔，穿過西側門，便見到那著名的清淨化城塔，是乾隆皇帝為六世班禪修建。六世班禪大師圓寂於西黃寺，

據說是六世班禪的衣冠塔，距今已經兩百多年了。那是一座由大理石建成的塔，主塔高十五米，塔身潔白，欄杆外有一對白獅子，不知為什麼我好像在哪裡看過，就朝那對獅子跑過去。竟然拍了拍獅子的頭，而且還撫摸了那石獅的舌頭，那舌頭有些長好像很柔軟。當時有一位出家人正在繞塔，他光著腳，非常的虔誠專注。於是我也跟著繞，不知為何，竟然心潮澎湃不已，一直旋繞禮拜著，直到大家叫我，才離開。走進了一棟房子的大門，向右拐，出現了一條似乎很長的走廊。走廊不寬，靜靜的，也不是很亮，我們的腳步也慢下來了，不知為什麼彷彿走向遼闊，心裡迅速地安靜下來，安靜中卻有一種莫名的激動和篤定。突然覺得這一切很熟悉，彷彿命裡註定，我走向了那位大德，他早已不知在多麼久遠的時光就等在我的必經之路上，也許就是那走廊深處的某個靜室。這走向他的時光雖然好長好長，我聽著自己的腳步和心跳，但一定能走到、一定要走到！

在一扇門前，我們停下來，扣門。門打開了，一個印滿吉祥八寶的藏式的門簾，被掀開，一位法師請我們進來。我的眼睛一下子就看到那位，威儀端嚴地捧著長函的經典，戴著眼鏡，慈愛熟悉的笑容。心裡頓時發亮，這場景竟是如此的親切，好像在哪裡見過？我立刻高興極了！就拜下去。說真的！那一刻，覺得眼前這位活佛怎麼那麼像我的親人！尤其是，覺得好像我的爸爸。自此，我就有了師父！

仁波切最先傳我的是，「黃文殊」、「皈依發心」、還有「兜率眾神頌」等等，還有「金剛薩埵」等珍貴傳承。因為常常去拜見仁波切，總看到

有一群又一群的居士或者出家人都在求法，等到他們求完了，我就說：「我可不可以聽？我也要學，讓我留下來吧！」幾乎每次仁波切都應允了，所以學了一些別人求的法，自己也很高興。

那時一直很想把聽《廣論》的事啟白仁波切，有一天終於有機會跟仁波切啟白：「我在聽《廣論》，是台灣的常師父講的。」然後仁波切聽了之後，很高興，說：「我知道這位法師，我知道！他在講《廣論》，一位漢地的法師講《廣論》，很神奇啊！你要認真聽，好好學！」於是我下一次就把自己的《廣論》筆記本，拿給仁波切看。本來以為仁波切看一眼，加持就行了。沒想到，仁波切拿過來，打開第一頁，一個字一個字看下來，一頁一頁非常非常認真地看完我的筆記本。我有些緊張，因為我的筆記本上，有各種畫，是自己創造的插圖，很擔心師父不許我畫。記得念死那一章，我就畫了一個大鐵錘，還放光，下面寫著「錘死貪著現世心」，諸如此類。

沒想到師父看完了，卻非常歡喜地說：「好好學、好好學，沒想到你學得這麼認真，太好太好了！」於是，就歡天喜地的把本子拿回來，繼續寫、繼續畫。隔了一段時間，去拜見仁波切。仁波切靜靜地對我說：「你現在《廣論》學得很好，你學《廣論》已經有基礎了，在這個基礎上有《廣論》的傳承是最好的。藏傳佛教所有的法都有傳承。所謂的傳承是什麼呢？譬如從《廣論》的傳承來說的話，它的涵義、它的內容是從釋迦牟尼佛親口傳出來的，一直傳到宗喀巴大師。從宗大師造了《菩提道次第廣論》的文字以後，由大師親口傳的《菩提道次第廣論》的口傳傳承，也一直傳到現在，並

傳到了我的上師，如同〈傳承上師祈願文〉所說一般。我們的這個傳承，是拉卜楞寺阿拉拉科仁波切所傳下來的。如果能獲得《廣論》的口傳傳承，可以得到很大的加持，因為其根源是由大師親口傳的。《廣論》的傳承有很多種，除了口傳傳承以外，尚有「講誦」（謝嚨‧ བཤད་ལུང་ ）及「引導」（赤‧ འཁྲིད ）；如果沒有得到傳承，為別人講法，是不如法的。」我聽完仁波切這段話後，了解了傳承的重要性，並生起無比的信心。當場就向仁波切求《菩提道次第廣論》的口傳傳承，仁波切也很歡喜地接受了我的請求。

去接傳承的那天，馬上就到了，可是居然北京意外地下起大雪。整夜未停的大雪，一直到第二天，持續飄落的雪花，將偌大的北京變得銀裝素裹，路邊的樹也都瓊枝玉葉，晶瑩聖潔，真是如畫般的美麗。媽媽帶著我站在路邊等車，白色世界，像上師聖潔的心意，對我顯示著嚴謹，和那有如白雪般不染纖塵的清淨傳承。在大雪中等了很久，一邊等一邊祈求著，忽然間一輛車停下，車窗搖下來說：「你們要去哪？我送你們一程。」於是我們趕快坐上那車子，發現不是出租車，是一輛私家車。他拒絕收錢，他說：「只是怕你們在雪中站太久等不到車。」我心裡一陣感動！雪中送車勝於雪中送炭啊！

終於到了寺院，在那個大雪的傍晚，從六點到九點，仁波切開始給我上課，仁波切說：「我要傳的是嚨的傳承，這個傳承是清淨的，是我的上師傳給我的，我現在把它傳給你。」說完仁波切就打開經典，開始誦念《廣論》，世界變得安靜了，祥和與慈悲充滿著小小斗室。漸漸，宇宙彷彿消失

了，只留下仁波切的聲音和身影。我們的心浸潤在那美妙流暢，如詩如歌般的古老旋律中，心向著無垠逐漸打開、打開，完全忘記了時光在流逝。就這樣，每天三小時，一連十五日，仁波切一直誦念著《廣論》，有時會解釋幾句。媽媽和我與一位法師，成為仁波切的漢族弟子中最先得到《廣論》傳承的人。

那時我能感覺到仁波切累，但每次勸仁波切休息一下，仁波切總說不累，只說：「能再學一遍《廣論》很高興！很高興！」過了幾年後我才知道，那段時間仁波切正在佛學院，傳授寶生百法的傳承，約有三百多個灌頂、隨許法的傳承。每天傳完法之後，還要再傳三個小時《廣論》的傳承給我，現在想來真是不忍又感動！上師為了把法留下來都看淡這份辛勞，將此視為己任。為弟子的我怎能將傳承容易看，不好好珍惜、頂戴呢？

就這樣，繼續學《廣論》，有一次就請問仁波切說：「《廣論》有沒有註釋？藏地的大德有沒有寫註釋？」仁波切說：「道次第的註釋在藏地可多了！好幾百種。」我驚訝說：「居然有這麼多！那有沒有一本翻譯過來呢？」我說：「在各大流通處好像都找不到。」仁波切說：「看起來是沒有人翻譯過。」我就請問說：「法尊法師當時翻譯了《廣論》，為什麼沒有翻譯一些註釋呢？後來也沒有譯師翻譯。」仁波切說：「啊！原因很多吧！」我說：「我好想好想有一本《廣論》的註釋啊！」於是我就請問仁波切說：「最著名的是哪幾本註釋？」仁波切說：「《四家合註》很著名。」聽到四家註，心中一震，忽覺千載難逢，不由自主跪下來跟仁波切說：「請您傳給

我《四家合註》的講誦傳承吧！」然後我說：「我自己學《廣論》實在是很需要。聽常師父帶子已經對我有極大的幫助，但是我真的好想學「毗缽舍那」，想要徹底知道生死要怎樣了脫，求您一定要傳給我傳承啊！」仁波切說：「過去班禪大師在1987年創建了中國藏語系高級佛學院，我是第一屆的學僧，當時主要學習的課本就是《四家合註》。我在夏日東仁波切座前，經歷九個月的時間，聽完了《四家合註》的講誦。如果講《四家合註》，我想一方面是傳授傳承，一方面也可以用討論的方式一起學習吧！」從那時候開始，我就期盼著、渴望著，一有機會就跟仁波切啟白。彷彿窮子翹首渴望，那遠行的父親駕船歸來，承載著無量珍寶的傳承之舟，再度停泊於我心靈的渡口。

後來值遇到了常師父，就跟常師父說起：「跟仁波切一直希求但還沒有得到《四家合註》的傳承。」常師父就非常非常慎重地說：「唉呀！這個傳承非常非常重要，那你一定要求到，要以清淨的動機，不停地祈求，法緣才會成熟。」所以我又繼續祈求，有一天，仁波切打電話來，說他找到時間，可以講《四家合註》，聽了之後，真是欣喜若狂！

約定好了時間，正好那時，常師父也來到了我身邊，所以白天跟仁波切上四個小時，上午兩小時，下午兩小時，下課後再跟常師父彙報一下我聽到什麼，每次常師父都非常非常開心，常師父說：「我年齡大了，身體又不好，你們有這個福報學習要好好珍惜啊！這傳承從來沒有傳到漢地過，這是一件驚天動地的大事，龍天歡喜啊！」並且一直勉勵我說：「你一定要認真

地聽，一定要好好地學，善知識難遇，教法難逢，不能辜負仁波切費這麼多心血來為你講課。」也就是在那個時候，仁波切和常師父見面了，非常歡喜，常師父讚美仁波切說：「能在寺院裡有這樣嚴格的規矩，在這個時代很不容易，用清淨的心在傳持教法，又如此重視聞思修，令人感動。」還教誡我說以後要去藏地各處求法的話，不要貿然自己就去，一定要跟隨一位有經驗的善知識去學、去求，一定要去請問仁波切，要多請問。

那段時間，除了上課，仁波切都在看經典，仁波切的書房裡有很多經典，仁波切好像從早到晚都在看。那段時間過得非常快樂，因為在聽《四家合註》的時候常常都會很感動，仁波切講解深入淺出，能動心意，有轉動相續的力量。所以每每在被仁波切的法語震到內心的時候，都覺得那個力量非常地強悍，而且聽完之後還帶有一種強大的實踐法的力量。所以真實地感覺到，得到傳承和沒得到傳承，在見解和行持的力道上，差別應該是很大的。

那時有得到講誦傳承，但是主要以討論的學習方式。之後因拉卜楞寺固嘉·智華格西為仁波切傳授了《四家合註》講誦傳承，所以仁波切就擁有了拉卜楞寺及嘉瓦仁波切的傳承。又過了一段時間，仁波切也在加拿大的佛學院傳了《四家合註》的講誦傳承，自此很多僧眾也擁有了這珍貴傳承，而我又完整聽了一遍，所以我前後得到兩次《四家合註》傳承。

討論學習的時候，最開心的是仁波切開許問問題，隨時可舉手提問。又像上學一樣，我是一個會有很多問題要請問的麻煩學生，而仁波切居然能用

這種方式來教導我們，真是太開心了！有疑就問，有問有答，仁波切慈悲聽著我的問題，一一解釋。每天上課像在天上飛著一樣歡喜感動，開心自由啊！

最初決定開始聽傳承的時候，原本想請仁波切用漢文講，但仁波切説還是有翻譯的會比較精準，所以常師父就派鳳山寺一位法師來翻譯。最神奇的是有幾次，翻譯的法師譯完了，仁波切說「不是這樣！」於是就用漢語自己翻譯一遍，就再重講一次。翻譯的法師聽後，也只好吐吐舌頭，説仁波切講的才是準確。

緊鑼密鼓的學習結束後，很想再有時間繼續學，也想説如果能有精力把聽過的部分整理出譯稿，並且出書的話，對自他的利益一定會很大。可是不幸降臨，常師父示寂！在可怕的打擊和悲痛中，鳳山寺的法師們開始了五大論學制，長達十多年的學習。在這十年之中，大量的藏文學習、大量的典籍背誦，還有辯論，已經完全沒有餘暇的體力和時間再來整理譯稿。這麼珍貴的法寶，結果沉寂了十多年。直到2014年，鳳山寺的法師剛一完成了五大論的第一輪學習，隨即開始準備譯稿。花了大量時間重新逐字逐句地聽，逐字逐句地譯，逐字逐句地校。也就是前年同時開始翻譯《四家合註》的原文，所以費了這麼多年的時間，才有機會把《四家合註》的原文，與仁波切的《四家合註》的講稿全部對起來，終於完成了第一本譯註。

每天每天法師們聚在小小教室（小小桌椅，那是從其他學校退下來不用的桌子和椅子。雖然有些破舊，有些椅子還很小，因為是給小朋友坐的，但

是大家已經很感恩，這就是最初的譯經院啊！）就這樣開始逐字逐句地翻譯，從春日翠柳扶疏到冬日白雪飄飛，一邊譯、一邊學習討論，感動於仁波切的講解深刻入心，有極大的加持力。在此世間能值遇如此謙虛而又深邃的智者，引領著我們趣入教典的密意，何幸之有！思及此珍貴法源，每每淚盈雙眸，不知以何語詮說此心啊！

確定追隨一位大乘師長，確認一個要成佛的理想，確認一條修菩提道的人生之路，一生不變乃至生生不變，那真是最最美好的事情。

一樹燦燦春花，也只源於那播下種子並悉心呵護的人，弟子今日的善行，哪一點不是善知識的加持、增長陪伴得來的？

延著心中那渴望之路，終於走到了他的面前，走進了有傳承的教藏法海。

雪山的溪流匯入了大河，這大河滋潤著萬類蒼生，包括小小的我。

生死之痛當你不去覺察，也許還感到些許安全自在，彷彿沒什麼感覺。但一旦覺察，是如此怵目驚心，出離苦輪怎能沒有善知識引導？

一位引航者，在黑暗中舉著火把走在我前面的人，甚或我知道前行的方向，可眼前的深坑，卻無力穿越。而那總是持著火把，回過頭來伸手相救，大力使我們脫離眼前乃至究竟險境的——即是善知識！我深恩的師長！我永久的皈依處！我將永遠禮敬並矢志追隨的至尊上師們啊！

真　如

翻譯及體例說明

一、此次翻譯的《四家合註入門》中，講記部分主要依哈爾瓦・嘉
木樣洛周仁波切，於2002年開始講授的開示，並將翻譯時所遇
疑難之處，皆再次請示仁波切，而作最後的修訂。

至於《四家合註》的正文部分，則依仁波切的指示，以當時講
授的法本——拉卜楞寺出版的《四家合註》為底本。此本與
《四家合註白話校註集》所依的果芒本不同，故此《四家合註
入門》，與《四家合註白話校註集》的正文頗有差異。仁波切
雖於拉寺本有修改建議，然為令讀者知其差異，故於所附正
文，仍保留拉寺本原貌。然有少數正文於他本為優，經仁波切
指示直接採用，此則未依拉寺本。

二、在翻譯中，為讓讀者易於了解，茲將講記中，對同一祖師有不
同稱謂之處，皆改作同一稱號。例如：宗喀巴大師，除了引用
大師所造的論典時，在開頭會保留「至尊一切智宗喀巴大師」
的尊稱以外，餘處皆統一以「宗喀巴大師」稱之。並將四位箋
註作者的稱謂統一為：巴梭法王、語王尊者、妙音笑大師、札
帝格西。

三、為了符順漢文語法、適應廣大華人閱讀，茲將部分藏文語序，
　　依漢語習慣作必要的調整、潤飾，其餘大體是以逐字逐句的手
　　抄稿呈現原貌。

四、由於漢藏古德在傳譯同一部經典中，取義用字時有殊異，今於
　　此講記中，翻譯仁波切所引用的經典時，主要依藏文原文譯
　　之，漢文古譯則附於註解欄位。

五、凡於大慈恩・月光國際譯經院所譯的《四家合註白話校註集》
　　中，已註釋過的人物、地方、法相名詞等，此講記中多不再重
　　出，請讀者自當參閱《四家合註白話校註集》，便能互相發
　　明。今僅就仁波切開示時，重要的人名、經論等作出簡註，而
　　附於每篇章之後。

六、凡於講記中括號內的文字，皆為譯者所加的解釋。

譯者才慧淺薄，加以倉促成書，謬誤難免，請諸讀者不吝指正。

目　錄

所依善知識之相

　　第四、如何正以教授引導學徒次第，分二：一`道之根本親近知識軌理；二`既親近已如何修心次第。初中分二：一`令發定解故稍開宣說；二`總略宣說修持軌理。今初❶分二：一`一切功德仰賴於師，故須依止；二`正說依師軌理。今初：

　　《攝決定心藏》云：「住❷大乘種性數取趣，❸師云：『此時所說種姓，非指中觀師所許心之法性——自性住種姓，亦非僅是有情相續之堪斷二障、堪證二種無我之因，是謂修持種姓或隨增種姓。依大乘而言，則為菩提心、六度種子；依共小乘而言，則為求解脫意樂、三學、三十七菩提分法種子等。』應親善知識。」又如鐸巴所集《博朵瓦語錄》中云：「總攝一切教授首，是不捨離善知識。」能令學者相續之中，下至發起❹從恭敬善知識乃至通達二種無我之一德、損減❺從不敬善知識乃至執取二種我相之一過，一切善樂之本源者，厥為善知識。故於最初，依師軌理極為緊要。菩薩藏經作如是說：「總之獲得菩薩一切諸行，如是❻昔未獲者令獲得，❼已獲令圓滿一切波羅蜜多、地、忍、等持、神通、總持、辯才、迴向、願及佛❽因、果、事業之法，皆賴尊重為本、從尊重出、尊重為生及為其處、以尊重生、以尊重長、依於尊重、尊重為因。」博朵瓦亦云：「修解脫者，更無緊要過於尊重。即觀現世可看他而作者，若無教者亦且無成；況是無間從惡趣來，欲往從所未經之地，豈能無師？」

講記

「第四、如何正以教授引導學徒次第」，這是論中第四科嘛！前面是如何講聞二種殊勝相應正法，接著如何正以教授引導學徒之次第「分二：¹⃥道之根本親近知識軌理；²⃥既親近已如何修心次第」，開出兩個科判。

在其他道次第引導文中，也有多次提到「道之根本親近知識軌理」；一切道的根本是親近知識軌理，是至尊宗喀巴大師不共的科判分法，不共的，道之根本。怎麼說呢？後面無論是下士也好、中士也好、上士也好，在心續中要生起這一切的「道」，其中的根本是依靠著什麼呢？就依靠親近知識軌理。因此，把後面的所有法類集中放一邊，依止法放在另一邊來比較輕重，這兩邊是等重的。主要的原因是什麼呢？後面的一切法類、一切道要在心續中生起，其中的根本也好，或說種子也好，那歸根結柢是指什麼呢？都是指依止法。

口　譯：那是指共道還是不共道？

仁波切：無論是共道也好，不共道也好，全部的根本都是指這個。
　　　　尤其是不共道，不共道應該理解為密乘道。

這裡有兩邊，分成兩個科判，因為「道之根本親近知識軌理」極為重要，所以算作一邊，「既親近已如何修心的道次第」則全部放在另一

邊。就它很重要的角度往下分成這兩科。

「初中分二」，是說道之根本親近知識軌理分成二科。「令發定解故」，是說為了在心中對道之根本親近知識軌理的法類生起定解，在心中好好生起定解、認識清楚。「稍開宣說」，稍微詳細地說明一下。然後是「總略宣說修持軌理」，共有兩科，這兩個科判在後面的法類全部都一樣。「稍開宣說」和「總略宣說」兩科，不管念死無常法類也好、業果法類也好、皈依法類也好，在一切法類中全部都有這樣的「稍開宣說」和「總略宣說」，基本上是用這種方式分科判。

在「稍開宣說」，廣泛開演的時候，譬如依師法，就是將全部的依止法用聞思抉擇的方式來講，或是對它的所有內容用抉擇的方式來宣說；在「總略宣說」的時候，就是將這些全部結合在自己相續上，以修持的方式來作講說。

兩科中的第一科「令發定解故稍開宣說」，妙音笑大師又把它分成兩科，箋註中有兩科：第一，「一切功德仰賴於師，故須依止」，自己無論生起什麼功德──這裡說「一切功德」，自己能否生起功德都是觀待上師，因此說了一個要依止上師的原因。然後是「正說依師軌理」，共分成這兩科。

「今初」，說到：「《攝決定心藏》云」，這本《攝決定心藏》是阿底峽尊者所說，在《丹珠爾》的中觀部。當中說到：「住性數取趣，應親善知識」這兩句。

　　講到所謂的「種姓」的義涵，有巴梭法王的註解。所謂「種姓」是指「大乘種性」，即住於大乘種姓的補特伽羅。

　　「此時所說種姓」，所謂種姓是什麼呢？「非指中觀師所許心之法性──自性住種姓」，中觀師把心的法性命名為自性住種姓，安立上這個名字；但種姓不是指這個，不能理解成這個。下面講了很多種姓的義涵，「種姓」在現觀當中是非常大的辯論題。「亦非僅是有情相續之堪斷二障、堪證二種無我之因」，也不是將能夠斷除煩惱、所知二障，能夠證得人、法二種無我的善根及因，名之為「種姓」。那麼這裡的種姓指的是什麼呢？是指「修持種姓」，就是指行持的種姓，這是一種。「或隨增種姓」，就是能成佛的種姓。「依大乘而言，則為菩提心、六度種子」，指布施等六度的種子。「依共小乘而言」，就共小乘來說，「則為求解脫意樂」，就是出離心嘛，出離心等希求解脫的意樂，以及「三學、三十七菩提分法種子等」。關於種姓的說明，語王尊者的箋註就是這樣解釋，有的版本認為這是巴梭法王的註解。

　　一般狀況下，都說無論哪一個有情，一切有情都能成佛，一定會成佛，一切有情心續中都有能成佛的種子，但這裡所說的是指「大乘種姓」。為什麼呢？大乘是要從心續中有沒有菩提心而成立的，而菩提心要在心續中生起，最主要是依靠上師。不是說除了大乘以外，小乘不需要上師，需要的，而大乘在開始的時候尤其重要，就大乘而言，有沒有依止善知識是極為重要的。

　　如果把大乘分成顯教大乘和密教大乘，一般而言顯教大乘依止善知

識是很重要的，而以密教大乘——金剛乘來說的話更是，不依止善知識無法成佛。依著上師與本尊毫無分別的方式，修習明現自己為本尊等，有這樣的修持法，所以可以說有一生即身成佛的口訣，或有這樣的教授。因此，依止上師善知識極為重要，所以說到這樣的補特伽羅「應親善知識」，要去親近善知識，這是阿底峽尊者說的。這裡所說的是「大乘種姓者」，他「應親善知識」。

　　然後是博朵瓦的言教，其名諱為博朵瓦·仁欽色。「**又如鐸巴所集《博朵瓦語錄》中云**」，把博朵瓦的言教全部彙集成一冊，那即是我們所謂的《藍色手冊》。彙編博朵瓦·仁欽色所有言教的《藍色手冊》，是鐸巴·協饒嘉措[1]所集的。他編的這本《藍色手冊》中怎麼說的呢？「**總攝一切教授首**」，起首！將一切教授匯集為一，或說一切教授的起首在何處呢？「**是不捨離善知識**」，依止善知識後不捨離他，就是要這樣去依止。宗喀巴大師引用了上述這兩段論典。

　　口　譯：「總攝一切教授首」的「首」是指「頭部」（མགོ），還
　　　　　　是指「開頭」（འགོ）？

　　仁波切：是指頭部。

　　「**能令學者相續之中**」，在弟子心續當中，「**下至發起一德**」，發起怎樣的功德呢？巴梭法王的箋註說到：「**從恭敬善知識乃至通達二種無我**」，從開始的依師法，起首是這個嘛！從依止法開始，然後乃至通

達兩種無我之間的任何一種功德的生起；以及損減一過，「**損減從不敬善知識乃至執取二種我相之一過**」，損減是淨除的意思，損減一過以上。總之，「**一切善樂之本源者**」，一切快樂和善妙的起首及出生處，「**厥為善知識**」，就是正士、善知識，歸根結柢就是他。「**故於最初，依師軌理極為緊要**」，因此，這依止軌理就很重要！

「**菩薩藏經作如是說**」，《菩薩藏經》是一本經論，說：「**總之獲得菩薩一切諸行，如是獲得圓滿一切波羅蜜多、地、忍、等持、神通、總持、辯才、迴向、願及佛法，皆賴尊重為本**」，這段文在《華嚴經》裡也有。「菩薩諸行」是什麼呢？布施等六度是菩薩行嘛！粗的來說能收攝在一個裡面。「圓滿」，就是圓滿施等六度，不只是圓滿而已，還要令六度圓滿地到彼岸。「如是波羅蜜多」，要能學習這樣的功德。菩薩初地、二地、三地……就是所謂的「地」。一切忍、等持、總持、辯才、神通、變化等等，現在這裡提到了很多功德，「等持、神通、總持、辯才」，「總持」是指能在心中憶持、執持，所謂的不忘陀羅尼就是。「辯才」，是心力（藏文此詞通指心力及辯才二義）。然後「**迴向、願及佛因、果、事業之法**」，能成佛的因，成了佛之後，佛的事業和佛果。像這一切功德，這樣的一切法，「**昔未獲者令獲得，已獲令圓滿**」，獲得之後要令它圓滿，都要靠上師。這是在《菩薩藏經》中說的。獲得菩薩一切布施等六度，然後圓滿它，然後讓六度究竟到達彼岸。

口　譯：「辯才」是心力嗎？這裡面是譯成「辯論」的意思。

仁波切：不是「辯論」的意思，是「心力」的意思。為了一切有情
　　　　的利益，所謂「菩提勇識」就有勇士的意思，為了利益一
　　　　切有情而具足心力。

　　《菩薩藏經》中說：「尊重為本」，說上師是怎樣的呢？上師是獲
得一切法的根本。「從尊重出」，一切功德是從上師出生的。「尊重為
生」，一切功德的生處是什麼呢？是上師。「及為其處」，讓一切功
德向上增長之處，或是能令增長的，還是上師。「以尊重生」，是指上
師能生出這一切，這一切由上師出生。「以尊重生、以尊重長」，是對
「生」及「處」更加清楚地說明，這裡在「以尊重生、以尊重長」有加
「以」字表示施動者。「依於尊重」，靠著上師生出一切功德。因此無
論生出什麼功德，這所有的因都依靠著上師，所以說「尊重為因」，上
師是一切功德之因。《菩薩藏經》講完了。

口　譯：「以尊重生、以尊重長」是什麼意思？

仁波切：上師是施動者，「以尊重生、以尊重長」。然後「尊重為
　　　　生」，這些只是過去式和未來式的差別而已，意思是一樣
　　　　的。「尊重為生」，為什麼呢？是說弟子心中的一切功
　　　　德，能生的根本是上師，是從上師而出生的，上師是一切
　　　　功德的生處。弟子相續中的功德是由上師出生，由上師增
　　　　長。

又引了一段博朵瓦的開示。「博朵瓦亦云：修解脫者，更無緊要過於尊重」，要成就解脫和一切遍智，沒有比上師還更重要的了，沒有超過上師的！「即觀現世可看他而作者」，今生的事情自己用眼睛看就可以操作的，「若無教者亦且無成」，世間一切事務沒有人教是不會的。以我們為例，「況是無間從惡趣來」，長時間待在惡趣，才剛從那裡脫離得到人身，像這樣的人「欲往從所未經之地」，如果沒有引路者怎麼可能知道怎麼走！以此為喻說到：「豈能無師」，沒有上師怎麼會走呢！

口　譯：「即觀現世可看他而作者」是什麼意思？

仁波切：沒人教是不行的，用眼睛看就會做的事情，沒人教還是不會。用眼睛看了，自己去做的時候，譬如說搓糌粑團，不教你，你就不會搓糌粑。就像這樣，對於要成辦解脫，我們才剛從惡趣中脫離，要修解脫之法，要成就解脫和一切智的果位，要去以前從沒去過的地方，不依止上師怎麼可能知道怎麼走呢！

🙮第二、由是親近知識之理，分六：一`所依善知識之相；二`能依學者之相；三`彼應如何依師之理；四`依止勝利；五`未依過患；六`攝彼等義。今初🙮分二：一`辨識上師；二`其相。今初：

　　總諸至言及解釋中，由各各乘增上力故，雖說多種，然於此中所說知識，是於三士所有道中，能漸引導，次能導入大乘佛道。

　　❀第二、性相，分三：一、最勝；二、中等；三、最下之相。初中分二：一、自所需之功德；二、利他所需功德。今初：如《經莊嚴論》云：「❷大乘具相之善知識❷以戒學調伏、❷以定學靜、❷具慧學故極靜、❷較於弟子德❷更增❷上、具❷足踴躍利他之精勤、❷多聞之教富饒、❷殊勝慧學──以現量、比量、教、理隨一善達❷真實性❷之義、具❷隨順引導所化機次第而講解之巧說、悲❷愍所化而說法之體性、❷斷離❷數數宣說勞苦疲厭，應❷當依止。」是說學人須依成就十法知識。此復說為自未調伏而調伏他，無有是處，故其尊重能調他者，須先調伏自類相續。若爾，須一何等調伏？謂若隨宜略事修行，於相續中有假證德名，全無所益，故須一種順總佛教調相續法，此即定為三種寶學，是故論說調伏等三。

講記

　　以上妙音笑大師的科判中講了要依止上師的理由，下面是「第二」，第二是指「正說依師軌理」。在《廣論》中「由是親近知識之

理，分六」，分成六科。「*所依善知識之相*」，要依止上師的話，是要怎樣的一位上師，一位具相的上師要具備什麼功德；「*能依學者之相*」，能依止上師的弟子又應如何具相；然後弟子「*彼應如何依師之理*」，以什麼方式依止上師；「*依止*」上師的「*勝利*；*未依過患*；*攝彼等義*」，共六科。

第一，所依善知識之相，妙音笑大師把它分成兩科：「*一、辨識上師；二、其相*」。

「*今初：總諸至言及解釋中*」，勝者至言及其解釋。「*由各各乘增上力故，雖說多種*」，所謂的上師，在佛經還有解釋當中，依各各乘的角度說了很多種上師，從大小乘的角度都說了很多。但現在這裡所謂的上師要是怎樣的呢？主要在修學這個法的時候，「*是於三士所有道中，能漸引導*」，在三士道上依次引導，「*次能導入大乘佛道*」，像這樣一位善知識就稱為「上師」，上師要是這樣的。

我們在社會上會聽到漢地的法師說：「藏系的佛法，在人、法二者中是以上師為主的，這是它特別之處。」漢地的法師會有疑惑，為何要以上師為主？要不要以上師為主，一般而言要依佛經和釋論來談。無論於經於論，許多地方都說需要上師，並非藏系不共的特色，這是佛陀教法的特色、所有佛教的特色，不是唯獨藏系的特色。所以才說要從佛經和釋論來談，佛經及釋論都有這樣說。

有某些漢地的智者會說：「藏系佛教是喇嘛教。」如意寶法王也說過，叫喇嘛教是可以的，藏傳佛教的確以上師為主，但這不是藏系獨有

的不共特法，是整體佛教的主要通則。不是只有藏傳佛教才要重視，其他佛教就不用去重視，不是這樣的，因為在佛經釋論很多地方說到上師，以及辨識上師的方法、上師的條件，有說要具備十德的，有說要具備三德的，有說要具備七德的，講了很多，全部都說需要這樣的善知識，這很重要，說了很多為什麼重要的理由。

此處所說的善知識中，有為自己傳戒的上師、傳灌頂的上師，有很多種上師，但在這裡──道次第中，是要能從三士道次之門引導趣入大乘道的善知識。

「第二」是上師的「性相」，要正說依師軌理，在依師軌理中，第二科是上師的性相。對於上師的條件，妙音笑大師分了三科，從功德的角度「分三：一、最勝」，最好的；「二、中等；三、最下之相」，三種條件。具足最勝條件的上師要具備十德，這是根據《經莊嚴論》的意趣而說的。為什麼呢？在其他經論中有說三德、有說五德的，有很多種。那麼，為什麼要依照《經莊嚴論》？一般而言，《廣論》的教授是源於《現觀》，而《經莊嚴論》也有解釋《般若經》，所以就依據《經莊嚴論》中所說的善知識十德來說明。

《經莊嚴論》中說上師要具足十德，這十德之中，就如同妙音笑大師所說的，分成「一、自所需之功德；二、利他所需功德」兩種，共十德。先講第一科，十德在下面會完整地依序說明。「如《經莊嚴論》云：知識調伏、靜、極靜」，說了三德。善知識要具備什麼功德呢？先說「調伏、靜、極靜」三種功德。「調伏」，是說「大乘具相之善知

識」因為具有「戒學」，所以「調伏」；因為具有「定學」，所以是「靜」；「具慧學故極靜」，因為要具足三學所以說了這三個。然後第四個是要「較於弟子德更增上」，功德要超勝於弟子。第五個，對於成辦他利要具有踴躍、心不疲勞、具有精勤。只具有證功德和上面所說到的三學功德這還不夠，為什麼呢？要「教富饒」，要「多聞」，學習過很多法。以上共六個，下面還有四個。

「殊勝慧學」，不是上面說的「具慧學故極靜」，是一個特別的。「殊勝慧學」是指「真實性」，空性、甚深空義。如果能夠現證那是最好的，但是要現證很困難嘛，所以需要以「現量」證得或「比量」證得，即便沒有，也要以「教、理隨一」，對空性的內涵有清晰的理解，「善達實性」必須要這樣。然後是「具巧說」，要會善巧解說，如果解說不善巧對方就無法理解。「隨順引導所化機次第」，引導所化機於此道時，要隨順次第，用隨順所化機心量的方式「而講解之巧說」。如果不知道所化機的心量，我再有功德，即便講了很多很多也不能利益到對方。如果適合講的時候，要具足符順心量、隨順次第講解的巧說。再來「悲愍所化」，是指對自己的徒眾、對於被引導到各自道中的所化機們，有著很深的悲愍。「悲愍所化而說法之體性」，要有這樣悲愍而說法的體性，要有能力說法，體性就是要具足這點。「悲體」就是指需要具足這種悲愍的人。再來是「離厭」，就是之前有說過的「斷離數數宣說勞苦疲厭」，不害怕再再講說的勞苦，能斷離像這樣子的疲厭。以上共說了四個，那麼就具足十德了。「是說學人須依成就十法知識」，要依止像這樣具足十德的善知識。

真　師：師父，那戒、定、慧的「慧」，和達實性的「殊勝慧」，
　　　　它們有什麼區別？

仁波切：一般而言，「慧學」可以把智慧全部攝入，下面「達實
　　　　性」這裡面主要只講到一種證得空性的智慧，沒有講到其
　　　　他智慧。

　　善知識要具足十德，如果這用辯論方式去問難，會有很多可以問難
的地方。譬如金洲大師有沒有具足善知識十德？應該要具足，說金洲大
師沒有具足善知識德相不行吧？相對於阿底峽尊者有具足十德嗎？應該
說有具足。那麼有功德增上嗎？功德比阿底峽增上嗎？阿底峽尊者是中
觀師，金洲大師是唯識師，總之說他是特殊例外也行。在某分功德、主
要的功德上，譬如金洲大師有發菩提心的教授，而阿底峽尊者正因為沒
有這種發菩提心的教授，所以要依止金洲大師，理由也就在這裡。但有
一些部分，譬如從見地、宗義方面而言，阿底峽尊者是比較高的，阿底
峽是中觀應成師[2]，金洲大師在示現上是唯識師，是有這樣的德增上。

　　要全部的功德都超勝是挺困難的吧？俗話說：「功德全具甚稀有，
全無功德亦難得。」具足一切功德的人是稀有的，但豈有一點功德也沒
有的人？很稀少的。同樣的，要具足一切功德是挺困難的，但是，只有
說在所教的這個法上功德要比弟子超勝，並沒有說每一部分都要。

　　說辯論也行，就學辯論的人來看，這裡面是有很多可以抉擇的，前
面我們也討論過了。「具足慧學要不要證空性？」具足慧學並不一定要

證空性。沒有證得空性的智慧有很多吧！具足了這些智慧，不能說不具足慧學吧！具足慧學不一定要具足證空性的智慧，所以「具足慧學」之後再另有一個「善達實性」，可以從這樣的理路來了解。

上師十德相中，要先說六種自所需的功德。「**此復說為自未調伏而調伏他，無有是處**」，這是在解釋第一個「調伏」的意思。「調伏」是什麼意思呢？自己的相續並沒有調伏，為貪等煩惱沾染，煩惱較強烈的人，要去調伏別人的相續是有困難的，沒這樣子的。因此，「**故其尊重能調他者，須先調伏自類相續**」，需要調伏自己的相續，需要這樣！「調伏」必須要如此。

口　　譯：這都攝入自所需六種功德？

仁波切：下面就是依序講述自所需的六種功德。在十德之中先講到自所需的六種功德，然後再依序說明成辦利他所需的四種功德，是各別分開講的。

這就是所謂「調伏」，調伏心。「**若爾，須一何等調伏？**」所謂調心，要怎麼調伏呢？想說：「心要用什麼方法調伏呢？」說有各式各樣的調伏方法。即使有很多種，但仍需要一個殊勝的調伏方法。「**謂若隨宜略事修行，於相續中有假證德名，全無所益**」，類似邪門外道。譬如在世間上有修惡咒的，像這種詛咒別人的成就，就會說這個人有能力，證量很高。「修惡咒」知道吧？詛咒別人。這些都是證量嗎？是教證功

德中的證功德嗎？是很難說的。譬如世間有修神通的，有世間禪定的，外道也有神通。成就這些的是有證量的人嗎？在世間會說他有很高的證量。像這種世間功德，把它安上證量的名字，說：「他證量很高喔！他有神通喔！他有神變喔！他很會使詛咒的法事，他惡咒力量很大喔！」這些名稱只是假名為證量而已，心續中擁有像這樣的功德並沒有幫助，沒有幫助，對降伏煩惱沒有幫助，大多是增長煩惱的，對別人放惡咒嘛！

因此，要怎麼樣呢？「故須一種順總佛教」，符順佛陀總體的教法。順總佛教是什麼呢？從符順三學道的修持來調伏心續，一種「調相續法」。那要什麼呢？「此即定為三種寶學」的這種調伏，三種寶學，增上戒學下面會說。「是故論說調伏等三」，所謂調伏心即是以三種寶學，要順著增上戒學、增上定學……，證得它以調伏心續，必須是這樣。

其中調伏者，謂尸羅學。《別解脫》云：「心馬常馳奔，恆勵終難制，百利針順銜，即此別解脫。」又如《分辨教》云：「此是未調所化銜。」如調馬師，以上利銜調懁悷馬，根如悷馬隨邪境轉，若其逐趣非應行時，應制伏之。學習尸羅調伏心馬，以多勵力，制令趣向所應作品。寂靜者，如是於其妙行惡行，所有進止，由其依止念正知故，令心發起內寂靜住，所有定學。

講記

「**其中調伏者，謂尸羅學。《別解脫》云**」，所謂的調伏，即是戒學，必須以戒學來調伏心續。在《別解脫經》中說到：「**心馬常馳奔，恆勵終難制**」，把心比作馬的話，如果要調伏這匹心馬，要恆時努力，要認認真真地勤修調伏法。「終難制」，是非常難調伏的意思。「**百利針順銜，即此別解脫**」，調伏心的主要方法是什麼呢？是戒律！「百利針順銜」，是指在銜上釘上釘子的意思，在銜上釘上釘子讓它堅固不鬆掉。

仁波切：是「釘上利釘」（གཟེར་ཚན་རྒྱག་པ），還是百利釘（གཟེར་ཚན་བརྒྱ་བ）？

口　譯：是百（བརྒྱ་བ）利針。

仁波切：也有「釘利釘順銜」的版本。無論是哪一種意思都一樣，就是在銜上釘了很多釘子的意思。要調伏這匹野馬的用具是什麼呢？是銜。同樣的，能調伏這顆難調的心是什麼呢？是別解脫、是戒律。戒律說明什麼是可以做的，什麼是不能做的，做什麼會犯他勝罪，做什麼會犯僧殘罪，因此能調伏心的是什麼？並不是上面提及的那些詛咒之類的，而是戒學、是別解脫。

口　譯：「答瓦」（བདའ་བ，原文譯作馳奔）是什麼意思？

仁波切：追到馬的意思，努力追到，然後調伏牠的意思。追上然後
捕捉，再調伏這匹馬，就是這樣。漢文方面有這意思嗎？

口　譯：漢文是「馬一直在奔馳」的意思，漢文譯成「馳奔」。

仁波切：是指抓住牠的方法，調伏牠的方法。要抓住牠，是指抓住
牠的方法，「答瓦」就是這個意思，心馬一直在奔馳，看
能不能追上、抓住牠，大致上是同一個意思。要努力地追
上心馬，抓住心馬；要抓住就要先追上。如果是指「心馬
奔跑」的意思，心馬奔跑是不需要努力的。如果要抓住並
調伏這匹馬的話，沒有馬銜是沒法調伏的，所以說到「百
利釘順銜」就是這個意思。「誰瑪」（གཟེར་མ）是釘子的
意思，釘上很多釘子就很牢固，不論是鐵釘也好、圖釘也
好。

口　譯：漢文是「針」。

仁波切：不是「針」，是釘子的意思，不是針而是鐵釘，釘上去。

口　譯：是釘上利釘嗎？

仁波切：要釘上釘子，也有釘上很多釘子的意思。「甲瓦」（藏
文有བརྒྱ་བ 和 ཆགས་བ 兩種版本，發音都念「甲瓦」，故有歧
義），可說有「百」（བརྒྱ་བ）的意思，也可以有「釘上」
（ཆག་བ）的意思。「大」（བདབ）就是釘上釘子，「薩」
（ས）是牢固的意思。

「又如《分辨教》云」，這是四部律典中的《分辨教》，其中說到：「此是未調所化銜」，這是將沒調伏的所化機調伏的銜；銜，就是別解脫戒。下面還要解釋。「如調馬師，以上利銜調懊悷馬」，非常狂野的馬，調馬師要能調伏、駕御牠需要用好的銜，如果沒有好的銜，就會鬆掉而無法馴伏，讓馬跑掉了，所以並不是這樣，是「如調馬師，以上利銜調懊悷馬」。「根如悷馬隨邪境轉」，我們的根，例如眼根、耳根等，面對顛倒的所貪境；邪境及所貪境二者是相同的。跟著顛倒境、所貪境而去，就像懊悷馬一樣。「若其逐趣非應行時」，如果趣入了所貪境等這樣的非應行，「應制伏之」，比如用別解脫戒。

「以多勵力，制令趣向所應作品」，用許多努力。「所應作品」，就是不顛倒境，相對於諸根的顛倒境而言。「學習」能趣向彼處的「尸羅」、別解脫戒，透過學習這個，「調伏心馬」，用這種戒律調伏心馬。具足這種戒律的功德，就具足了證德、調伏的功德，這是成立證功德的一種標準。以上解釋了「調伏」。

口　譯：《分辨教》是經還是論。

仁波切：是經，是律經。

具足戒學的方式是這樣的。然後「寂靜者」，說到：「知識調伏、靜、極靜」，其中第二個就是「靜」。「寂靜者，如是於其妙行惡行」，戒律就是在分辨這個的，能做的有哪些、不能做的有哪些？「所

有進止」，妙行則進，惡行則止。這種狀態，是常時用正知作偵察，用正念反覆憶持對境（別解脫戒），有沒有違背別解脫戒。「由其依止念正知故」，因此「令心發起內寂靜住，所有定學」，心就不會特別粗糙，心就能安靜下來，要努力修習生起這樣定學的方便。這名稱就叫作「寂靜」。

極寂靜者，依心堪能奢摩他故，觀擇真義發起慧學。如是唯具調伏相續三學證德，猶非完足，尚須成就聖教功德。言教富者，謂於三藏等，成就多聞。善知識敦巴云：「言大乘尊重者，謂是須一❷了知若講說時，能令發生無量知解。若行持時，於後❷佛聖教，能成何益，當時能有何種❷應機饒益所化內心，及調伏義利，而宣說者。」

講記

接下來是極寂靜。「極寂靜者，依心堪能」，心堪能就如同我們前面所說的，現在心變得很粗野，就是不堪能！令心寂靜、堪能，怎樣使喚心都能被驅動。我們修行時心散亂就是心不堪能，如果心堪能，心就能安住在一處，安住一處就容易任意使喚，這樣則稱為心堪能，獲得這樣的階段則是奢摩他。「依心堪能奢摩他」，要獲得這樣的奢摩他，依此「觀擇真義」，因為觀擇、區別真義——所有諸法無分別的本質，由

此而「發起慧學」。真義即是空性義，觀擇空性，發起慧學。以上就是所謂的證功德的內涵。

「如是唯具調伏相續三學證德」，依著這樣的三學調伏相續，就名為證功德，能調伏相續的就名為證功德。除此以外，像有人下詛咒，或修臍輪火令身體發熱，將外面的冰塊融化，這也是有的，但如果不具足菩提心，即使自己這樣去修也沒有很大的意義，沒有很大意義。這全部都不能稱為證功德，只是假證德名而已，不是真正的證功德。

那僅僅具足這樣的證功德就可以了嗎？「猶非完足」！上師的功德在這三者之上還要有教功德，「尚須成就聖教功德」。所以「言教富者」，所謂的教富就是指這點。「知識調伏、靜、極靜，德增、具勤、教富饒」，還沒說到德增、具勤。所謂的教富饒，就是要對經藏、律藏、論藏「三藏等，成就多聞」，教富饒要這樣。教富饒是對三藏，證功德是對三學，這裡面就包含了圓滿的佛教，即是所謂「佛正法有二，以教證為體」的二種正法，都收攝在其中了。

此處是要說明心續中要有教、證二種正法，不是顛倒因果次第而說先在心續中生起證功德，之後再趣入教正法，是說上師需要有這些功德。上面提到的，不論何種教正法，都應該先聞思，然後生起證功德，次第是這樣的。這裡只是在說明上師不能只具足證功德，也需要教功德，就次第而言是反過來的。但這裡並非按心續中生起的次第解釋，而是就具備功德的角度來講。

「善知識敦巴云」，善知識種敦巴講到何謂大乘的上師。以上已經

講了四個功德，下面「善知識敦巴云」，種敦巴勝者生源說：「言大乘尊重者」，所謂的大乘上師是需要怎樣的呢？「謂是須一若講說時，能令發生無量知解」，說法時必須無有滯礙，能多作講解，不論什麼都能解釋。「無量」就是能作無邊的講說，由此講說，能對一切教典的內涵生起不顛倒的理解，需要這樣。「若行持時」，在修持、行持的時候。「於後聖教」，意即佛聖教的後期，不是指佛教廣弘之時，教法末期才是特別重要啊！在教法極為興盛的時候容易饒益聖教，而「於後佛聖教，能成何益」。然後，「當時能有何種應機」，「當時」，即是能適應上中下各種根器，而「饒益所化內心，及調伏義利，而宣說者」。

口　　譯：此處「行持」是指上師還是弟子？

仁波切：指那些弟子。

口　　譯：「能成何益」是指利益到誰？

仁波切：凡是能利益到什麼、哪個部分能利益到後期的聖教，就作能有利益的事業。

口　　譯：於後聖教時，弟子們行持的話……

仁波切：行持後對聖教後期能夠有何種利益，要能適應所化機的心量，「當時能有何種義利而宣說」，這就是「於後聖教，能成何益」。現在講完法，已經了解了義涵，然後不僅了解還要能行持，這樣的行持要能在聖教的後期有所利益。

真　師：師父，這個我還是沒聽明白。就是在行持的時候，怎麼在
　　　　末法還能對聖教產生饒益呢？在當下的時候又針對弟子根
　　　　機產生饒益，這是一種什麼樣的行持啊？

仁波切：是不是「於後聖教，能成何益」這句不懂？主要是在講上
　　　　師德相，主要是這個：「言大乘尊重者，謂是須一若講說
　　　　時，能令發生無量知解。若行持時，於後聖教，能成何
　　　　益，當時能有何種義利，而宣說者。」是「於後聖教，能
　　　　成何益」這句不懂嗎？

口　譯：是「若行持時，於後聖教，能成何益」這句。

仁波切：「若行持時」，在行持正法義涵的時候……

口　譯：是弟子們行持正法的時候嗎？

仁波切：是的。對於說法要能無礙地講說，之後這個講說也要能令
　　　　他人得到理解。要能講得令他人產生理解，如果講了一個
　　　　聽不懂的就沒意義了嘛！之後按照所說的付諸行持時，要
　　　　能利益聖教，盡量能對聖教有益。

口　譯：是弟子們盡量能對聖教有益嗎？

仁波切：弟子們也好、上師也好，沒有別別分開說。或者上師說法
　　　　能對聖教有利，或者弟子修持這內涵也能對聖教有益，無
　　　　論講、聞哪一者都要產生利益就是了。

　　我們在學習時，要有「能否饒益到聖教」的意樂，無論是在學習、修持任何事情。總而言之，大乘上師無論在說法、修持、攝受眷屬、說法後的行持……，都要能夠饒益聖教。所謂「於後聖教能成何益」就是這個意思，對於聖教無論或大或小的饒益，有什麼饒益就這樣做的意思。因此，「當時能有何種義利」，要宣說直接能饒益所化機內心、符合根器的法。教法是什麼呢？並不是外在的一個樣子而已，如果能饒益到所化機，那就是在他心續中安置了教法。

　　你們是在問「於後聖教，能成何益」和「當時能有何種義利」這兩句有相違嗎？這沒有相違啊！要懂得如何宣講才能饒益、調伏所化機內心的內涵。

口　　譯：「義利」是指有情的還是弟子的？

仁波切：應該是弟子的，「能有何種所化義利」、「於後聖教能成何益」，這兩個大概是一個意思。所謂的大乘善知識，要懂得怎麼宣講這樣的法。在果芒本的註解中有個「**復知**」，要會講、要能講——是能夠成辦所化的利益嗎？能夠饒益聖教嗎？需要懂得這樣講說，所謂的大乘上師需要這樣宣說。

真　　師：可不可以理解為：善知識在講說的時候可以用無量知解來講，他所講的法、上師本身的行持、他的那種方法可以適應各種根機的人。因為當時可能不一定是末法時期，到了

後來末法時期弟子的根機越來越鈍，他的行持方法可以適應很廣泛的根機，超越了時間、空間，連根性慢慢轉鈍的那種過程，都可以饒益到佛教整個過程。所以是上師的行持，不觀待弟子的行持，因為是在講上師的功德嘛！

法　師：剛才翻譯是說弟子在行持的時候。

真　師：不是，剛開始翻是這樣翻譯，但後來那意思是上師的行持。

仁波切：還有什麼問題？

口　譯：「當時能有何種義利」是什麼意思？這非常難翻譯。「貼嘎」（བདེ་གར）這個字要怎麼翻？

仁波切：「貼嘎」（ བདེ་གར ）此處是指順應所化機的內心。對心量小的有能饒益心量小的方式，對心量大的有能饒益心量大的方式。

口　譯：「義利」是什麼意思？

仁波切：是何種義利、能成辦什麼義利、能饒益到什麼。註解中說得非常清楚啊！「應機」，是能順應所化機上、中、下任何一種根性；直接饒益所化內心，這個即是「義利」——饒益所化機內心，以及調伏心的義利。這要懂得怎麼去宣講「饒益所化內心及調伏義利」，對調伏義利能善巧宣講

　　者，曉得用怎樣的方法能調伏所化機，即是所謂的大乘上師。

　　「若講說時，能令發生無量知解」，「發生無量知解」，這樣的斷句也可以吧！可能有各式各樣的解釋方法。

居　　士：這在漢文中讀起來有點拗口。

仁波切：這不是漢文的問題，這是藏文的問題，藏文也有這種問題。噶當派的用語很多都是澎波地區的方言，大多都看不懂，跟後來的藏語有許多不同的地方。這裡有一些，在後面有更多不曾聽過的用語。

　　有了這樣的知解，在行持時，無論自他任何一者在行持時，都要能饒益到佛陀的聖教。有這種能力的就可以稱為大乘上師。為了讓所化機能容易發生知解，在開示的時候用各式各樣的譬喻，使他快速領悟，領悟了之後在行持時能承事聖教。第一部分的意思要這樣解釋。

居　　士：「若行持時」，是弟子的行持嗎？

仁波切：領悟了之後，去行持時，無論是所化機還是誰，都要能饒益到聖教。其次，無論對所化機或對弟子，要會宣說出符順他們的心量、容易饒益到他們的法，就是這樣。

法　　師：是在講法的當下嗎？

仁波切：「貼嘎」（ᨡᨡᨡᨡ）是指所說法要能饒益到他。饒益不到
　　　　他們的法，說再多也是沒有用的，必須要懂得說出能饒益
　　　　到他們的法，上師要懂得怎麼開示。「貼嘎」（ᨡᨡᨡᨡ）
　　　　在漢文裡是譯成什麼？

口　　譯：當時。

仁波切：不能譯成「當時」，要譯成「直接」，指直接的意思，直
　　　　接地利益。「貼嘎」（ᨡᨡᨡᨡ）就是直接、沒有彎曲的意
　　　　思。

法　　師：在說法的當下能直接饒益所化機的內心，是嗎？

仁波切：要直接饒益到所化機的內心。

真　　師：是行持的時候吧？

居　　士：前面是行持的時候，後面是說法的時候。

真　　師：說法的時候是能令發生無量知解，行持的時候才是於當時
　　　　和後聖教。它那個分兩種，一個是講說的時候發生無量知
　　　　解，行持的時候……

仁波切：前面是分兩個，前面你講的也是對的，後面有一個。講說
　　　　的時候，會講無量的法令發知解，講的時候要令學者容易

領悟所有的內涵，要懂得這樣講。若行持時，要能饒益聖教。然後要懂得直接對弟子講出調伏內心的方法。

居　士：這樣一分開來三段就很清楚了，講說、行持、弟子。

仁波切：是很簡單的，本來就很簡單，不知怎麼翻成那麼難。要能饒益聖教，要懂得講出饒益所化機的法。有些是很簡單的地方。

法　師：這地方很不容易解，我們之前聽過的解法都不太一樣。今天沒有師父這樣一講，我們還真的搞不太清楚。

達實性者，是殊勝慧學，是謂通達法無我性，或以現前█或現證真實為主。此若無者，說由教理通達█二種無我亦成。

如是雖能具足教證，若較學者或劣或等，猶非圓足，故須一種德增上者。《親友集》中作如是說：「諸人依劣█於己者當退失，依█與己相平等者平然█或依然住，依█較己尤為尊勝者獲█得尊勝█或超勝，█由此因故應親近勝自者。所有具最勝█清淨戒、█沉掉極靜█三摩地、慧█皆較弟子為尊者，若親近是師，較█彼尊勝尤█為尊勝。」如樸窮瓦云：「聞諸善士史傳之時，我是向上仰望於彼。」又如塔乙云：「現於惹珍諸者

宿所，而作目標。」是須一種目向上望增上德者。如是六法，
是自所應獲得之德。

講記

「達實性者」，接下來是善知識十德相中的達實性。「達實性者，
是殊勝慧學」，這裡面有講嘛！這裡面很清楚，是殊勝慧學，有說到
「殊勝」！就是之前我們討論的，不是有人生起「達實性難到不是慧
學」的疑惑嗎？這裡說到「殊勝」，就很容易了解。殊勝慧學是什麼
呢？「是謂通達法無我性，或以現前或現證真實為主。此若無者，說由
教理通達二種無我亦成」，即使沒有現證，說以教理通達也還可以。能
現證是最主要的，現證是第一名；如果沒有現證，由經教、正理的方式
了知諸法實相也可以。

這裡已有了調伏、寂靜、極寂靜、教富饒，現在是達實性，共有五
個。再往下，「如是雖能具足教證」，既是教富饒——善巧三藏，又具
足證正法三學，這樣就可以了嗎？還不夠，「若較學者或劣」，或者功
德比學生還低，「或等，猶非圓足，故須一種德增上者」，這樣就具足
六德了。

口　譯：「一種德增上」，「一種」是指一種上師，還是一種功
　　　　德？

仁波切：是指一種增上功德。

「《親友集》中作如是說」，之前有《聽聞集》、《無常集》許多種，這是裡面的《親友集》，是佛所說的《集法句》。「諸人依劣當退失」，依止比自己差的人無法生起超勝功德，且功德無法繼續保持。「依與己相平等者平然住」，依止跟自己功德相等的，功德不會往上增長，功德雖然不會退減，但功德只會維持原狀，無法往上增長。「依較己尤為尊勝者獲尊勝」，如果依止比自己功德還要超勝的這種上師，就能夠得到殊勝功德。「由此因故應親近勝自者」，因為這個理由，所以要依止一位功德比自己超勝、尊勝的上師。

接下來，應該是《集法句》的文：「所有具最勝，戒極靜慧尊，若親近是師，較尊勝尤勝」，戒律要清淨，戒律非常潔淨；息滅沉掉等，要具足心極為寂靜的三摩地；之後「慧皆較弟子為尊者」，這裡在安立三學。若親近這樣的尊勝師，「較彼尊勝尤為尊勝」，說易於獲得比上師還超勝的功德。很有可能這樣。

真　師：「最勝」應該是德增嘛？

仁波切：「尊勝」，是說能夠獲得比上師還超勝的功德。

法　師：很容易比這個老師還要更厲害啊？

仁波切：很有可能比老師的功德還要大的意思。「較尊勝尤勝」，

尊勝是指自己的上師，功德可以變得比上師還超勝。

真　　師：師父，「所有具最勝」，下面還有個「慧尊」，為什麼把「最勝」挪到「慧」字之前去解釋呢？

仁波切：要比弟子還超勝嘛！是在講這個。

真　　師：「最勝」為什麼不是「德增」？就是說他是各方面都比他的弟子超勝，戒、定、慧都好，是這樣的一個老師。為什麼法尊法師要這麼翻呢？

居　　士：這樣會變成最勝的戒定慧。

真　　師：對呀！最勝的戒定慧，這好像有個德增在裡邊。

仁波切：對！對！藏文也是這個意思。「所有具最勝，戒極靜慧尊」，觀待弟子，要具足尤為殊勝的三學，是這個意思，就是這樣解釋。三學都要比弟子還要殊勝，就是這樣的意思。這是同一句，「戒極靜慧尊」，戒、極靜、慧，尊勝師要具足這三者。

　　接著講到樸窮瓦·童幢的教言，樸窮瓦叫童幢。如他的教言中說：「聞諸善士史傳之時，我是向上仰望於彼」，諸善士的傳記，聽到比自己功德還殊勝的善士史傳時，我就會向上心生隨喜、心生仰望，作為目標。「又如塔乙云」，塔乙的名字不知道是什麼？塔乙說到：「現於慈

珍諸耆宿所，而作目標」，這應該按照其他版本作：「我於惹珍諸耆宿所，而作目標」，就是將惹珍寺的耆宿們，如阿底峽、種敦巴父子、博朵瓦等那些長老作為目標。「是須一種目向上望增上德者」，對待於自己所沒有的功德，特別要有一位可以向上仰望的具德者。「如是六法，是自所應獲得之德」，就是以上所說的那些。

　　⦿第二、利他所需功德者：諸所餘者是攝他德。此亦如云：「諸佛⦿世尊非⦿如以水⦿洗垢而洗⦿眾生相續之罪，非⦿如以手⦿拔刺而除眾生苦，⦿亦非⦿如從右手移物至左手而移自⦿心續證⦿德於餘者，⦿若爾為當云何耶？或正或相續顯示法性⦿勝義諦⦿義，令⦿眾生修習而解脫⦿輪迴。」若除為他說無謬道攝受而外，無有以水洗罪等事。其中四法，善巧說者，謂於如何引導次第而得善巧，能將法義巧便送入所化心中。

　　悲愍者，謂宣說法等起清淨，不顧利養及恭敬等，是由慈悲等起而說，是須猶如博朵瓦告懂哦瓦云：「⦿暱喚黎摩子，⦿吾任說幾許法，我未曾⦿為自利故受讚一善哉，以⦿念無眾生非苦惱故。」⦿此即無貪而說正法。

　　具精勤者，謂於利他勇悍剛決，⦿此即無瞋而說正法。遠離厭患者，數數宣說而無疲倦，謂能堪忍宣說苦勞。

講記

接下來是「第二、利他所需功德者」，要說利他所需的四種功德。「諸所餘者是攝他德」，是說攝受其他所化機的功德。這也是我們之前所唸到的，「此亦如云：諸佛非以水洗罪」，能仁佛薄伽梵等諸佛，無法像清水洗去污垢一樣，洗去有情相續中的罪惡。「非如以手拔刺而除眾生苦」，被刺扎到肉裡可以用手拔出來，痛苦沒辦法像那樣用手拔除。「非移自證於餘者」，像把物品從右手移到左手是可以的，佛薄伽梵心續中的證德無法像這樣移交給別人。那麼要救拔眾生的方法是什麼呢？「若爾為當云何耶？或正或相續顯示法性勝義諦義」，這裡的「相續」，應該按照其他版本作：「間接」。「勝義諦」，甚深空性的內涵，佛薄伽梵任說何法都歸結到空性、真如，究竟而言都指向空性。這些直接或間接顯示的內涵，「令眾生修習」，而使輪迴中的六道有情「解脫輪迴」。「若除為他說無謬道」，如果要安立其他一切人到解脫和一切遍智果位的話，除了開示無謬道、開示佛法來「攝受」那些有情「而外，無有以水洗罪等」方法。

同樣的，要開示無謬道的正法，要說法就要善巧說，要會說法，這也是其中第一個功德——善巧說。「其中四法，善巧說者，謂於如何引導次第」，能將所有弟子引導到善道中，對這樣的次第「而得善巧」，將佛陀所說的一切法義送入所化心中，要這樣說法，這就稱為「善巧說」，這是四法中的第一法。

第二是悲愍。「悲愍者」，註中會講到悲愍的內涵。「謂宣說法等

起清淨」，這在前幾天講過很多次。「**不顧利養及恭敬等，是由慈悲等起而說**」法，要這樣子！「**是須猶如博朵瓦告懂哦瓦云**」，博朵瓦呼喚懂哦瓦說：「**黎摩子**」，黎摩是懂哦瓦母親的名字，「**子**」是說她的兒子。母親的名字叫黎摩耶準——耶謝準瑪（智慧度母），黎摩子是暱稱，箋註裡提到「**暱喚**」，親暱的稱呼。「**吾任說幾許法，我未曾為自利故受讚一善哉，以無眾生非苦惱故**」，他不管說了什麼法，都不曾為了自己的利益去接受其他一切弟子的供養，乃至一聲讚美等。為什麼呢？一切眾生都是苦惱的，他說法的所有對象，聽法的那些弟子，沒有不是苦惱的眾生，他除了以悲心、以大悲心之門對他們施予正法以外，不是為了得到別人的稱讚、名聞利養，必須是這樣！「**此即無貪而說正法**」，無貪、沒有貪著，主要就是不能為求利養恭敬而說法，必須要這樣。

第三「**具精勤者**」，具足精進，利他要具足精進，這也是十德中的一個，「**德增具勤**」中所說的具勤。「**具精勤者，謂於利他勇悍剛決**」，箋註中說「**此即無瞋而說正法**」，要以堅固的歡喜心說法，這是第三。

第四「**遠離厭患者**」，前面也說過了。「**數數宣說而無疲倦，謂能堪忍宣說苦勞**」，無論說法有多辛苦，對於這些辛苦都能忍耐，需要這樣。上述這四個是利他所需的四種功德。

「**知識調伏靜極靜，德增具勤教富饒，善達實性具巧說，悲體離厭應依止。**」這是十德，由自所需的功德和利他所需的功德而分為二。像

這樣具足十種功德的善知識，是上、中、下等善知識中的第一種。

　　第二、中等之相，分三：¯、正說；²、捨棄不堪者；³、具相之方便。今初：博朵瓦云：「三學及通達實性，並悲愍心，五是主要。我阿闍黎頁巴嚮尊滾既無多聞復不耐勞，雖酬謝語亦不善說，具前五德故，誰居其前悉能獲益。寧敦全無善說，雖說施願，大眾唯作是念：『今仍不解所云』，餘無所知。然有前五，故誰近能益。」

講記

　　具足十德相的上師是上等的上師，往下則是「第二、中等之相」，如果沒有具足十德，那中等之相中，妙音笑大師開出了一、二、三，三個科判。「正說」中等之相，然後「捨棄不堪者；具相之方便」，說了這三個。

　　第一正說中等之相，「博朵瓦云」，主要應按照博朵瓦大師說的。「三學及通達實性，並悲愍心，五是主要」，在十德相中的調伏、靜、極靜、善達實性、悲愍五項是主要的。博朵瓦大師這麼說，一定得具足這五相，在十德之中要具足這五德。

　　博朵瓦大師還說：「我阿闍黎頁巴嚮尊滾」，頁巴是地名，嚮尊滾

是出家人的名字。於一切「既無多聞」，說不具足教富饒的功德。德相之中有「教富饒」，這裡的無多聞，是指沒有特別多聞，不是說完全沒有，只是不如所謂「多聞的教富饒」那樣地教富饒。「復不耐勞」，所謂的不耐勞，指數數說法不畏勞苦，這就是耐勞，是前面十德相中的「離厭」這一個，頁巴嚮尊滾也無法耐勞。「雖酬謝語亦不善說」，這句就是之前提到的，應該是方言，我們藏語沒有這種講法。所謂「雖酬謝語亦不善說」是指要「善巧說」，善巧說也是其中一個嘛！善於講說技巧，是之前十德相中的一個。「善巧說」是什麼呢？懂得說出饒益他人心續的法，這就是善巧說。「雖酬謝語亦不善說」是說，不會以良好的講法方式，說出饒益他人的話，就是這意思！這是口耳相傳的講法，不然也不太了解。

仁波切：「雖酬謝語亦不善說」，漢文怎麼翻的？

口　譯：漢文翻成，譬如我們遇到一個人，問候說：「今天天氣好不好？」「你身體好嗎？」之類的話。

仁波切：是的、是的，沒善巧說主要講的就是這個。口傳的講法有這麼解釋，就是講一些讓別人心裡受益的話，如「感恩你說法啊！」「謝謝幫了我！」這樣的答謝語，酬謝語指的就是這個。不會說這種幫忙的話，所謂「雖酬謝語亦不善說」，基本上說的是這個。雖然沒有這些功德，但是「具前五德故」，這句話可能令人產生疑惑，說：前後有相

違，沒有「教富饒」怎麼建立「三學」呢？「調伏、靜、極靜」，不論是誰，心能調伏得很好，對別人應該就有慈悲心。因為有前五種功德，「**誰居其前悉能獲益**」，像這樣的人，誰在他面前，那些人的心都能受益。他沒有其他功德，只有上述的五種功德。如果要辯論是有很多可以辯的地方，沒有「教富饒」怎麼有辦法獲證三學和真實性，這兩個怎麼證得的？不用對教典進行聞思嗎？上面說「無多聞」是在講什麼？「無多聞」不是說根本沒有聽聞，要懂得區分，不區分的話，去辯論就會有很多地方可以爭辯的。

以前在上課的時候，有些人說：「滾」字要往上連到「頁巴嚮尊」（嚮尊，此處意指出家人；滾，指全部），解作頁巴地區全部的出家人都不多聞，不知是否如此？我想這是錯的。因為前面有說「我阿闍黎」，應該不會說全部的嚮尊都是博朵瓦的上師。再者，如果「嚮尊」不是指一個出家人的名字，而是指全部的出家人，博朵瓦應該也不會說全部的出家人都沒有多聞，因此就不用講「我阿闍黎」。另外也有人說：「滾」字應該可以向後連讀，解作「對大量的教典沒有作廣大的聽聞」；不是連一點教典也沒有聽聞的意思，雖然沒有對大量的經典進行聞思，但有聞思部分的經典。前面也提到了三學，連一點聞思都沒有，怎麼會有三學而且證得實性呢？

法　　師：所以「滾」字是往下接，不是往上接？

仁波切：我思考後，覺得法尊法師這翻譯比較合適，「滾」是名字的一部分，應該是個上師的名字，不是說所有的出家人都沒有多聞，這不行嘛！「嚳尊滾」是一位上師的名字，在西藏稱呼上師名字的開頭時，有很多這樣子的。

法　　師：不過另一種理解方式是：「嚳尊」他未對所有經論具足多聞……

仁波切：不不！不是！我同意法尊法師的這個翻譯，嚳尊滾是一個人名，說嚳尊滾這個人不多聞，要用名字來解。若說全部都不多聞，就是背後批評嘛！不是這樣。我想法尊法師他或許是有依據的，「嚳尊滾」是稱呼上師的名字，說雖不具多聞但有所饒益嘛！應當要指一個人。說全部的出家人都不具足，這樣私下批評是不行的，這是僧伽眾嘛！「啊，你們全都不具多聞！」哪能這麼說！

法　　師：嚳尊滾的「滾」字能否指對許多經論？夏日東活佛對「嚳尊滾」舉了兩種解法，第一個是叫作「嚳尊」的人，他對諸多經論沒有多聞，「滾」字是指到經論上。第二個是頁巴的所有出家人。

仁波切：是的，行！這裡的確有疑點。不論如何，理解為一個人名的話比較簡單、容易解釋，我想法尊法師應該是有所根

據。解成一個人名的話既能理解，又解得通，除此往上接
或往下接，哪一種都解得不通順，你們知道就好。

　　把「滾」字理解成全部或多數詞，或指經論，都接得不好。就算所
有的出家人都不多聞，也不可以這樣說，就是背地裡批評嘛！解為全部
的出家人這是不行的。「嚼尊滾」並非指所有的出家人，說他們每個人
都能饒益別人，凡是頁巴的出家人就能給人饒益，根本不可能！頁巴嚼
尊的「滾」字，解作所有經論也是不行的，這裡的多聞不是在討論是否
了解了每一本經論，只是就一般而言是否多聞，所以不解為全部經論，
這樣接得不好。指為一個人的話就接得很好，嚼尊滾他不多聞卻仍然能
夠饒益別人，這是行的，所以照法尊法師他翻譯的來理解是比較順的。

法　　師：為什麼他有悲愍，還會不耐煩說法？

仁波切：這樣是有可能的，縱使心中有大悲心，但還是有不能修大
　　　　苦行的。他的身體狀況不行，是有這種狀況的。

口　　譯：主要是身體？

仁波切：是有觀待身體的，沒說主要是這個。如果身體沒有辦法承
　　　　受的話，你也沒辦法呀！不能堅持住啊！是吧！這是有
　　　　的。

「嚀敦全無善説」，嚀敦是一位上師的名稱，完全不會善説。「雖說施願，大眾唯作是念：『今仍不解所云』，餘無所知」，「施願」，如果比丘們應供，受供就要咒願供齋的功德，說有什麼什麼功德主供養今日午齋，有怎樣的功德，要說這樣的祝願語。下至是講這樣的話，其他人也都聽不懂，不善巧説。「大眾唯作是念：『今仍不解所云』，餘無所知。然有前五，故誰近能益」，是說誰到他面前都能饒益到內心。不論哪個真正具德相的上師，主要須具備這五德。

🌸第二、捨棄不堪者：如是若於諸所學處不樂修行，唯讚學處所有美譽或其功德，以謀自活者，則不堪任為善知識。宛如有人讚美栴檀，謀自活命，有諸欲求妙栴檀者，而問彼曰：「汝有檀耶？」答曰：「實無。」此全無義唯虛言故。《三摩地王經》云：「末世諸比丘，多是無律儀，希欲求🅑名為多聞，🅑以是因唯🅑為他讚美尸羅，然🅑自不求🅑或修持尸羅。」於定、慧、解脫三種，亦如是說。🅑其次云：「🅑譬如一類士夫，稱揚栴檀德，謂栴檀如此，香相極可愛。次有諸餘人，問如所稱讚，栴檀🅑汝少有耶？🅑謂有無否？諸士夫此問，答彼士夫云，我求🅑方便以自活命，以🅑其方便即是稱讚香，🅑然非我有其香。如是末世出，諸🅑自不🅑精勤瑜伽🅑修持，以🅑為他讚🅑歎戒活命🅑之比丘，彼等🅑自無🅑為他所說之尸羅。」所餘

ᵉ定、慧、解脫三種亦如是說故。ᵐ第三、具相之方便者：如
是修行解脫之尊重，乃是究竟欲樂之根本，故諸欲求依尊重
者，應當了知彼諸德相，勵力尋求具其相者。諸欲為作學人依
者，亦應知此，勵力具足如是德相。

講記

「第二、捨棄不堪者：如是若於諸所學處」，不論是三學之中哪一
種，「不樂修行，唯讚學處所有美譽或其功德，以謀自活者，則不堪任
為善知識」，這是不堪任的，是說不堪任的道理。三學之中無論戒學、
定學、慧學，自己不能修持、沒認真修持，只是會說：「這個有功德，
好好修的話有功德。」透由說其功德，自己依此活命。「自活命」就是
這樣，是會說法、說三學的功德，但自己卻不修持，這樣就不堪任為善
知識，不能依止這種人，下面有譬喻，內涵就是這個。他除了養活自己
沒有其他啊！為了養活自己而想讚歎戒律。這裡先講了下面《三摩地王
經》的譬喻，還有義理。

「宛如有人讚美栴檀，謀自活命」，靠讚美栴檀來過活。他讚美，
其他人聽。「有諸欲求妙栴檀者」，有人就想：他有栴檀嗎？「而問彼
曰：汝有檀耶？」答說：「我沒有。」「此全無義唯虛言故」，沒有意
義。現在我們就是這樣，就像所謂的廣告一樣，很會宣傳，但只是為了
各自的報酬，他自己沒有這些，像這樣的親教師是不能親近的。這譬喻

的義涵在下面有引經，這邊是譬喻。

這是非常重要的，在近代尤其重要，這種狀況很多！「《三摩地王經》云：末世諸比丘」，在教法極為衰敗時的比丘，「多是無律儀」，沒有律儀，自己沒有律儀、不守律儀。「希欲求名為多聞」，卻自稱：「我很多聞，我會講很多法，我學過很多法。」因為他懂很多，就稱讚尸羅：「律儀有這樣那樣的功德。」講倒是會講很多。「唯為他讚美尸羅」，知道怎麼為別人講。既然知道如何為他人讚美尸羅，就問他：「如果尸羅這麼有功德的話，那你是這樣持戒嗎？」說道：「自不求尸羅」，沒有行持戒律，戒律變得面目全非，對戒律不在意。在戒律之後，對定、慧、解脫也說：「末世諸比丘，多是無律儀，希欲求多聞」，也去讚美解脫，但卻不勤於解脫的方便；讚美禪定，卻不勤於禪定；讚美智慧，卻不希求智慧。所以說「於定、慧、解脫三種，亦如是說」，在經文中也有這樣的句子。

「其次云：譬如」，這就像什麼呢？如果舉一個譬喻：「如一類士夫，稱揚栴檀德，謂栴檀如此，香相極可愛」，就像前面講過的意思一樣，「香味很濃」，說了很多功德，「稱揚栴檀德」，稱讚這樣的栴檀功德。「次有諸餘人」，譬如有其他人要栴檀的話，就弟子來說，弟子要求法，問說：「這種法你有沒有？」答道：「你自己去修持。」他卻不修，那弟子怎麼可以去依止他呢？就像是這樣。

「次有諸餘人，問如所稱讚，栴檀汝少有耶？」問說：「你有嗎？」「諸士夫此問，答彼士夫云」，別人來問，稱讚栴檀的那個人又

回答說：「我求自活命」，我是依靠稱讚的方式來活命而已。什麼方式呢？「以是稱讚香，非我有其香。如是末世出，諸自不精勤」於自身的三學等「『瑜伽修持，以為他讚歎戒活命之比丘，彼等自無為他所說之尸羅。』所餘定、慧、解脫三種亦如是說故」。

口　譯：「希欲求名為多聞」是什麼意思？

仁波切：「希欲求名為多聞」，他講很多的話，別人就會這樣想：「他聽了很多，他懂很多！」非常傲慢地對其他人稱讚尸羅。這種師長是不能依止的，如果依止這樣的師長非常危險啊！但他至少還會讚歎戒律，否則，如果不知道分辨上師，就像惡人指鬘[3]依止到惡知識，他的老師說殺很多人很好，於是就殺了九百九十九個人，也會遇到這種惡知識。上述這種師長至少還會讚歎戒律。但不管怎麼說，這種師長是不能依止的。

　　「第三、具相之方便者：如是修行解脫之尊重」，我們為什麼要依止上師呢？是為了成辦解脫！成辦解脫要依止上師，因此上師「乃是究竟欲樂之根本」。我們究竟的欲樂是什麼呢？是解脫，它的根本歸結於依止上師。如果是這種想要成辦解脫的弟子，「故諸欲求依尊重者，應當了知彼諸德相」，要了知須具備上面那些德相。「勵力尋求具其相者」，尋找具足這些德相的善知識，要致力於怎麼樣才能值遇到這樣的

善知識。弟子方面必須如此。

另外就上師方面，如果想被弟子依止的話，想要守護很多弟子、許多所化機的話，「諸欲為作學人依者，亦應知此」，先要檢查自己是否具備這些德相，然後就要致力於具足這些德相的方法，「勵力具足如是德相」。

上面是說弟子，下面是說上師自己。「諸欲為作學人依者」，指上師如果想要攝護很多弟子的話。說：想要攝護弟子的上師們，自己也要知道上師德相，看看自己有沒有具備，如果沒具備就要努力想辦法具備。前面是說弟子，後面是說上師。

現在要講最下之相，上師最下的德相，說「第三、最下之相者」。

真　師：師父，可以提個問題嗎？就是上面中等之相的第三個科判不是「具相之方便」嗎？具足此相是從哪方面談的？是從一個要尋找上師的弟子那方面去觀察的呢？還是說從一個要成為善知識……

仁波切：不是、不是、不是！觀察的時候應該要這樣觀察，但是要具足的這個相，必須是師長要具足；具足主要是對師長的。

法　師：那「具相之方便者」的方便沒有談出來啊！

真　師：對呀！

仁波切：「勵力具足如是德相」，說要在具足的方法上努力，這方法是自己要去追尋的，方法這裡不需要講。

口　譯：這「具相之方便者」沒有說到方法？

仁波切：要在這方法上努力，師長要在具足這一切的方法上努力，要努力！如果不努力想辦法去具備這一切，就無法具備這些功德，要自己拚命在具備這一切功德的方法上努力，這是上師自己的事情。

真　師：可以再問一個問題嗎？

仁波切：你說。

真　師：第二個科判是「捨棄不堪者」，是說不具備德相的意思，那是什麼樣呢？我們很多人的困難就是，雖然知道應該具戒，可是具戒的上師和不具戒的上師怎麼能觀察出來呢？如果他們都會說法，那麼我們應該從什麼點去觀察比較正確呢？

仁波切：最初要看是否有具不具戒的疑慮，可疑、有疑慮的話，那不能依止為上師。在具不具戒上不可疑、沒有疑慮的話，自己去觀察，對他有信心，打從內心認定他具足，那就可以了。具足戒律，所謂「戒律清不清淨」這是很難講的。

戒律清淨像所謂二百五十條戒都要清淨，以前在上戒律課時有說，假如是比丘，重點是不能染犯四他勝，染犯了就有四他勝罪。被四他勝罪任何一條所染上的人，就不是清淨的比丘了。四根本主要就是殺、盜、淫、妄，犯了四個他勝任何一項，像斧頭把根砍斷一樣就沒戒了。所以犯了任何一條他勝罪，就算戒律不清淨。除此之外，犯了僧殘等罪，不會說你不是比丘，你有過失，但是還可以再恢復，並非全無比丘戒體。犯了四他勝罪以外的學處都有還淨方法，但是犯了他勝罪就沒法還淨了，無法還淨，重點是這樣。

法　師：針對這點有個問題。就我所知，比丘戒中犯了四重罪，他肯懺悔，也還可以成為學悔沙彌，這樣的人可以作為師長嗎？

仁波切：這在「說一切有部」當中沒聽過有這種的，但還戒的人是有的，如果犯了他勝罪，無覆藏心的話可以再恢復。無覆藏心指沒有隱藏，比如他殺了人不隱藏，不是裝得若無其事不告訴其他人，而是在犯後馬上說：「我殺人了。」能馬上說我殺了人，這就是沒覆藏心，沒有隱藏。這樣的人還能再恢復戒體，但已不是原本的比丘了，要行很多治罰的事務，要做很多懲罰的事務，不算是清淨比丘。有個比喻，譬如有一次腳斷掉了，要接回去是有辦法的，但跟沒斷過的是不同的。你所說的，在說一切有部中，我上過戒

律課，雖然也不是知道得很多，但沒聽過有你說的那種。

口　　譯：這個人不是比丘了嗎？

仁波切：不是比丘，但再受戒，是可以再受一次的。雖然說是可以，但已經不是原本的比丘了，好比跟沒斷過腳的是不一樣的。再受一次可以，沒有覆藏的心，沒有覆藏心的話可以再受一次，但是他不像真正的比丘一樣，還是有區別。譬如說你這個腳骨折了，接倒是可以接，但是骨折之前的那個腳和骨折之後再接上的腳不同啊！就是這個譬喻。

法　　師：我剛講的是四分律，師父講的大致與四分律的意思是一致的，內涵差不多。

仁波切：大眾部是怎樣不了解，大眾部中比丘犯了他勝其中一條是否就不是比丘了？不知是還不是？或許是、或許不是，不知道。所謂「他勝罪」，我們是說譬如用斧頭砍斷樹根一樣，犯了一條他勝罪就沒有戒體、學處了。但說沒有的話，這也有可辯論之處，因為你只犯了殺生的他勝罪，但你沒犯偷盜的他勝罪嘛！這要怎麼算呢？這有可辯之處。不知道，這我講不清楚。

法　　師：那這種已經懺悔了也可以當師長嗎？

居　　士：這不可以了，弘一大師抉擇過了，不行。

仁波切：這不是具相師長。經論中有説，有比丘的話，應由比丘金
剛持傳灌頂[4]，比如密乘中最首選是比丘金剛持。但這也
沒説不行，主要還是看自己的信心。

第三、最下之相者：由時運故，具全德者實屬難得，若
未獲得如是師時，將如何耶？《妙臂請問經》云：「譬如其
左右二輪不全，僅有一輪車，具駕車之馬於道亦不行，即
如是喻，若無修行伴，有情不能獲成就。或念：若爾，其
伴云何？若有內具足勝義智慧、外名言形貌正、潔淨、姓
尊、以後世為主故趣注法、大辯、志力廣大故勇悍、根調
伏、和言、能施、有悲愍、堪忍餓渴及苦惱或生痛苦、不供
外道等婆羅門餘天、善巧勇喜於善，故為精悍或專精、又
復知工答恩或適工、敬信三寶，如是者，是具相良伴。

講記

「第三、最下之相者：由時運故，具全德者實屬難得」，上面提到
的功德有十德、五德，這樣都還是很困難。「若未獲得如是師時，將如
何耶？」「《妙臂請問經》云」，《妙臂請問經》中説的是友伴，説友
伴的德相。如果實在沒有前述具相的上師，配合這個友伴的德相，而説

具足這些功德也是可以的。意思就是說自己修法需要有這樣的助伴，所以另外用《妙臂請問經》結合了上師最下之相而作講述。「譬如其左右二輪不全，僅有一輪車」，舉個譬喻。「具駕車之馬於道亦不行，即如是喻」，對一個修行正法的士夫而言，「若無修行伴，有情不能獲成就」，說要如實獲得悉地是很困難的。跟友伴一起修的話，能夠成辦修法沒有障礙等諸多所求。

口　譯：這邊的「呂尖」（ལུས་ཅན）漢文翻成了「有情」。

仁波切：有身和有情怎麼翻都行，是指修法者。

下面就說了十六個條件，應該是有十六個條件。「或念：若爾，其伴云何？」這樣子的友伴是要怎樣的呢？「若有內具足勝義智慧、外名言形貌正」，要內具智慧，外有端正的形貌。「潔淨、姓尊」，也要有高貴的種姓，像是旃陀羅種姓、屠夫種姓等下劣種姓也會有很大障礙。接下來「趣注法」，在箋註中有說到，在今生及後世兩者之中要「以後世為主」，這就是趣注法。「大辯」，大辯和心力強大一樣，大辯指的是修法的心力。「大辯、勇悍」兩個要分開算，不然就湊不齊十六個，「勇悍」指修法勇悍。之後是「根調伏、和言」，「和言」是指友伴之間要說和合語，四攝裡面有愛語嘛，和這邊的「和言」是同樣的。「能施」，指敢於布施，對於布施有強大的勇氣。

「有悲愍、堪忍餓渴及苦惱」，指在修法的時候能夠忍受飢渴等

等。「不供外道等婆羅門餘天、善巧勇喜於善，故為精悍或專精」，「精悍」就是指善巧且喜歡善法。「又復知工答恩或適工」，別人饒益他，知道要報恩，講的就是這個意思。還有「敬信三寶」，以上共說了十六個德相。「如是者，是具相良伴」，說要這樣的友伴，具相要有這十六個條件。

真　師：潔淨是什麼意思？

仁波切：喜歡乾淨。

口　譯：堪忍飢渴及苦惱是分三個德相嗎？

仁波切：當產生飢渴的痛苦時能夠忍受，是算一個。「睛」（བརྟེན）譯成什麼？

口　譯：譯成精悍、精進。

仁波切：是的！是的！非常精進、不懶懶癱癱、很勇猛。

真　師：師父，可以問個問題嗎？怎麼善知識德相還有一個「愛乾淨」呢？喜歡乾淨。是指喜歡什麼乾淨？

仁波切：四周環境要乾淨。六加行法中有一法就是清潔，不乾淨是不行的。一開始要迎請殊勝本尊等任何聖尊來，待在一個髒的地方會有很大罪過的，清潔的目的是這個，這是六加行法其中之一。如果不乾淨也會生病，用現在的話就是重

視衛生工作，不清潔會生很多病的，別人也會不高興，殿堂不弄乾淨就很骯髒。六加行法的時候會講如何清潔的方式，這在下面再講。

居　士：這樣就有十七個德相了。

仁波切：可能你把堪忍飢渴及苦惱分成兩個算了，這兩個要合在一起算。

居　士：堪忍飢渴及苦惱是第十二，第十三不供婆羅門餘天，十四精悍，十五工巧。

法　師：「工巧」有另外分嗎？

仁波切：「精悍」是一項、「知報恩」是一項。對有恩者知道要報恩，這是一個，知道嗎？報恩，以前曾經被饒益過的話要回報他，懂嗎？

口　譯：「索瓦」（）是五明中的「工巧」嗎？

仁波切：不是，不是！這個工巧（  ）和報恩（  ）不一樣（藏文此二形近音同，故有此辨），不是工巧，不對、不對。是翻成「工巧」了嗎？這是錯誤，這完全是翻錯了，這裡面會有一些可能是法尊法師沒注意到。我想應該不是工巧，這裡面這樣寫啊！

ᢁ然諸能完具如是德，於諍世中極稀故，半德四分或八分，應依如是所讚伴。」此中所說圓滿伴相，八分之一為下邊際。鐸巴所集《博朵瓦語錄》中，述大依怙說尊重相，亦復同此。故於所說完具圓滿諸德相中，隨其所應配其難易，具八分者，為下邊際。

講記

雖然德相是要這些，「然諸能完具如是德，於諍世中極稀故，半德四分或八分」，說功德不用很大。「應依如是所讚伴」，必須要這樣的友伴。「此中所說圓滿伴相，八分之一為下邊際」，只要八分之一的德相，那麼就只要兩個功德就好了。「鐸巴所集《博朵瓦語錄》中，述大依怙說尊重相，亦復同此」，應該是在《藍色手冊》中有講到。

「故於所說完具圓滿諸德相中，隨其所應配其難易，具八分者，為下邊際」，要圓滿德相，前面上師的德相說要具足十德，這裡友伴的德相說要具足十六德。講到「完具圓滿諸德相中，隨其所應配其難易」，在其中有難的、非常難的，要具足三學的功德就很困難啊，具足善巧的功德就比較容易，在這當中，選難的和容易的搭配成八分之一，最少要具足這樣的功德。雖這樣說，但也是稍有疑點的，有不小的疑點。

口　譯：「應依如是所讚伴」，所讚（བསྔགས）是指密咒（སྔགས）

　　　　嗎？（拉寺本與果芒本有異，故有此問）

仁波切：指密咒比較合理，很多版本都是「咒師伴」。

口　譯：「諍世」是指什麼時候？

仁波切：惡世，末法時期。

真　師：「八分」怎麼算？

仁波切：就是二德。

口　譯：隨便兩個都可以嗎？

仁波切：要一難一易相互搭配就可以。這也要結合到上師十德相，
　　　　上師德相說了十種，這裡說了十六德相，這兩者都可以用
　　　　同樣的理由來類推。那上師的八分之一要怎麼算呢？友伴
　　　　的功德要具足十六德，上師的德相要具足十德；最下要十
　　　　六的八分之一，就是兩德。那上師十德要怎麼算呢？文中
　　　　說到「說尊重相，亦復同此。」上師有十種德相，上師的
　　　　德相要怎麼算八分之一呢？友伴的部分沒問題，但說了上
　　　　師十德，這八分之一結合上師要怎麼算？

法　師：他是說十法也可以算八分之一啊？

仁波切：對啊！「說尊重相，亦復同此」，尊重相亦復同此嘛！上
　　　　師也是相同的，是吧？

法　師：「說尊重相，亦復同此」，是指尊重有這十六個功德的最
　　　　下八分之一就可以當尊重，還是在十德中要挑八分之一出
　　　　來？

仁波切：友伴的十六德相具足八分之一就可以，這也要結合到上
　　　　師，上師也是具八分之一就可以，那該怎麼配呢？想想
　　　　看。

法　師：「隨其所應配其難易」，是有一些條件是必須具備的，還
　　　　是說我們自己隨便配？

仁波切：這個沒有分析，所以比較難，因此提出來。

法　師：例如說這個人長得很好看，又愛乾淨，就可以當上師嗎？

仁波切：我也這樣想啊！我就是想提出這個問題。說要一難一易相
　　　　搭配，「形貌正、潔淨」偏容易，這裡面不知哪個是難
　　　　的。「堪忍餓渴及苦惱、敬信三寶」，當作難的；「形貌
　　　　正、潔淨」，當作容易的，說一難一易搭配即可。因為有
　　　　說到：「隨其所應配其難易，具八分者，為下邊際。」

居　士：「隨其所應」是什麼意思？

仁波切：裡面隨宜找一個、兩個加起來，「隨其所應」就是隨宜的
　　　　意思。如果具足兩種功德就可以當友伴嗎？如果可以的
　　　　話，說對三寶既沒有信心，又是供養其他天神的人，可以

依靠這樣的友伴嗎？辯論一下！

居　　士：有一種解釋說最下最下的老師要有兩個功德，一個是戒、
　　　　　調伏，一個是悲愍。

仁波切：這不一定吧！這有什麼根據啊？

居　　士：不知道。

仁波切：對啊！要提出經論的根據。他自己說可以，以此作為根據
　　　　　是不行的。

　　上述上師的十德如何配八分之一，並沒有清楚地講到，哪裡都沒有
清楚講到。我想是這樣的，例如十六德分一半是八，上師德相分成一半
是五。前面有說「半德四分或八分」，上師的德相只有十個，前面說最
上等是具足十德，中等要具足五德，這是半德嘛！這可以。此處說要具
十德，而一半就是這樣！那四分德呢？例如上師來說，就是五的一半，
五分一半，大概就變成兩德半。其次，八分之一，就只有兩個。要配八
分之一的話，十德分半各有五個，在其中各取一個就是兩個，要具足兩
德，應該是這樣吧？除此之外沒有其他的配法，要配上師十德相的方法
可能是這樣吧！

口　　譯：十德的一半就是五德，五德的一半就是二點五德，八分之
　　　　　一是指二點五德再分一半嗎？

仁波切：不用把二點五德分一半。所謂八分之一，就是從兩個八組
　　　　中各取一德，總共二德。而上師的十德分一半就各五個，
　　　　在二組五德中各取一德，共取二德。除了這樣的配法以
　　　　外，沒有其他方法了。

　　總之，要不然上師就要具足我們之前講的那些功德，要不然就最下
限而言，上師在十德中要具備一難一易兩德就可以了。

　　我自己在思惟觀察：現在可以去找這樣的上師嗎？我想這很難說可
以。為什麼呢？這裡抉擇最下底限的上師，抉擇最下的話，應該是想表
達在最末法的時候，已經找不到這樣具德的上師了，但現在並沒有到最
末法的時候！佛陀的教法還在世間盛弘，還是教法住世的時期。在這時
候說：「上師只要具足這點兒功德就可以了，在這裡有說。」我想這是
不可以的。這是我的抉擇。

　　因此在現今，以上師而言，如果覺得自己做不到很好，但是想到最
下只要有兩德就行，於是認為我已經具足了；就弟子而言，也是覺得要
有這樣的具德上師很難，於是就隨便找，也是不行的。為什麼呢？現在
教法還興盛嘛，還有很多具足這樣德相的上師，還有的話你就要去找，
看能不能找到，根本不存在了才選擇最下限。

　　無論是上師也好、弟子也好，在這之上還有很多要抉擇的地方，我
想這要小心！無論是上師還是弟子方面，單單按照這裡字面上所說的來
修持，然後就說：「這樣就夠了。」這是不行的！

真　師：師父，可以提個問題嗎？我應該是說有兩個問題，第一個
問題就是：「由時運故」，那個時運，弟子在想所謂的時
運都是業力所感，即使是在現在的末法時代，有的弟子他
還是可以找到全德的善知識啊！所以說那個時運是由於他
的弟子相不完具，或者業障很深的原因，具德的善知識到
他面前可能也變成了八分的或是幾分的，這是由於見過的
原因，他看不見功德的原因。

所以我有一個想法：是不是所有能夠引導弟子，朝向一切
智智方向的那些善知識，就都是佛陀化現的，只不過他現
在對你化現出少功德的，等到你的根機慢慢圓備之後，他
就為你化現出具德的善知識。否則你找到最下邊際八分之
一的善知識，很難視師如佛的，因為他就有兩個功德，怎
麼能跟佛一樣呢？那就矛盾了。弟子有這樣的疑惑，是不
是這樣？

仁波切：「由時運故」，要配合時代，具足這樣功德的上師現在還
很多，只是我們沒有去依止，還是有很多。既然有，尋找
這樣的具德上師是很重要的。要是由於時節因緣，這種上
師消失了，那就可以依止具備那些功德的上師。「由時運
故」就是這個意思。

口　譯：問題是善知識縱使是佛的化現，這個人不能把他看成佛，
看不到功德應該怎麼辦？

仁波切：這只能是我們修了心之後才看得見的，現在就要把善知識
　　　　看成佛的人很稀少。在這之上勤勤懇懇地修心，看能不能
　　　　生起這樣的心。這是要修的，無論心力是強是弱，現在就
　　　　要把上師看成佛是很稀少的，誰都很困難。這樣的信心是
　　　　要修的。你剛說什麼有相違？

真　師：如果以這種邊際去找善知識的話，找到的老師真的只具有
　　　　兩條功德，那麼弟子在對他修依止法的時候，要把他看到
　　　　像佛陀一樣，他說法的時候看成像善士一樣，這樣不是很
　　　　矛盾嗎？我是說弟子實際上只有看到那兩個，不是說老師
　　　　真實的只有那兩個。

仁波切：根本找不到的話，那點兒功德就可以依止了。並沒說我們
　　　　剛開始就要去找具兩個功德的，不是說只找有兩個功德
　　　　的。你是說去找善知識、親近善知識的時候，最初開始就
　　　　是找那個最下等的上師是吧？

真　師：我是假設這弟子找到只有兩德的善知識，那他怎麼對上師
　　　　修信念恩、視師如佛？

居　士：我心裡知道他只有兩個功德，但是也要視師如佛嗎？

真　師：那在理論上好像說不過去。

居　士：他僅僅就有兩個功德，還要把他當成佛，佛陀有無量的功
　　　　德，他沒有，還要說：你是佛、你是佛。

真　師：或者說半德或者四分，都有一個這樣的問題。

仁波切：真的在世上沒有其他更高的功德的話，那這當然可以啊！這怎麼說呢？如果只有這點功德，而這兩個功德你還沒有。之前不是說到功德要比自己超勝才行，這點功德也能饒益到你；你還比他差，自己還要向他求法，他還有比你超勝、能饒益你的功德，不然你不會去依止他為上師。

真　師：所以說把善知識的兩德，也看成是佛陀化現的，這個是不是我們比較可以成立的？

仁波切：應該是這樣對待，這是我們應該修信的，就是要這樣對待。但是呢，我們也看不出誰是真正的佛。

真　師：隨著做弟子的弟子相慢慢圓具之後，就可以看到善知識八分，或者五德，或者十德，它就呈現出來了。因為這是觀待的，弟子和上師是觀待的，弟子的業力慢慢清淨之後，他就看到他的上師原來跟佛沒有差別。原來可能是具德的善知識，但是在你眼裡成了兩德了，會不會是這樣？

仁波切：這內容下面在「不墮黨類」的段落有講到，主要是看自己的信心，所謂「修根本信心」，根本就是要修信。說：「喔！這上師只有兩個功德，我不用把他看成佛。」那你就因此得不到加持。應該想：「雖然他沒有所有的功德，但還是饒益到我了。」下面就有講到，桑樸瓦聽一位居士

說法之後對徒眾說：「不要這麼說，我已經得到饒益。」那個居士沒有具足十德，然而主要是看有沒有饒益到自己的內心。無論有沒有觀察他是佛，看他到底有沒有說出能饒益你的法語，如果有，那就饒益到你了。主要是歸結到自己的淨信心，所謂「修根本信心」，之後會說到。無論是說法的上師也好，或是聽法的弟子也好，都要觀察有沒有具備這些德相。如果沒找到具足全部德相，就一定要找具足一半德相的，現在這個時代，我想應該還是找得到，必須要是如此。

你現在問的問題也是如此，主要是看自己的意樂，即使上師只具足兩德，如果自己至心認定他是諸佛菩薩的化身，就能得到諸佛菩薩的加持。要不然即使是在具足十德的上師前，如果不把他看成諸佛菩薩，就沒有獲得加持之門，加持進入的門徑就沒有了，這全是看自己，主要是看自己。你問的是這個問題吧？

善星比丘[5]當了佛陀的隨從二十四年，佛的功德他連芝麻大小那樣都沒看到。這是什麼情況？就是因為這個原因。從上師方面來說，雖然上師要有功德，但是主要是在弟子方面。如果沒有信心，不管上師有多少功德，都是饒益不到弟子的。如果有信心，老婆婆拜狗牙也會生出佛舍利，是有這樣的故事。實際上是狗牙，當成是佛牙舍利來禮拜，那牙卻生出舍利。如果想：「他只有兩個功德，所以

沒辦法把他看成佛。」那就很困難了，你現在認為的矛盾處就是這個吧！不是這樣的，主要是看內心的意樂，必須有信心。如果有信心上師才要說法，沒有信心去求法也饒益不到你。

法　　師：師父，這裡有另一個問題。弟子覺得：如果我們只要單靠自己這方面成立的信心，那宗喀巴大師為什麼開出這種種的條件？這種種條件是不是在上師那方面，他看到之後要策勵自己去具足，還是說我們弟子根據這個條件去尋找上師？

仁波切：上師方面也要具足這些德相；自己要去依止上師時，也要觀察上師有沒有具足這些德相，要作很多觀察。如果不觀察，自己隨便被引導是不行的。要觀察自己有沒有辦法生起信心，多觀察上師有沒有這些功德。但是依止為上師之後就要看自己了，無論有何功德都一樣。這裡講的是說，要具足這些條件，標準是這樣，標準就是這樣。

如果不如此，就像愚者被領去哪裡都會跟著走，怎麼樣說都相信的話，這種信心是不會堅固的。師長也好、弟子也好，他的標準就是這樣的。宗喀巴大師為什麼要講這些，他的標準就是要盡量具足。譬如說法的人你不具足這些，但你要創造這樣的條件。弟子也是一樣的，要努力去創造這樣的條件，盡量地滿足、圓滿這樣的條件。

我們講了很多上師的德相，說了要具足很多德相的，也有說不用具足很多德相的，還有很多爭議的地方。不管怎麼說，要想辦法具備這些德相，觀察能不能具備這些德相這是非常重要的。

在觀察上師方面，也曾說過，觀察上師時作了太多的觀察，觀察過頭了也是不行的。以前中國的蒙古族國王──闊端王，花了六年時間觀察薩迦班智達[6]，然後說：「我觀察你六年，發現你是一位合格的上師，所以我要依止你為上師，請為我說法吧！」而薩迦班智達說：「你觀察我六年，我也要觀察你六年，看你是否是合格的弟子。」過了很多年都沒有說法。像這樣，自己就無福結上法緣，觀察太過了，失去了許多學法的機會而無法學法。

我們自己的信心，都會有「這可以了」的想法，我們會這樣：「這位上師說法的話，我不會退失信心。」那觀察功德的部分就夠了。各人所見確實各式各樣，到這個程度就要開始求法，如果太超過就很困難了。我們一定要觀察上師是否有具足德相，要認認真真地觀察是否有具備德相，這是很重要的；上師觀察弟子是否合格，也是很重要的。但無論如何觀察太久了，就會像國王闊端一樣，結不了法緣，這種狀況是很多的。我們在聽經的時候，會認為：「這樣可以了，我聽這位上師講法不會發生退失信心，看上師各方面的功德都覺得可以。」這時候就可以求法了。

口　　譯：蒙古國王的名字叫什麼？

仁波切：是闊端王，元朝最初期的國王。

口　　譯：忽必烈嗎？

仁波切：忽必烈之前是誰？名字是寫「闊端嘉波」（གོ་དན་རྒྱལ་པོ་），
　　　　　漢文上有，我現在記不清楚那文字。薩迦班智達可能是他
　　　　　邀請的，在涼洲那地方。

註釋

1 **鐸巴·協饒嘉措** 公元1059-1131。本名慧海，與俄·覺慧譯師同年出生。是阿底峽尊者授記的一位大德。先從賈律師等學戒，值遇博朵瓦大師之後，依止大師二十二年。在雅給地區建寺，攝受僧眾千餘人，故又稱雅給巴。世壽73歲，編有博朵瓦語錄《藍色手冊》傳世。

2 **中觀應成師** 於名言中不承許諸法有自相的說無自性師，即是中觀應成師。由於承許僅依應成論式，即可令後諍者心中生起證得所立的比量，故名應成師。

3 **指鬘** 佛世時名為無惱童子，由於惡知識所影響，而殺害九百九十九人，並將指頭串在一起，所以名為指鬘。後來被釋尊度化，出家修道，證得阿羅漢果。

4 **經論中有說，有比丘的話，應由比丘金剛持傳灌頂** 相關依據在八世達賴經師慧幢大師的《上師薈供廣解》中有提到：「《釋續金剛鬘》中說：『如是廿二軌及業，能知彼即眾生師，比丘金剛持應行。』是說應該由比丘金剛持擔任灌頂阿闍黎。」

5 **善星比丘** 佛世時對釋尊心懷邪見的一位比丘，有說為白飯王之子。能誦十二部經，獲得初禪，並服侍釋尊多年，但是對佛調伏眾生的行誼卻生邪見，於是身陷地獄，受苦無量。

6 **薩迦班智達** 公元1182-1251。本名慶喜幢，薩迦五祖中之第四祖。師生於後藏昆氏家族，先從至尊名稱幢聽受所有薩迦先祖教法。又學習大小十種明處，到達究竟。曾與從印度來藏的外道辯論，令他們敗負。23歲從大班智達釋迦師利受比丘戒。63歲前往西涼和闊端王會面，普利政教。世壽70。師為西藏首先獲得班智達名稱者。

能依學者之相

第二、能依學者，❀分五：一、圓不圓具五相之功過；二、須圓具之因相；三、別別宣說諸相差別；四、成就四相中捨逆修順之差別；五、宣說此等諸相之因。今初、圓不圓具五相之功過者：《四百論》曰：「說❷不墮黨類心正住、具❷辨善說惡說之智慧、希求❷善說之精進，具足如是三法者，為❷具相之聞器。❷若具此相，則不變說❷法者❷之德❷而見為餘相；❷非唯如是，亦不轉聽❷法者❷友伴之德而見為餘相，以具分辨功過之慧，無墮黨類見德為失故。」《釋論》解云：說具三法堪為聞器。若具其三，則於法師所有眾德，見為功德不見過失。猶非止此，即於聽眾所有功德，亦即於彼補特伽羅，見為功德非見過失。若不完具如是器相，說法知識雖極遍淨，然由聞者過增上故，執為有過；於說者過，反執為德。❀第二、須當具相之因相者：是故縱得完具一切德相知識，然於其師亦難了知。若知彼已，能親近者，必須自具是諸德相。

講記

在下面是說弟子相。「第二、能依學者」，在箋註裡妙音笑大師分為五科，其中：「圓不圓具五相之功過」，說弟子要具足五相，不具足會有什麼過失，具足會有什麼功德，這是第一科。然後「須圓具之因相」，不具足是不行的，為什麼要具足的理由，是第二科要說的內容。

然後是「別別宣說諸相差別」，這五相各別分開解說，一開始講了三相，這在下面會提到。然後是第四科，又說了具足四相。具足四相和具足五相這兩者，大致上是同一個意思，所指的是同一件事，也可以稱為四相。「成就四相中捨逆修順之差別」，斷除違緣與成辦順緣的差別。然後是「宣說此等諸相之因」，妙音笑大師共分了以上這五科。

「今初、圓不圓具五相之功過者：《四百論》曰：說正住、具慧、希求為聞器」，這說明了三相。「正住」在箋註中說：「不墮黨類心」，內心正直住，不會因為我喜歡就讚歎、不喜歡就毀謗，能不這樣就是心正住。「不墮黨類心正住」，這是其一。然後「具辨善說惡說之智慧」，要具備怎樣的智慧呢？對上師的善說要認識為善說，對惡說——內容講錯的、解釋錯的能夠分辨，要有能分辨善說、惡說的這種智慧。如是分辨是非以後，對於善說的義涵能躬身行持，「希求善說之精進，具足如是三法者，為具相之聞器」，具足這三法的話，就是具相的聞法之器，是能依學者。以上是《四百論》中說的三種相。

真　師：「希求」我沒聽清楚，希求什麼？是希求實踐善說的精進？還是希求善說的精進？

仁波切：對上師所有善說的內涵躬身修持，對此生起希求、對此精進。例如在上師說法時，所謂弟子必須具慧，要分辨上師所說的惡說。如果上師所說的全部都要實踐的話，那上師說錯的要不要實踐？這就需要慧力分辨是非，弟子這方面

要「具慧」。上師說了和佛語意趣不符順的話就不能實踐，即使是上師說的也不能聽信，因為與佛語意趣相違。

「若具此相，則不變說法者之德而見為餘相」，如果具足這些德相，就不會把說法師的功德看成其他模樣，如果說法者有功德，就會知道並且承許他有功德。假使有「正住心」的話，就會把功德承許為功德，不會看成其他；如果沒有正住的心，即使有功德也會認為「那不是功德是過失」，那就不是正住的心了，把功德看成過失是很多的。所謂「不變」，就是不見為餘相，不將功德見為過失的意思。「非唯如是，亦不轉聽法者友伴之德而見為餘相」，不僅如此，連對聽法同伴，如果他們有功德，也會將功德看成功德，而不會將功德看成過失。不只對自己的上師，對自己的同行也是如此，假使心正住的話。喔！這裡還沒講到心正住，是說：「以具分辨功過之慧」，為什麼不會看成這樣？就是因為有分辨功德和過失的智慧，而且「無墮黨類見德為失」，沒有墮於見功德為過失的黨類，所以能將功德看成功德，不會把功德看成過失。

真　師：「友伴」是誰的友伴？

仁波切：和他一起學法的同伴。

這個偈子，下面大師作了解釋。「《釋論》解云：說具三法堪為聞器」，三法即是正住、具慧、希求，如果具足這三法就堪為聞法之器

了。接下來是講功德和過失，「若具其三，則於法師所有眾德，見為功德不見過失」，這跟前面說的一模一樣，對說法師的功德會看成功德，能認識功德是功德，而不會把功德看成過失。「猶非止此，即於聽眾所有功德，亦即於彼補特伽羅，見為功德非見過失」，一樣的。接下來是講不具備的過失，這科是在說明具足的功德和不具足的過失。「若不完具如是器相，說法知識雖極遍淨」，不論善知識再怎麼厲害，縱使是位「極遍淨的善知識」，具足十德相的善知識。「然由聞者過增上故，執為有過；於說者過，反執為德」，以上是從《四百論》的《釋論》中引出來的，根本頌和釋文都引出來了。

口　譯：「即於聽眾所有功德」，聽眾是指一同聽法的法友嗎？

仁波切：是的，在箋註中說到「聽法者友伴」。

口　譯：「亦即於彼補特伽羅」，是指各自的法友，只會看到他的功德而不會看到過失。是嗎？

仁波切：是的，是的。除了功德，不會看見他的過失。

口　譯：「於說者過反執為德」，是指相反地，會把說法者的過失認為是功德，是嗎？

仁波切：是的，墮黨類。

　　「第二、須當具相之因相者」，聽法者必須具足此等諸相的原因。「是故縱得完具一切德相知識」，縱使找到一位很好的善知識，「然於其師亦難了知」，很難認識這些善知識有沒有具備這些德相，即使他具備了，也很難認識到他是具備的。如果不是一位具慧者，是認識不了具相善知識的。「若知彼已，能親近者」，認識了這位善知識具備這些德相之後，要能正確地去親近善知識的人，「必須自具是諸德相」，他必須具備正住、具慧、希求這三個德相，原因就是這個。如果不具備這些德相，上師即使有功德也不知道；如果具備這些德相，上師有這樣的功德就能認出功德，也能正確不顛倒地依止上師。所以說要具備這三個德相。

　　口　譯：「若知彼已，能親近者」是什麼意思？

　　仁波切：對上師的功德認識到是功德了以後，如果要依止上師的話，也要具備這些德相。

　　⊛第三、別別宣說諸相差別者：其中正住者，謂不墮黨類；若墮黨執，由彼蔽覆不見功德，故不能得善說妙義。如《中觀心論》云：「由墮黨惱心，終不證◐達二種寂靜◐涅槃道也。」墮黨類者，謂貪著自宗，瞋他法派。◐初修業者，大多由昔串習力故，而墮貪瞋黨類，故應觀自心，捨如是執。

《菩薩別解脫經》云：「應捨自欲，敬重安住親教軌範所有論宗。」

　　若念唯此即完足耶？雖能正住，若無簡擇善說正道、惡說似道二事慧力，猶非其器。故須具慧解彼二說，則能棄捨無堅實品取諸堅實。若念：僅具二德足耶？縱有此二，若如畫中聽聞法者全無發趣，仍非其器，故須具有廣大希求。《釋》中更加敬法法師、屬意二相，開說為五，但為開合之分耳。

講記

　　「第三、別別宣說諸相差別者」，各別說明這三個德相，第一個是正住。「其中正住者，謂不墮黨類」，有人明知上師有功德，竟然不承認，這是很多的。雖然說：「這上師有這樣那樣的功德。」但他卻說：「有又怎麼樣？」反而說出他很多過失，就是所謂「增益和毀謗」當中的毀謗，明知有功德卻毀謗說沒有。有些人是因為個人偏愛的緣故，即使沒功德也認為有功德而做增益，這麼做就是墮黨類。「正住」就是不墮黨類的意思。如果有墮黨類的狀況，被墮黨執所障蔽，「若墮黨執，由彼蔽覆不見功德，故不能得善說妙義」，就看不到上師的功德，因此即使上師有善說，善巧地解釋法義，他也無法獲得其中義涵。「如《中觀心論》云：由墮黨惱心，終不證寂靜」，由於內心為墮黨所熱惱，「終不證達二種寂靜涅槃道也」，二種涅槃是有餘涅槃和無餘涅槃。宗

喀巴大師再次解釋了墮黨類，「墮黨類者，謂貪著自宗，瞋他法派」，貪愛自己歡喜的宗派，而瞋恚其他相左的法派就是墮黨類。

「初修業者」，剛開始沒有修心、對法也還沒有什麼聞思的初業行者，「大多由昔串習力故，而墮貪瞋黨類」，很多人因為以前串習貪瞋，形成習慣導致墮入貪瞋黨類。「故應觀自心，捨如是執」，要觀察自己的心是否墮黨類，剛開始要先觀察。

我們對很多事都會不承許，無論是其他宗義也好、其他宗派也好。現在先別談承不承許，連宗派的內容是什麼都沒搞清楚，我們對別人是這樣，別人對我們也是這樣。現在有人批評藏傳佛教，卻不懂藏傳佛教的內容；我們對別人也是這樣，議論其他寺院的是非，但一點也不了解其他寺院的內涵，這是一樣的。之前我們也有談到，有很多宗派其中有很多內容是我們不知道的，在不懂的情況下很難說這不對、那不對。這都是源於墮黨類，習慣養成了是很容易犯的。所以說要檢查自心相續而捨棄它，這是很重要的——要檢查自心相續，捨如是執。這在「《菩薩別解脫經》」中有說到，這應該是一本經。「應捨自欲」，墮黨類的人會貪著自宗，要棄捨這種行為，而「敬重安住親教軌範所有論宗」，要安住、恭敬一切親教師、軌範師的言教，和佛陀的至言。

口　譯：「安住」是什麼意思？

仁波切：按照軌範師所說的法的內義去實踐，實踐它的意思。內心
　　　　安住在所說的內義之中。

　　那麼，只有「正住」的心就夠了嗎？不是的，下面還講了「具慧」的內涵，即三種弟子相中的第二個。「**若念唯此即完足耶？雖能正住**」，內心雖然能夠正住，沒有貪著墮入黨類，「**若無簡擇善說正道、惡說似道二事慧力**」，善說、正道，和惡說、相似道各別是同義的，「**猶非其器**」。「**故須具慧解彼二說**」，要有能明白善說、惡說內涵的智慧。「**則能棄捨無堅實品取諸堅實**」，如果有了它，就能把上師所說沒有心要的所有內容捨棄，而且知道怎麼取其中的心要，自己就能把心要取來修持。以上是第二相。

　　「**若念：僅具**」正住和具慧「**二德足耶？**」也還是不夠的。「**縱有此二**」，如果沒有希求心，還是很難如實領會上師所講的法義，而且無法修持。「**若如畫中聽聞法者**」，如果像畫的圖畫一樣，是沒有利益的，只是一個樣子在那裡，這是不行的。「**全無發趣**」，對法不發趣，對聽法要有精進。「**仍非其器，故須具有廣大希求**」，要有希求，要有大希求。「**《釋》中**」，就是《四百論釋》。在這三相之上「**更加敬法法師、屬意二相，開說為五，但為開合之分耳**」，如果有希求心應該會「敬法法師」，如果有「具慧」應該也會有「敬法法師」，有希求心也會「屬意」，把這兩項另外分開算，就有五相了。上面科判中說到「五相」，在根本頌中說了三相，這裡說了五相。把五相歸納起來可以收攝為三相，把它各別分開可以分為五相，只是這個差別，意思是一樣的。

　　口　譯：「屬意」是什麼意思？

仁波切：在說法的時候要一心專注地聽聞法，專心。

口　譯：「如畫中聽聞法者」的「如畫」，是什麼意思？

仁波切：如果像圖片一樣，是無法學習的。

口　譯：「全無發趣」的「發趣」是什麼？

仁波切：是指希求它，跟「精進」是同一個意思。

口　譯：「《釋》中更加敬法法師」的《釋》，是《菩薩別解脫經》的釋論嗎？

仁波切：不是，是上面的《四百論釋》。

真　師：師父，剛講的那個「去聽如同畫像中的法」，是什麼意思？那法怎麼會變成畫像一般的法，還是他以畫像的心來聽？

仁波切：不是。有正住心，也有能夠分辨善惡的具慧，如果不精進希求的話，聽法是沒有利益的。縱使去聞法，也無法成辦大利益。

口　譯：「畫中聽聞法者」的譬喻是什麼意思？

仁波切：「畫中聽聞法者」，只是表達這樣子的狀態不好，沒有多大的意義。主要是說什麼呢？要有希求心，只有前兩德是不行的，還要有希求心，所以講這個喻，就是「沒有作

用」的意思。就像畫中的老虎，毛主席有說過：「紙老
虎。」就像那樣是沒作用、沒意義的，內涵是一樣的。譬
如說畫一枝棍子，這枝棍子是無法使用的，就像這樣，我
有正住的心，也有分辨法的心，但自己沒有希求心是沒有
利益的。

真　師：師父，因為這裡是在講弟子相，是他的心把法安立成像畫
一樣，實際上是他的心進入像畫的那種狀態，並不是說法
是「畫」的那種狀態，而是說他的心沒有那種強大的希求
心。是不是弟子的心靈不熱衷佛法，像畫那樣？

仁波切：對，不是從法的角度來講。如果自己沒有希求心，即使具
備上述的兩德，也無法成辦自己的利益，除此之外沒別的
意思。無法成辦利益，主要是這樣沒有利益，要我另外指
出一個畫中聽法的樣子，我也拿不出來。

法　師：師父，什麼叫「具慧」？這裡說是具足分辨善惡的智慧。
師父可不可以舉例，怎麼才叫具足分辨善惡的智慧，是依
照教理去分辨還是依照什麼？

仁波切：依照教理也好，依個人的智力也好，辨別善說惡說。依著
教典而了知善說惡說的差別，也可以靠自己的理路來分辨
差別。無論如何，要有這樣的心，要有這種高度的慧力，
這稍微有點難。

法　師：師父，這邊還有一個問題。前面說墮黨執的話，「由彼蔽
　　　　覆不見功德，故不能得善說妙義」，師父說墮黨執有兩
　　　　類，一種是貪愛，一種是瞋恚。如果是貪愛的話，是不是
　　　　說那個⋯⋯

仁波切：即使你講錯了，他也說：「你沒講錯，你講得很對啊！」

法　師：那種人到底能不能得善說妙義呢？

仁波切：善說妙義當然不能，沒有辦法，他有這個墮黨的行為。

法　師：他這個地方是說上師沒有的功德，把它增益出來變成有的
　　　　功德，還是不管上師做什麼他都認為是功德？

仁波切：這個不是。所謂「墮黨」是貪著自方，因為喜歡自己的，
　　　　所以即使是邪說也說成是善說。因為你喜歡他，你知道他
　　　　說錯了，你還說這是善說。

法　師：那如果上師講的是對的，他也認為是對的，乃至於很誇大
　　　　地說他上師的功德如何如何的話，對於上師講的這個對的
　　　　部分、善說妙義的部分，聽的人能不能得到？

仁波切：這當然可以，沒有墮黨類。對於師長的善說可以認識為善
　　　　說，認識到是善說這就不算墮黨類。

真　師：他把那善說誇大了，就譬如他善說到三，這弟子認為上師
　　　　已經善說到七了。把他的功德誇大了，那個弟子能不能得

到善說妙義呢？

法　　師：譬如說上師跟我們開示空性的法類，可能只有用教理的部分來證成，但我這弟子因為很貪著上師的緣故，跟別人宣說的時候，我就跟大家講說：「哇！我上師已經證得空性。」那這樣他到底有沒有得到善說妙義？

仁波切：對！這是墮黨類的一部分。

法　　師：他能不能得到上師講的那個空性法類的真正妙義？

仁波切：真正的妙義，上師所說的部分他可以知曉，比那更多的就不能知曉了。

法　　師：師父，另外一個墮黨類的問題。像對兩種佛教傳統會互墮黨類，但是這裡為什麼是放在弟子相中來討論？是不是弟子跟上師之間也有所謂的黨類的關係？

仁波切：對、對、對！

法　　師：弟子他貪著自宗，自宗是指什麼？

仁波切：主要是如果上師宣說正確的法，卻不承認是正確的法，那是沒有利益的，主要就是說這個。與此相同的，所謂的墮黨類，到處都有，認為除了我這個沒有其他的。這裡主要是在說弟子。

法　師：就學者而言，是不是因為他內心煩惱的緣故。

仁波切：因為自己墮黨類的緣故，無法認知上師所說的法是正確的。於上師的功德不了知是功德，反而卻把上師的功德分別成過失，這裡說的就是這個。上師的功德看成是過失，上師的過失看成是功德。

法　師：那這文中「貪著自宗」是什麼意思？是宗派見的自宗嗎？

仁波切：這一切可以類推，宗義也可以。不僅如此，自己的社會關係也可以！在我們生活中，不是有很多因為墮黨類而產生種種言論嗎？偏執黨派的這種言論，全部都可以算，這裡是在說明墮黨類的意思，不是只在說宗派而已。

真　師：自己所執持的那一部分就是自宗。

仁波切：是的，這可以說是自宗，應當棄捨自己想要的，所謂墮黨類就是指墮到一邊去了。觀察自己的經驗是非常清楚的，遇到自己討厭的人就不會去想他的功德。其他人如果說：「他有功德。」就會說：「他哪有什麼功德？」對偉大的功德反而隱藏它，想辦法說它不存在；自己即使沒有功德，也會假裝說成有，這就構成了墮黨類。要觀察自心相續有沒有正直住，觀察我們的習氣，馬上就可以看得出墮黨的行為。

居　士：處處都有。

仁波切：是啊！處處都有。

真　　師：每天都發生。

仁波切：哎呀，每天！

法　　師：只要有我執存在就會發生。

仁波切：當然啊！每天都不知道發生多少次，一開口就有這個傾向
　　　　　啊！很容易產生，這個很容易產生。

法　　師：具慧是不是具有分辨善惡說的智慧，要不然他不可能證得
　　　　　空性。可是如果上師他是隨便講的，弟子卻……

仁波切：弟子卻當真，當成是正法了，結果也成為真正有力的大法
　　　　　了。

　　我們在講「墮黨類」，指事實上有這項功德，並且也認知為功德。
但跟「具慧」不一樣，「具慧」是要觀察有沒有功德。「墮黨類」是
說，明明知道這是功德，卻當成沒有功德，這是毀謗，必須是增益或毀
謗。有功德說成沒功德是毀謗，明明知道，知道是知道了，例如在跟別
人辯論時，大概可以知道別人有功德，雖然知道，但卻不承認，大概是
如此。漢文中有「黨」、「黨派」、「自欲」大概都是這樣，大概是有
這種差別。

　　㊣第四、成就四相中順緣與捨違緣之差別者：若如是者可攝為四：謂於其法具大希求、聽聞之時善住其意、於法法師起大敬重、棄捨惡說受取善說。此四順緣謂具慧解，棄捨違緣謂正直住。

　　㊣第五、宣說此等諸相之因者：是諸堪為尊重引導所有之法，應當觀察為㊣現今自具不具。若完具者應修歡慰，若不具者須於將來能完因緣勵力修作。故應了知能依諸法，若不了知如是德相，則不覺察，由此退失廣大義利。

講記

　　「第四、成就四相中順緣與捨違緣之差別者」，講到了具足四相，成辦順緣和棄捨違緣的差別。其他的版本是怎樣？什麼順緣？

　　口　譯：「修」順緣。（看果芒本）

　　仁波切：是的，是的！前面有「修」順緣，這裡卻沒有。

　　分判的方式略有不同，最後是一樣的。「若如是者可攝為四：謂於其法具大希求」，是上面講到三相中的最後一個。「聽聞之時善住其意」，是分成五相中的最後一相。「於法法師起大敬重」，是分成五相

中的第四相。「**棄捨惡說受取善說**」，是具慧。只是分法不一樣而已，總的來說就是四相或五相其中之一。「**此四順緣謂具慧解**」，這四個的順緣就是具慧，具慧能夠增廣希求心、也能專心聽法、也能恭敬法及說法師，棄捨惡說受取善說本身就是具慧，所以具慧就是成辦這四相的順緣。「**棄捨違緣**」，要去除墮黨類等的過失，這就要靠心正直住，這樣主要的五相都具足了。成就四相中修順緣與捨違緣，前四者的順緣是要修習的；違緣裡的墮黨類，是要棄捨的，棄捨了這個心就正直住了。這是在講這個道理。

口　　譯：順緣要怎麼成辦？是說具慧的話就能成辦那四相嗎？

仁波切：上面有說到四相，這全部都是要修習成辦的。這個順緣是
　　　　　什麼呢？就是具慧。如果具慧了，這全部大概都能成辦，
　　　　　這裡說了這樣成辦順緣的方法。這四個要具備，違緣墮黨
　　　　　類的心要棄捨，除此之外就沒了。

「**第五、宣說此等諸相之因者：是諸堪為尊重引導所有之法，應當觀察為現今自具不具。若完具者應修歡慰，若不具者須於將來能完因緣勵力修作。故應了知能依諸法，若不了知如是德相，則不覺察，由此退失廣大義利**」，「**堪為尊重引導**」，就是能被上師所引領教導。聽者所要具備的諸法，就是堪為尊重導入所有法道之法──那些聞者的德相。現在聽者自己要觀察有沒有具備聽者的德相，具備了就要修歡喜心，心

想：「啊，可以了！」如果不具備，今生就要在能具備的方法上努力。假使這輩子沒法全部具備，也要發願下輩子能具備，在相續中要在具備這些條件的方法上努力。因此，要了知弟子須具備的「能依諸法」，「能依」就是指弟子，自己要去了解這些德相，了解它是很重要的。如果不了解這些德相，就無法「覺察」，不覺察就很難如實通達正法的內涵，因而無法成辦廣大義利，會退失廣大義利。

口　　譯：「則不覺察」的覺察是什麼意思？

仁波切：「覺察」是觀察、分析的意思。「則不覺察」——對什麼是好的法，什麼是不好的法不作觀察；對什麼是具相上師，什麼是不具相的，這也不去觀察；自己是聽法者，對什麼是聽法者的德相，什麼是不具相也不去觀察。如果像這樣不去覺察，驕傲自滿，說：「啊，知道了！」他自覺有在聽聞，結果卻退失廣大義利。

科判中説「宣説須當勤修此等諸相之因」（此為果芒本科判）是可以的，「宣説此等諸相之因」就是要宣説須勤修此因，要在因上努力。怎麼努力法呢？檢查自己的內心有沒有正直住，如果沒有，就要在能令心正直的方法上努力，遠離所有的偏執。然後是具慧，具慧則需要學很多法，聞思佛法是很重要的，如果不聞思就沒有具慧的方法，沒有辦法分辨善惡。然後要生希求心，要生起對法的希求心，對聞、思、修學佛

法生希求心。這一切都是為了具相而做的努力，努力做這些就是在具相的因上做努力了。「第五、宣說此等諸相之因」，不知道為什麼這樣講，科判應該要作「第五、宣說須當勤修此等諸相之因」。

要檢查是否具相了，如果不具足，至少要在將來能具備，這是很重要的。漢文裡不知道有沒有「將來」兩字，如果不具足，要在將來以後都能具備的因上努力。如果這輩子沒辦法具足這些因，就算覺得這一生沒辦法具足，也一定要發願下輩子能具足。

漢文裡的「將來」在藏文是「七瑪」（ཕྱིས་མ），講的就是後世，不是講這輩子，是下輩子的意思。但漢文就是「將來」。要發願、要觀察是否具足，這很重要。

意樂親近軌理

第三、彼應如何依師軌理，⟨妙⟩分二：第一、宣說須依止一具相者：如是若自具足器相，應善觀察尊重具否如前說相。應於具相，受取法益。是復有二傳記不同，謂善知識敦巴與桑樸瓦。桑樸瓦者，尊重繁多，凡有講說，即從聽聞。自康來時，途中有一鄔波索迦說法而住，亦從聽聞，徒眾白曰：「從彼聽聞，退自威儀。」答云：「汝莫作是言，我得二益。」善知識敦巴者，尊重尠少，⟨語⟩印度二師，謂覺窩傑阿底峽、班智達哲蔡瑪。藏地三師，謂喇嘛色尊、嘉之星那南金剛自在、汝倉之雍敦，數未過五。博朵瓦與公巴仁勤喇嘛共相議論彼二誰善，皆謂於未修心，易見師過，起不信時，善知識敦巴軌理善美，應如是行。現見此說，極為諦實⟨巴⟩確切，應如是學。

講記

「第三、彼應如何依師軌理」，這樣具相的弟子，要如何依止具相上師的道理，妙音笑大師把它分成兩科。「第一、宣說須依止一具相者」，這裡說需要依止一位具相師長。就如前面我們討論過，八分之一的德相，或一半德相，可不是這樣，主要在這裡講的必須是一位具足德相的。由於不同目的而說了很多種善知識，但這裡卻殷重地提到必須要具相的善知識，從科判中就可以清楚地知道。

「如是若自具足器相」，那麼弟子、具器的聽法者，「應善觀察尊

重具否如前說相」，這前面已經說過很多了，沒有不清楚的。「應於具相，受取法益」，要獲取法恩；受取即是獲得的意思。「是復有二傳記不同，謂善知識敦巴與桑樸瓦」，敦巴格西與桑樸瓦兩位的行誼不同。「桑樸瓦者，尊重繁多」，桑樸瓦有很多上師，「凡有講說，即從聽聞」，只要有人講法他就去聽，他的信心和淨相可能很多，他本身是具淨相的人。

口　譯：什麼是淨相？

仁波切：「淨相」，就是不會生起很多「他是好、是壞」的疑慮，
　　　　　一直朝他是善良的角度來看，這樣就有淨相。

「自康來時，途中有一鄔波索迦說法而住，亦從聽聞，徒眾白曰：從彼聽聞，退自威儀」，徒眾說：「你不能從他聽法，你會喪失個人地位。」這就是退自威儀的意思。「答云：汝莫作是言，我得二益」，他說他這樣聽法得了二種利益。桑樸瓦有很多位上師。

「善知識敦巴者，尊重尠少」，種敦巴勝者生源的上師非常少，「數未過五」，除了五位上師，一輩子當中沒有依止其他的上師。這裡有語註，五位上師為「印度二師，謂覺窩傑阿底峽、班智達哲蔡瑪」，蔡瑪是銳利的名稱，其實就是班智達彌帝，他曾經到過西藏。「藏地三師，謂喇嘛色尊」，這位是種敦巴尊者起初還沒見到覺窩傑之前的一位上師，這位上師應該具有很富饒的受用，有很多牛、羊群等等。種敦

巴尊者在承事他時，又要作牧馬人，晚上拿著火把出去巡邏，不能睡覺，夜裡又怕有小偷來，所以要巡視；早上聽上師講法，還要養很多馬等等。這位上師就是喇嘛色尊。「嘉之星那南金剛自在」，「嘉」是地名，「星那南」，可能是族姓之類的名稱，不知道。「汝倉之雍敦」，汝倉可能是那地方的名字。他的名字是雍敦卻衰。「數未過五」，種敦巴尊者只有五位上師。

　　仁波切：翻譯時翻成彌帝班智達就可以，彌帝是梵語，不是藏文，
　　　　　　彌帝應是「念智稱」的「念」，他即是「哲蔡瑪」這位祖
　　　　　　師。

　　然後，「博朵瓦與公巴仁勤喇嘛」，博朵瓦和公巴仁勤喇嘛兩人討論，這兩位的行誼哪個好，是上師多的好，還是上師少的好？「共相議論彼二誰善」。後來這兩位上師一致認為：「於未修心，易見師過，起不信時」，沒有很多修心經驗時，很容易看見上師的過失，要對上師生信是不多的，很難生起信心。這時候「善知識敦巴軌理善美」，應像種敦巴尊者一樣，上師少一點比較好。「皆謂」，這是兩位在討論過後一致認同的。「現見此說，極為諦實確切，應如是學」，這種說法非常好，非常真實正確。「應如是學」，應該這樣做。

第二、於具相師：如是應知，曾受法恩，特於圓滿教授導心知識，如何依止。其理分二：一、意樂親近軌理；二、加行親近軌理。初中分三：一、總示親近意樂；二、特申修習德本信心；三、隨念深恩應起敬重。今初分二：一、總示；二、廣說。今初：

《華嚴經》說，以九種心，親近承事諸善知識，能攝一切親近意樂所有扼要。第二：即彼九心攝之為捨自自在、斷除親睦無常、荷師一切擔、如何荷擔共四：

第一、棄自自在，捨於尊重令自在者：如孝子心，謂如孝子自於所作不自在轉，觀父容顏，隨父自在，依教而行，如是亦應觀善知識容顏而行。《現在佛陀現證法流三摩地經》中亦云：「彼於一切應捨自意、自在，隨善知識意樂而轉，順善知識所行，不違善知識意，如其所作隨轉，故為數數值遇之因。」此亦於具德前乃可施行，是說任於誰前不能隨便授其鼻肉。

第二、誰亦不能離其親愛能堅固者：如金剛心，謂諸魔羅及惡友等不能破離。即前經云：「應當遠離親睦無常、情面無常。」

講記

「第二、於具相師」，第二科是正說依止具相上師的道理。「如是應知，曾受法恩，特於圓滿教授導心知識，如何依止」，總的從具相上師處領受法恩，在這之中，特別是傳授自己圓滿教授，正確而善巧引導自心趣入妙善之道的善知識，應該如何依止？其方式分二：「一、意樂親近軌理；二、加行親近軌理」。在意樂親近軌理中，「初中分三」，從此根本往下分科為：「一、總示親近意樂；二、特申修習德本信心；三、隨念深恩應起敬重」三者。妙音笑大師又將第一科分成二科，「今初分二：一、總示；二、廣說」。

「《華嚴經》說，以九種心，親近承事諸善知識，能攝一切親近意樂所有扼要」，《華嚴經》中以九心的方式講了如何親近、承事善知識，在此用九心收攝了所有親近善知識意樂的扼要，這是總示。

「第二」是廣說。「即彼九心攝之為四」，「彼」是指九心，先收攝為四點來作說明。妙音笑大師的箋註說到第一個是「捨自自在」，自己沒有自由、捨棄自由。第二「斷除親睦無常」，第三「荷師一切擔」，後面會講。第四「如何荷擔」，共收攝在這四點當中。

口　譯：什麼是「斷除親睦無常」？

仁波切：不可以親睦無常。本來有信心、相識了，之後又反覆無常，不能這麼做。

口　譯：什麼是「如何荷擔」？

仁波切：上師的一切事情，上師要承擔的責任都要去承擔。

口　譯：「荷師一切擔」，是不是上師要承擔的我都要承擔。「如何荷擔」，指的是承擔的方式嗎？

仁波切：是的，攝在這四點之中。這在下面正文會再說，只是妙音笑大師把它提到前面來說，下面有這些內容。

　　「第一、棄自自在，捨於尊重令自在者：如孝子心」，棄自自在，自己想做什麼不是自己作主，要跟隨上師的自在，自己將自由捨於上師。舉例來說，就像孝子一樣，「如孝子心」，孝子不管做什麼事都不是自己作主，而是看自己的父親，得到父親的同意才去做，不然不會去做。「觀父容顏，隨父自在，依教而行，如是亦應觀善知識容顏而行」，就是說這個。

真　師：師父，為什麼用「容顏」，「觀父容顏」那個容顏是指什麼？

仁波切：要看父親的臉色。可不可以做，看看父親的臉色，如果做這件事情令父親歡喜，就去做；做這件事情如果父親不歡喜，就不去做，是這個意思。同樣地，弟子也要看善知識的臉色，做什麼事都不要隨自自在。

「《現在佛陀現證法流三摩地經》中亦云」，這是一本經的名字。在箋註中有提到是「法流三摩地經」，其中說到：「彼」，指那位孝子。那位孝子「於一切應捨自意、自在」，不會處在自己的想法，不會保留自己的想法。「隨善知識意樂而轉」，如果是善知識想做的才會去做，不是善知識想要的就不會去做。

這裡有語王尊者的註：「順善知識所行，不違善知識意，如其所作隨轉，故為數數值遇之因」，如果這麼做，就是能數數值遇善知識的因。為什麼？因為隨順善知識所行，不論什麼事情都隨順善知識所行，因此就會走進善知識的心，能不違逆善知識的心；去做不違逆善知識心的事情，就能造下數數值遇善知識的因，就能數數值遇善知識。

口　譯：「彼於一切」的「彼」是指什麼？

仁波切：「彼」是指孝子，或指弟子。這不是在比喻，結合喻義來講應該是指弟子。

「此亦於具德前乃可施行，是說任於誰前不能隨便授其鼻肉」，這只能對具相上師才能這麼做，在不具相的上師，或不是上師的就不能這樣做，不能授其鼻肉，不可以把自己的權力交給他。犏牛的牽鼻繩不能隨便交到別人手中，這交出去後，別人要牽去哪裡都可以隨便牽走，這是不行的。

「第二」是指「斷除親睦無常」。「**誰亦不能離其親愛能堅固者**」，「親愛」就是指跟上師的心很靠近。上師和弟子之間感到很親密的心，遇到誰也不能分離，無能分離，能夠堅固，要「**如金剛心，謂諸魔羅及惡友等不能破離**」，這也很重要！主要須提防惡友，沒有比惡友更危險的了。菩薩是怕遇到瘋象，還是怕遇到惡友？遇到瘋象被弄死了，只是斷送了這輩子的生命，不會把我送到三惡趣，但惡友卻會讓我們墮入三惡趣，所以不要聽惡友的話，這非常重要。

貢唐丹貝準美大師[1]也說：「不說自為惡友且無角。」沒有人會說自己是惡友，而且他不會戴著角拿著刀子出現。「偽作憐惜關愛露笑顏」，他會現出非常親密的樣子叫你「朋友、朋友」。要認出惡友是很難的，要像棄捨瘟疫一樣遠遠地拋棄他，捨棄惡友，這是貢唐丹貝準美大師的言教。「不說自為惡友且無角，偽作憐惜關愛露笑顏」[2]，接下來是提到會趣行放逸境界。大師的言教中間有一句我記不起來，意思是他會跟你嬉戲、唱歌、跳舞，會引導你到放逸之處，這樣就會引導你到三惡趣去。由於惡友，他會說：「你的上師好是頂好，但是也有些……有些……」字面上像在讚歎，但意思是在貶低。你聽了就會覺得這位上師有這樣的過失，就疏離了你和上師之間親愛的心，這種情形是很多的。

口　譯：惡友現出這些行相後會做什麼？

仁波切：惡友現出這種行相，會引導你去造放逸的業，這就會讓你

墮三惡趣。主要是惡友還會破離你和上師，這是最可怕的地方！

「即前經云：應當遠離，親睦無常、情面無常」，還有情面無常呢！「親睦」，是指自己的心親愛、珍愛上師，這個不恆常、不堅固就是「無常」。「情面無常」是指本來想見上師，慢慢地，遇見上師心裡會起瞋心，這些情形全部都是要避免的，所以說「應當遠離」。

口　譯：「情面無常」是什麼意思？

仁波切：比如遇到上師，會想見到上師，會想常常見到上師，但到了某一天起瞋心時，見到上師也會起瞋心，這樣就是情面無常。所有這種情況都要避免，這是前面《法流三摩地經》中說的。一般說的「諸行無常」，或說這是「常法」、是「無常法」，並不是這裡說的無常。「遠離親睦無常」提醒的是，所有恭敬上師的這種心要堅固如金剛心。

真　師：師父，我想問：為什麼會產生親睦無常、情面無常？為什麼心會這樣呢？

仁波切：因為被魔和惡友影響，大多會有發生這種情況。心裡著魔會產生親睦無常，和惡友在一起也會發生這個情況。

法　師：「情面無常」能不能再講清楚一點？

仁波切：最初你與善知識見面的時候，時常都想去拜見他，由於各
　　　　種原因，比如你親近一些惡友，還有這樣那樣的事，就產
　　　　生對上師不恭敬的現象，所以就不想見面。原來你常常去
　　　　見面，現在由於種種原因不想見面，就是情面無常。

真　師：不想去見上師就很可怕了。

仁波切：那就是啊！

真　師：那如果有的人他覺得害怕上師呢？害怕去見上師，就是他
　　　　覺得自己恭敬，但是害怕去見。

仁波切：你過去是天天去見，現在不去見，那就是無常；你過去害
　　　　怕，現在也害怕，那就不是無常嘛！原來的行為跟現在的
　　　　行為有所改變、有所不同，那就是無常。要保持原來的狀
　　　　態。

真　師：師父，魔怎麼破壞師弟的關係啊？

仁波切：這個倒很厲害。

真　師：能不能跟我們講魔怎麼破壞的？

仁波切：心著魔，心被魔加持是很多的，不必一一列舉，我們唸
　　　　《伏魔真言》、唸《心經》就是為了回遮魔來干擾心。你

以前對上師很有信心，以前心感到非常親密，然後毫無其他理由退失了對上師的信心，這就是心著魔了。

第三、荷負尊重一切事擔者：如大地心，謂負一切擔，悉無懈怠。如博朵瓦教示懂哦瓦諸徒眾云：「汝能值遇如此菩薩、我之知識，如教奉行，實屬大福，今後莫覺如擔，當為莊嚴。」此復如於婦女嚴飾、士兵鎧甲等，因起嚴飾及鎧甲想而生喜愛，然使聚而擔之，則現不堪負荷之態。如是若念：「又須如是依止上師」，則成負擔，而現不堪之態；若念：「得依如是善識，實屬福緣」，便成莊嚴。

第四、荷負擔已應如何行，其中分六心：第一、如輪圍山心者：任起如何一切苦惱，悉不能動。懂哦住於汝巴時，公巴德熾因太寒故，身體衰退，向依怙童稱議其行住。如彼告云：「臥具安樂，雖曾多次住尊勝宮，然能親近大乘知識，聽聞正法者，唯今始獲，應堅穩住。」

講記

　　前面的段落到「斷除親睦無常、情面無常」。「第三、荷負尊重一切事擔者」，上師所要做的一切事情，都是自己要去成辦的。「如大地心」，為什麼叫大地心呢？大地不論承載重或不重的東西，會活動或不會活動的東西，都毫無疲厭。會活動的就是指生物，大地上有會活動的和不會活動的兩種東西。無論是哪一種實事[3]，大地都會承載這一切，它不會疲厭，不會說：「我很辛苦，我背不動了！」「如大地心，謂負一切擔，悉無懈怠」，要像這樣子完全不疲厭。「如博朵瓦教示懂哦瓦諸徒眾」，懂哦瓦也是噶當派的祖師。博朵瓦對他近侍的僧眾教誡道：「汝能值遇如此菩薩、我之知識」，意思是能值遇懂哦瓦菩薩，「如教奉行，實屬大福，今後莫覺如擔，當為莊嚴」，不能覺得：「依止的上師一旦多了，要做的事情就變多。」不要把它當成負擔，要把它當成莊嚴。

　　「莫覺如擔，當為莊嚴」，這裡有語王尊者的箋註。「此復如於婦女嚴飾」，婦女會戴很多裝飾品，像戴了很多珊瑚、珍珠這種又重又多的裝飾品。士兵也是一樣，背著槍炮、掛著子彈，背非常多東西，但他們把這全部都當成莊嚴。如果不把這些當成莊嚴，把它堆在一起來背，會非常辛苦，會感到十分辛苦。不這樣把它當成自己的莊嚴，想到別人看了會覺得很好看，自己也會把它當成莊嚴，很珍惜它。「士兵鎧甲等」，古代的士兵都要穿戴很多鎧甲，「因起嚴飾及鎧甲想而生喜愛」，自己把它當成裝飾品就會喜歡它，不會想到這些自己背不動。「然使聚而擔之，則現不堪負荷之態」，如果把它集中在一起，要背的

話就會覺得太困難了。「不堪負荷之態」，就是太重了，抬不起來、扛不起來的樣子。「如是若念：又須如是依止上師」，想到要依止上師，又有很多事情要做，當成自己的負擔。想：「這沒有好處，這不會出現利益……」這樣想就會有依止不了上師的狀態。「則成負擔，而現不堪之態」，產生無法依止的狀態。「若念：『得依如是善識，實屬福緣』，便成莊嚴」，就變成莊嚴了。以上是語王尊者對「莫覺如擔，當為莊嚴」的註解。

總之，要做到承擔上師一切事業毫不疲厭。譬如密勒日巴尊者[4]，遵照瑪爾巴譯師[5]的言教蓋了九層房子——那是瑪爾巴譯師的公子達瑪多德要住的九層房子，就讓他一個人蓋。譯師心裡是為了利益弟子，為了淨除弟子的罪障；至尊密勒日巴也依上師言教，一個人蓋了瑪爾巴譯師公子住的九層房子。然後上師再叫他拆掉、又叫他蓋，但他不覺得厭煩而成辦上師的教誡。上師主要是為了讓他生起證量，因此他才能即身成佛。能承擔上師所有事情，就是像這樣。

「第四、荷負擔已應如何行」，下面又分六心，上面講完了三種心，共有九心。第四種心：「第四、荷負擔已應如何行，其中分六心：第一、如輪圍山心者：任起如何一切苦惱，悉不能動」，要像山一樣，不論颳多強的風、下多大的雨，山都不會動搖，依然堅固安住。我們也是一樣，遵照上師的言教修行大乘法，無論有什麼苦，心都必須毫不動搖。譬如「懂哦住於汝巴時」，汝巴是個地名，就是聚集許多噶當派祖師的澎波地區，在拉薩的東北方。它的後方有兩個地方，一個叫「巴」，另一個叫「汝」，這就是其中的「汝巴」，是個地名。就是熱

振寺所在那個地方，在澎波，應該是澎波地區裡面的一個小地方，而懂哦瓦就住在汝巴。

「公巴德熾」，公巴德熾是噶當派的一位喇嘛。「因太寒故」，可能是冬天太冷了。「身體衰退」，身體受不了這種強寒，就跟依怙童稱討論：「現在不能再跟上師學法了，太冷了，身體受不了，需要調養一下，我們可能要離開汝巴去其他地方。」依怙童稱就跟公巴德熾說：「你去一個舒服的地方住也沒什麼意義，這裡是有點冷，但是你住在這裡比較好。」「臥具安樂」，臥具是指睡覺的地方，或自己住的地方。「雖曾多次住尊勝宮」，以前曾經投生為梵天、帝釋，住在尊勝宮已經很多次了，但是那沒有意義，最後只是漂流在六道輪迴中而已，不能得到解脫和一切遍智的果位。「親近大乘知識，聽聞正法，唯今始獲」，從無始以來，只有現在才得到而已。「應堅穩住」，就是說：「我們兩個就待下來，你不要走。」「你不要為貪著那點安樂臥具而離開，那沒意思！能遇到這種大乘善知識極為困難，你住下來吧！」要像這樣，這是噶當前輩的傳記。

口　譯：「依怙童稱」是阿底峽尊者嗎？

仁波切：不是，是某位喇嘛的名字。公巴德熾和依怙童稱是弟子，他們的上師是懂哦瓦，兩人一起到懂哦瓦處學法。

法　師：師父，「任起如何一切苦惱，悉不能動」，是指內心不會覺得痛苦嗎？

仁波切：內心當然沒有痛苦，但是在外面這麼苦惱，你也要忍受！

法　師：是說我們要把苦惱轉變成歡喜心，還是苦惱心生起時要堪忍？

仁波切：苦惱的心也要忍受。剛才那個公巴德熾也是很苦惱，他的身體也是衰退，好像忍不下去了，就跟自己旁邊的人討論：「我現在可能待不下去，身體狀況也不好，得要找個地方好好休息休息。」那個人就對他講：「這樣的大乘善知識，我們這一次才值遇。從無始以來我們也當過什麼玉皇大帝、梵天、帝釋啊！不知道當過多少次梵天、帝釋，梵天、帝釋的條件人間是沒法比的，我們也受用過這樣的生活條件嘛！那沒什麼用！這次能見到這樣的善知識，我們必須要堅持，要這樣堅持。」意思是這個。

「住下，你就住下」，心要像山一樣不要動搖，必須安住。

　　第二、如世間僕使心者：謂雖受行一切穢業，不覺受侮，意無慚疑，而正行辦。如昔諸譯師智者，赴後藏時，歇止之處，有一泥灘，敦巴盡脫衣服掃除泥穢，不知從何取來乾潔白土覆之，於依怙前作一供壇。依怙笑曰：「奇哉！印度亦有類似汝者。」

講記

「第二、如世間僕使心者」，就是僕人、奴僕，世間的僕使。「謂雖受行一切穢業」，「穢業」，比如說清潔工作、打掃廁所糞便，諸如此類的穢業。世間的僕使不會說：「這我不能做！這不是我的工作！」他不會有我慢，一點慢心也沒有。如果身為奴僕，絕不會說：「這我做不來！這我無法成辦！」不管是什麼穢業，就算是很骯髒的事，打掃不淨物，任何污穢辛苦的事，他都會去成辦。「意無慚疑，而正行辦」，「意無慚疑」，就是不會懷疑、沒有顧慮，說：「啊！這是乾淨的，這乾淨的事可以做，這不乾淨，這味道很臭，這沒法辦。」不會這樣的，全部都平等受取、意無慚疑地去承辦。

譬如，下面又舉了一例，這些全部都是噶當派祖師的傳記。覺窩阿底峽尊者與弟子們前往後藏的路上，「如昔諸譯師智者，赴後藏時」，就是譯師、班智達與覺窩全部的人。「歇止之處，有一泥灘」，晚上沒找到休息的地方，在一個破房，裡面堆了很多養馬之類的東西，只有這樣休息的地方。「敦巴」，種敦巴就先來到這裡，把這個地方所有不乾淨的都先清掉。「盡脫衣服」，把衣服都脫了，「掃除泥穢」，把髒東西全部都清除掉。然後種敦巴不知道去哪裡取來很好的白土、乾潔白土，把那裡的污穢臭氣都清除以後，將其中潮濕的地方都用「乾潔白土覆之」。覺窩來到的時候，在尊者前面用新的土做成一個曼達，做了這樣的準備。因為是上師住的地方，種敦巴他親自去清掃不淨物。尊者到的時候就很歡喜，說：「奇哉！」就是很驚訝、非常歡喜的語句。「印度亦有類似汝者」，尊者說：「我在印度也有像你這樣賢善的弟子！」

就說了這樣非常歡喜的話。這是例子，要效學這樣的例子。

口　　譯：這譬喻在《藍色手冊》裡嗎？

仁波切：在噶當派祖師的傳記裡面有，我揣想可能在《藍色手冊》
　　　　裡，很多都是啊！這是噶當派祖師傳記，這以前的可能都
　　　　是從《藍色手冊》中說的。

　　　拉薩那部分叫「衛」，拉薩往上到札什倫布寺那部分叫「後藏」，
後藏就是那裡，再往上就是「阿里」。「衛」在藏文就是「中間」的意
思。

口　　譯：是阿底峽尊者要來，然後很多譯師和班智達都聚在一起。

仁波切：不對，不是這樣。譯師和班智達都是覺窩的隨行，所有人
　　　　往後藏時沒有休息的地方，沒有任何人煙，但天色已晚不
　　　　能不在此歇腳，找不到其他地方。

口　　譯：什麼？

仁波切：覺窩的所有侍從、徒眷，「譯師智者」就是指覺窩的徒
　　　　眾，不是指多人聚在一處。覺窩在往後藏的時候，在路上
　　　　找不到住處，應該是沒有其他人家。

口　譯：是回來的時候？

仁波切：沒有說是回來還是過去，說「有一次」就可以。

口　譯：「諸譯師智者」是什麼意思？

仁波切：諸譯師智者，是說覺窩周圍的譯師與班智達，他們一起去。

口　譯：「處」是指什麼？

仁波切：就是地方，這地方有泥灘，而晚上除此之外找不到其他住處。這住宿的條件相當差，阿底峽尊者跟他的眷屬一起吃、住嘛！住在那裡，晚上必須要歇息，但沒找到一個好的地方，只能找到好像一個牛棚馬舍的地方，就找到這裡，晚上休息。

居　士：「集會」不是指法會的意思？

仁波切：不是、不是，不是法會！

口　譯：原文沒有「集會」。

仁波切：沒有、沒有！這在路途中，實際上是在路途中，如果是集會，那麼多人的話當然條件也比這個好一點。

真　師：那這個地方翻譯「一切譯師智者集會之處」，這麼多呀！

仁波切：不是、不是！

居　士：那班智達？

仁波切：有班智達，他的隨從有班智達也有譯師，就是他們一塊到
　　　　這個地方的時候，是這個意思。那麼多高僧大德聚會在那
　　　　裡的話，那大概……

真　師：怎麼會找一個有泥灘的地方！

仁波切：那當然！不是這樣的。實際上他們這些人都在一塊，一塊
　　　　在途中。

　　很多人認為，種敦巴當時那個白土不知從何處取得的，那一帶沒有
白色的土，也可能是種敦巴的一種法力，也有這樣解釋。而且前面有
說，不知從哪裡出現一座曼達，這曼達實際上也是土做的。

法　師：是用白土蓋起來以後，再用白土堆成一個曼達？

仁波切：對、對、對！白土，實際上就是土！

法　師：是供在地上？

仁波切：供在阿底峽尊者的面前。

　　還有一次，覺窩阿底峽法體欠安，乃至糞便失禁，而種敦巴就將覺窩淨房內的穢物親手清掃乾淨，傳說因此獲得能證知大鵬鳥飛行十八日距離以內的神通。之前就成立過了，不管是神通或任何功德都有範圍，加持也有範圍，神通應該也有。他獲得證知大鵬鳥飛十八天路程以內，所有這地方當中微小生命心識的這種神通。

口　譯：是這裡面所有的有情？

仁波切：嗯！所有的有情，不管有多少都能。比如說這地方有多少螞蟻，種敦巴獲得能證得這一切的神通。從外相看，是用手清除不淨物，實際上是令自己證知所有有情的心思。這在《廣論》裡沒有，是另外在這裡解釋。

口　譯：是將穢物清出門外的時候證知嗎？

仁波切：是透過這個因緣而獲得神通，是以此為因。薩迦班智達也是這樣。之前我說過，薩迦班智達是雪域西藏的班智達。如果問：西藏有誰是班智達？就是薩迦班智達。薩迦班智達在小時候、年輕時期，顯現上並沒有非常善巧的證德。他的叔父是前任薩迦座主，不知是否為薩迦札巴堅參 [6] ？他請問他的叔父上師：「為什麼我沒有獲得覺受與證悟呢？」答道：「你不會獲得覺受與證悟，不會得到殊勝功德，你對我沒有上師之想，你除了叔父想以外，沒有上師想的話，怎麼能獲得殊勝成就？」後來叔父生病，身體不

適，薩迦班智達做看護，服侍上師。他也是親手清掃上師的一切糞穢，這樣去做看護，由此原因，薩迦班智達心中成就了非常偉大的智慧，獲得班智達的果位。

這樣的大善巧者就是薩迦班智達，他的事業廣大，能和所有的薩迦先祖[7]相比。後來他就說：「為什麼我會獲得這樣的功德呢？就是叔父的恩德，是叔父的恩。當時叔父示現病相，實際上是為了我的義利，是為了增長我的智慧，淨除我的障礙，所以上師才這樣做的。」就像這樣，如果承擔上師一切的擔子，能像世間僕人一樣去承事上師的話，就會產生這樣的功德。主要是為了弟子啊！是調伏弟子的方便。

不只在上師面前需要如僕使那樣的心態，寂天大菩薩還說，一般而言，在任何有情的面前，如果能懷著這種如僕使心是很好的；不論對誰、任何時候，如果能有此心是很好的。在上師面前是一定要有如僕使心，不僅如此，即使在世間我們能懷有如僕使心，降伏自己的慢心，會有很大的好處。寂天大菩薩說：「役自如下僕，勤謀眾人利。」[8]就是這樣，發願像最下賤的僕人一樣，所有事情，不論什麼擔子我都能荷擔！

🌸第三、如除穢人心者：盡斷一切慢及過慢，較於尊重應自低劣。如善知識敦巴云：「我慢高垢，不出德水。」🌸有格

西拉穹瓦者，又名卡汝瓦，領其徒眾三十人許至敦巴前，傲言曰：「當今無人威名過我！」善知識敦巴告曰：「慧堅！我慢高坵，不出德水，稍謙遜之！」懂哦亦云：「應當觀視春初之時，為山峰頂諸高起處青色遍生，抑於溝坑諸低下處而先發起。」

講記

「第三、如除穢人心」，這麼多種心。一般而言，雖然說依止上師需要這些，在世間如果也能持守這些心，會有很多好處。「如除穢人心者：盡斷一切慢及過慢」，這是為了摧伏我慢。「較於尊重應自低劣」，要有這樣的心態。「就算是上師，他雖然有一些功德，但也有些功德他沒有得到。」如果這樣作意上師，心懷輕慢心是不可以的。「如善知識敦巴云：我慢高坵，不出德水」，是說我慢就像山丘，功德就好比水，要想把水留在山丘上是沒辦法的，一定會往下流，無法停在山上。

口　　譯：無法停在上面？

仁波切：無法停在上面。水是無法留在山丘上的，有這種慢心的人也無法生出功德，這是將譬喻和內涵配合在一起宣說的。

　　這裡有語王尊者的箋註。「有格西拉穹瓦者，又名卡汝瓦」，這是一個人名，他的名字叫卡汝瓦，也稱格西拉穹瓦。「領其徒眾三十人許至敦巴前」，他帶了很多徒眾來到種敦巴尊者的面前。到了之後，格西拉穹瓦說：「我的智慧很高，我有很多徒眾……」說了很多。「當今無人威名過我」，說：「我最偉大！我有很多弟子，我有很多功德。」

　　口　　譯：是說誰？

　　仁波切：是格西拉穹瓦。

　　種敦巴尊者不以為然，說：「慧堅」，慧堅應該是他的本名。「我慢高垢，不出德水，稍謙遜之」，你的版本是「柱頭」（ཀ་མགོ），還是「渠頭」（ཀ་མགོ）？（「稍謙遜之」的藏文直譯為「柱頭稍低些」）

　　口　　譯：柱頭。

　　仁波切：我這裡是「柱頭」，有些會用有惹（ར）上加字的「渠頭」。柱頭就是柱子的頂上，是說柱子不要太高。渠頭則是指溝渠的渠，溝渠要能流進很多水，太高了反而不能流很多水。所以才說：「你太高了，稍稍謙下些。」

　　口　　譯：要低下點？

仁波切：對，要低下。「你要降低我慢，你說話太自恃了，不要這樣說。」「我慢高坵，不出德水。」就說了這樣一個比喻。「不出德水」就是對慧堅說的。

口　譯：「盡斷一切慢及過慢，較於尊重應自低劣」是什麼意思？

仁波切：「一切慢及過慢」，要斷除自己一切慢心，就像除穢人的心一樣。知道除穢人吧？清潔工。就是要把持這樣的心，他不會有很大的慢心，沒有慢心。

口　譯：「慢」和「過慢」的差別何在？

仁波切：第一個「慢」是指一般普遍的慢心；「過慢」是指一種不共的大我慢。無論任何若大若小的慢心，都不應該生起的意思。

口　譯：箋註的「不出德水」的「不出」是不安住的意思嗎？

仁波切：不住德水，一樣的！前面《廣論》那句就是在這時候說的──柱頭稍低點，把柱頭降低點。

口　譯：一般「岡布」（སྒང་བུ，高坵）也有「球」（སྒང་ཕུག）的意思？

仁波切：可以，即使是你說的「球」，水也不會停在上面。在藏文和這個字同音的字，確實有球的意思，你可以翻譯出來，意思是一樣的。

口　譯：如果是氣球，水不會留在上面？

仁波切：沒法留在上面啊！

口　譯：因為是圓的？

仁波切：是，因為是圓的。「岡布」也可以有球的意思。

口　譯：那這裡是哪種意思？

仁波切：我覺得法尊法師應該是對的。

口　譯：那字典裡「岡布」是什麼意思？是吹氣的氣球嗎？

仁波切：字典裡的「岡布」應理解為土坵。

　　不要生起慢心是很重要的。比如中國的乾隆皇帝，章嘉若比多吉[9]在為他傳喜金剛及勝樂金剛灌頂時，章嘉坐在高座，他就坐在下面，把墊子取走坐在地上，來接受灌頂。他雖貴為皇帝，但卻為了降伏我慢、為了恭敬正法而這樣做，因此乾隆皇帝在位六十年執掌國政。總而言之，為了摧伏我慢，應如前面月王子對蘇達薩子所說的「處極低劣座，發起調伏德」一樣。

　　這裡舉了兩個比喻，一個是之前種敦巴尊者說的「我慢高坵，不出德水」，一個是懂哦瓦說的。「**懂哦亦云**」，這是一個如果沒有我慢，將出生功德的譬喻。「**應當觀視春初之時**」，在春天，天氣轉暖的時

候。「為山峰頂諸高起處」先長出芳草，還是從最低的地方長出草來？「抑於溝坑」，溝坑就是指低窪的地方。「諸低下處，而先發起」，在剛才說的高坵等高處，不會先長草，而是從最低處先長草。出生功德也是這樣，沒有我慢的人就容易生起功德，有我慢的人就不能出生功德，這就是後面的譬喻。

第四、如乘心者：謂於尊重事，雖諸重擔極難行者，亦勇受持。第五、如犬心者：謂尊重毀罵，於師無忿。如朵壠巴對於善知識畫師，每來謁見所降呵責訓斥，畫師弟子娘摩瓦云：「此阿闍黎於我師徒特為瞋恚。」畫師告云：「汝尚聽為是呵責耶？我每受師如此賜教一次，如得黑茹迦一次加持。」《八千頌》云：「若說法師於求法者顯現似毀呰而不思念，然汝於師不應敵對違逆，復應增上希求正法，敬重不厭，應隨逐師行。」第六、如船心者：謂於尊重事任載幾許，若往若來悉無厭患。

講記

「第四、如乘心者」，像車乘一樣。「謂於尊重事，雖諸重擔極難行者，亦勇」而能「受持」，能夠承載、成辦師長的事情。是說上師交

付下來的任務、事業，就算非常困難，也都能夠成辦。像天尊智光王交代天尊菩提光王的任務一樣，必須迎請覺窩傑，雖然困難這麼大也能夠承擔，這就叫如乘之心、就是車乘。

口　譯：「乘」是什麼意思？

仁波切：往上撐、能舉起的意思。

「第五、如犬心者」，就像自己養的狗那樣。「謂尊重毀罵，於師無忿」，就算上師毀辱你又呵責你，不管怎樣對你，都不應該反過來瞋怒上師，必須要如此。「如朵壟巴對於善知識畫師，每來謁見所降呵責」，這裡應該是「便降呵責」。朵壟巴是噶當派祖師，而善知識畫師應該是朵壟巴的弟子。善知識畫師無論什麼時候去見朵壟巴，任何時候都被呵責、「訓斥」。然後善知識畫師的弟子們就說：「此阿闍黎」，是說哪位阿闍黎呢？是指朵壟巴。「此阿闍黎於我」，此阿闍黎對我們很瞋恚，不管什麼時候都呵斥我們，「此阿闍黎於我師徒特為瞋恚」。善知識畫師反過來對他的弟子們說，「畫師告云：汝尚聽為是呵責耶」，你是聽成呵責嗎？聽成這樣嗎？「我每受師如此賜教一次，如得黑茹迦一次加持」，「黑茹迦」就是吉祥勝樂，這就像勝樂金剛直接加持一樣，出現這樣得到加持的境相。

口　譯：「師徒」是指師長和弟子嗎？

仁波切：對！我們師徒，畫師應該也有一些弟子嘛！

口　　譯：就是畫師與他的弟子名叫「娘摩瓦」的。

仁波切：「娘摩瓦」就是他的弟子。在一些版本裡是寫為「娘迦
　　　　摩」，這裡是「娘摩」，不是那弟子的本名。

口　　譯：「畫師」是指他的名字，還是他的工作？

仁波切：是他的名字，名字！「畫師」是名字！這裡面有翻譯出
　　　　來，是翻成什麼呢？畫師的名字？

口　　譯：是翻成「畫師」。

仁波切：喔！翻成畫師。善知識畫師就是他，畫師是他的名字。可
　　　　能是位畫師、可能不是，不知道是哪一種？應該譯為畫
　　　　師。

　　這是《八千頌》的內涵，引《八千頌》證明。「**若說法師於求法
者**」，就是上師對弟子；「說法師」指上師，「求法者」指弟子。「**現
似毀咎而不思念**」，好像對弟子毀罵得很嚴重，而且不想念。即使是顯
現成這樣，雖然自己的境相這樣顯現，「**然汝於師**」，弟子對上師，
「**不應違逆**」，不應反過來冒犯，不可以回嘴、反駁、較勁。不可以講
你一句，你回二句；訓斥你一句，就說：「沒有啊，不是！」就擋回
去。教訓過來，就反回去教訓上師。訓斥弟子是上師的方便，弟子對上

師不應反抗。「違逆」，是如果被呵責的話，弟子反過來回嘴，不應違逆。「復應增上希求正法，敬重不厭，應隨逐師行」，這是《八千頌》說的。「復應增上希求正法」，雖然這樣說你，還是要希求正法，要對上師「敬重」，「不厭」難行，而「應隨逐師行」。這是《八千頌》的經文。

口　　譯：什麼是「隨逐」？

仁波切：追隨上師。就好比像狗一樣，不管你對狗怎麼責備，牠還是一樣，表現很歡喜，就要像這樣子。不管上師對你怎樣呵罵，也要像狗一樣，不應違逆，而跟隨在其後。

　　「第六、如船心者：謂於尊重事任載幾許，若往若來悉無厭患」，比如船隻，一天來回上百趟，它不會叫苦說不走了，就像這樣「於尊重事任載幾許」，無論負載多少利益眾生的事業毫不厭患，必須要像船一樣的心。

口　　譯：是指為了上師的事業，雖然來來去去也……

仁波切：不管委派多少也不會對此厭煩，不會顧慮困難，要像船一樣。

法　　師：師父，船心和乘心有什麼不同？

仁波切：「乘」是指不管上師交付什麼事情，都必須能荷擔起
　　　　來，必須能擔起來。「乘」就是能荷負起來，你能負擔
　　　　得起，能負擔得起。「乘」說的是能扛起來，這就是所謂
　　　　的「乘」。而「船」呢，在不斷地往來之間，不會覺得：
　　　　「啊！這太苦了，這不行！」必須沒有厭煩。這就是這兩
　　　　者的差別。

　　　　這些內涵你們都了解，喜歡像現在這樣講下去，還是喜歡
　　　　快點往下講，比較喜歡哪樣？要加快速度也可以啊！

真　師：師父！我沒有一點點聽過的感覺，好像在重新學這本論一
　　　　般，感覺每天都很新鮮，而且師父講得越多越慢越高興，
　　　　因為可以聽得越廣。

仁波切：好、好、好！

　　　這內心上的依止軌理已經講完九種了──後面說六種、前面講了三
種，這是內心上的依止軌理。我們已經學完這個內心的依止軌理，不論
是任何一種法類，學完的話，都必須去思惟心中是否生起那種法類的意
樂；要再再去觀察自心、修習自心，要觀察是否生起那樣的意樂。而生
起它的方法，無論何時都說是淨罪集資，自己單單修習所緣行相是不行
的。雖然有去修持，如果不祈求上師與本尊，自己勤於淨罪集資，是很
難生起證悟的。必須將這一切結合在一起修持，這是很重要的，要結合
淨罪集資。

第二、修習德本信心，^妙分六：第一、說信為一切功德之本者：《寶炬陀羅尼》云：^語傳聞此為譯師將返藏時，請問經名於班智達，班智達適值禁語，欲言「寶炬陀羅尼」，以法語故，開緣口說「寶」字，更指前方燒燃燈炬，燈火方熾，「大拉拉」聲響，譯師遂念此經名為「寶大拉拉」而誌之。「信^巴者，最初為^巴功德之前行，如母^巴能生，^語如於世間，第一剎那母生第一剎那子身，而後於二續流之上，中間養護其身，後令增長圓滿。此中亦顯於修一切德時，初中後三皆極切要。^巴中間守護、^巴最後增長^巴及圓滿一切德。

講記

在意樂依止軌理中，主要是用九心來想。其次，特別在第二科，「修習德本信心」，修習根本信心。要生起如同上述的心，如果沒有信心是很難的。主要是什麼呢？如果想要善為修習上述那般的心，那它的根本是要靠什麼呢？是源自信心。無論是要修習大小乘任何的法，「根本」就是要依靠信心。要依止上師，雖然一開始需要上述所說的九心，但若沒有信心，所說的這些就都聽不進去，所以特別要修根本信心。提到信心的話，有信心嗎？應該說有，我們任何一位都是有信心的。但只有信心是不夠的，信心是要修習的，如果修信，信心才能向上增長。除此而外，不論是誰，我們都有一點信心，但是很弱，信心要堅固是非常

困難的。所以，「修習德本信心」，就是說明修根本信心的軌理，在此妙音笑大師分成了六科。

口　譯：「修習德本信心」，是指根本就是要修這個信心嗎？

仁波切：不對！是說一切功德的根本是信心，必須修習它。

　　要怎麼說呢？可以就經驗上來說吧！不管是誰，我們說上師、上師，主要是為了誰呢？這點要注意，我們要注意啊！如果有這樣的信心，又是要做什麼的？主要此處所說的信心，就是指要對上師生信，主要是說要對上師生信。信本尊、信上師、信三寶……有很多種，但這裡是要對上師修信。那麼，生起這樣的信，是為了上師還是為了自己？必須清楚明白，這真的必須好好地知道。如果不知道，這依師軌理說了又說，說了很多，反而大都會產生錯誤的想法。自己的心會現起這個：依止軌理是為了上師自己，是為了恭敬他而說的。如果理解成這樣，這根本是不對的！究其源柢，大乘佛法這一切任何的法類，主要都依賴加持，依賴加持。能出生加持之門是什麼呢？在於上師。因此，顯教中也說、密教中也說，最重要的是對這點應當謹慎留意。諸位要留心於此啊！探究依止軌理中的這個信心，是為了上師還是為了自己？對這點沒有很好的確定，依止法說了很多，反而想：這是為了要恭敬上師才說的。就我的經驗，是會這樣現起的。慢慢地去思考的話，這一切任何強調親近上師的詞句，如果去觀察的話，這都是在指道的根本。說「道之

根本親近知識軌理」，你如果要趣入大乘，不依此道，根本不可能入道！這是教授，這很重要！

　　一般在《藍色手冊》中有說，在《藍色手冊釋》也有說，這裡面的詞句很重要，說：「言大乘佛法，依賴於加持。」大乘之法依賴於加持。「得加持之門，定從上師傳來。」要加持的話，就提到得到加持的門，這就得依靠上師，密法也是這樣說。總之，如果自己要得到加持，一定要修這個的根本──對上師修信，能這樣做，自然會得到加持。但是就自己方面，僅自己生起勝解、恭敬還是不夠的，這裡說到：「自己雖生信敬，如果上師不歡喜，此心難獲加持。」上師不歡喜，要讓上師歡喜，要令上師內心喜悅，自己雖然有信心、恭敬心，如果上師心不喜悅，很難得到加持。我們會說：「供養、供養。」供養的梵文字是「布匝」，要令所供養的對境心生喜悅，要讓他歡喜，如果內心歡喜，就容易得到加持。

口　譯：「供養」的字是什麼？

仁波切：「布匝」、「布匝」。

口　譯：「布匝」的意思是什麼？

仁波切：令心歡喜的意思，令心歡喜的意思。只有勝解、恭敬是不
　　　　夠的，要讓上師內心歡喜，如果心生歡喜，就容易獲得加
　　　　持。這裡說到「上師、上師」，說了又說，主要就是指這

個，歸根結柢還是為了自己啊！

那讓上師歡喜的方法是什麼呢？要令師歡喜，令師歡喜的方法為何呢？就是供養，供養上師。而在一切供養之中最殊勝的供養是什麼呢？是依教奉行，是依上師教誡行持；不是說一定要很多錢，不用很多供養金，要依教奉行。什麼是依教奉行呢？行持正法，行持正法！如實地按佛語、釋論的義涵，如上師所說的去行持的話，上師心中就會歡喜，這即是獲得成就之門。

博朵瓦大師說：「應取由師喜所生，口訣甘露精華萃。」由上師歡喜所出生的口訣，就像甘露一樣，這必須要受取；不管是教授或是功德都一樣。由上師內心歡喜而出生的口訣就像甘露一樣，一切功德與加持就像甘露一樣，應當善為受取。

有人會想：如果上師本身沒有加持，對他有信心也不會得加持吧？如果上師沒有功德與加持，我修信心也不會得到功德與加持吧？但這裡說不是這樣，下面講了很多。說：「大乘之法有賴於加持，加持則依靠於上師。」依於上師，必須讓上師歡喜；加持依賴於上師。如果上師沒有這樣加持的話，那修信心與恭敬不就沒用了嗎？並不是這樣的，博朵瓦大師說不是這樣的，「上師加持或大或小，不依彼方端賴於己」，上師的加持或者大或者小，不是看上師，主要是靠自己的信心；如果失去信心，「縱然文殊觀音親至」，即使是文殊菩薩與觀音菩薩親自降臨，也不能成辦自己的義利，所以博朵瓦說：「其人義利全不成就。」主要

是修習自己的信心最重要。

　　修習這一切功德的根本——信心，「分六：第一、說信為一切功德之本者」，妙音笑大師開出這個科判，說明信心是一切功德的基礎，一切功德的根基。「《寶炬陀羅尼》云」，《寶炬陀羅尼》，是說教典的依據。

　　口　　譯：這是經嗎？

　　仁波切：是的。

　　「信為前行如母生，守護增長一切德」，說了這兩句。首先，如同生孩子，信心就像能生出孩子的母親一樣。雖然說母親也是觀待於孩子而安立的，沒有兒子也不會有母親，但這是說信心就像能生孩子的母親，所以說：「信為前行如母生，守護增長一切德。」這兩句先唸過，這裡解釋、箋註很多，下面再說。

　　這裡講到《寶炬陀羅尼》有個箋註，雖然不是很需要，但不能不解釋。在漢文中沒有「大拉拉」一詞，藏文中則是「寶大拉拉陀羅尼」，這裡有語王尊者的箋註。「傳聞此為譯師將返藏時，請問經名於班智達」，一開始這部陀羅尼翻譯時，經名尚未翻譯成藏文，而譯師就要回西藏了，這裡沒說哪位譯師，不知是哪位。「班智達適值禁語」，班智達那天正好在修類似齋戒的法，正在座上修持。「欲言『寶炬陀羅

尼』」，漢文已翻出來了。「以法語故」，在座上是禁語的，是不能說話的啊！而譯師在請問經名的時候，班智達「開緣口說『寶』字」，說出了「寶」字，「寶」是佛名所以說出來沒有過失，雖在禁語中還是可以說。

口　　譯：什麼意思？

仁波切：這麼簡單的也變得困難囉！班智達不能說話的，就像在齋戒中不可以說話一樣，不能說話。

口　　譯：那時是在齋戒？

仁波切：也不是齋戒中，但是在禁語，所以不能講話。

口　　譯：這時不能說話？

仁波切：在那時候不能說話，在禁語。但是可以說「寶」，「寶」是佛名啊！班智達就可以說「寶」，而「炬」是不可以說的。既然不可以說，於是就用手指著燈火。譯師就想：「燈火方熾，『大拉拉』聲響，譯師遂念此經名為『寶大拉拉』而誌之」，經名就變成這樣了。這就是這部經典立名的過程。

口　　譯：那部經名為「寶大拉拉」？

仁波切：這個名稱以後在藏文上寫的就是「寶大拉拉」。

口　譯：我們是翻成「寶炬」。

仁波切：對，應該翻成「寶炬」。本來應該這樣翻，但現在都作
　　　　「寶大拉拉陀羅尼」，而不是「寶炬陀羅尼」。已經普遍
　　　　流傳了，所以說「傳聞」。

「信為前行如母生」有箋註。「信者，最初為功德之前行」，是一
切功德的前行，「如母能生」，就像母親一樣。「如於世間，第一剎那
母生第一剎那子身」，但如果沒有第一剎那的兒子，也不會有第一剎那
的母親，這個譬喻就很難了，那母子二者之中誰比較早呢？所謂的「母
親」，是觀待於「孩子」而稱呼的，如果沒孩子，也不會叫作「母親」
嘛；一樣地，所謂的「孩子」也是依著「母親」而稱呼的，沒有母親也
無法叫作孩子啊！這很困難。總之，「第一剎那母生第一剎那子身」，
母親能生孩子，信像母親一樣能生。

「而後於二續流之上，中間養護其身」，在母子二者的續流之上，
母親要哺育孩子。「續流之上」，這應該是指孩子還在胎裡的時候，孩
子在其心識之上，安住他的心識續流，在此之上去養護其身。「後令增
長圓滿」，最後不斷增長而讓身體能圓滿成長。「此中亦顯於修一切德
時，初中後三皆極切要」，修習一切功德中，信心於初、中、後都很重
要的道理即是如此。這裡說了最初能生、「中間守護、最後增長及圓滿
一切德」。這兩句說完了，後面還有很多。

入聖教之門是皈依；入道之門是希求解脫；入大乘道之門是希求菩

提之心，也就是發心，大乘之門是發心嘛！希求菩提之心；寂靜之門是中觀正見；如果再加上密法的話，入密之門即是灌頂。不管是哪一者，都是由信心來牽引，不管是哪一種，如果沒有信心，都無法獲得這一切。要想趣入這一切門，都必須要有信心。

居　士：今天師父說，得加持不但要對師長恭敬，還要讓師長歡喜。

仁波切：對、對、對！要能得到加持的話，得到加持，必須要師長歡喜，師長有歡喜心的話，那就更快了！「由師喜所生」。我們做供養，實際上這個供養也是心理的作用，心理的作用；你這個也是修的啊！供養也是修的，也不是要完全拿錢財來供養，是在心理的作用。那麼供養的目的，就是要對方歡喜嘛！要生起歡喜心。怎樣才能歡喜？剛才我們也講過，我也天天講，就是要依教奉行——剛才講的，依教奉行才能令師長生起歡喜心啊！不是你供養的物質越多，我就越歡喜，這樣的話這個上師不具德相。在師長方面，必須對財物不貪著；在弟子這方面，則必須要能供養。之前已經講很多了，師長的過失為何？主要就是歸結到利養恭敬，前面已經一直反覆地說了很多過患。不求利養恭敬是很難的，要供養你的，卻不能喜歡，很難吧！前面談很多了，就是利敬呀！心對利養有強烈貪著的人，應對著上師三寶，自己要想：這不是供養我，這不是

給我的。不要想著自己，應該是轉想到其他地方，轉想到其他地方。有人迎請你，讓你住總統套房、供養飲食，要什麼給什麼的，這是為什麼？對這觀察，看到來由是因為三寶，是上師三寶的大悲，是自己心裡有那麼一點持戒的功德，是供養這點罷了，並不是供養自己，必須了知這點啊！如果不了解這點，就會想：啊！我是大人物，別人給我這些利養恭敬。懷著我慢的話，是很大的過失。如果觀察注意內心，我會認為不管我吃什麼、喝什麼、住什麼、穿什麼，全部都是別人的供養，實際上自己吃這個、喝這個、穿這個，都是以三寶之名，所以人們才供養恭敬，實際上這些飲食全部都是三寶的。那自問自己有多少修行呢？實在是很慚愧啊！就像之前說的，「為讚栴檀以求自活」，稱讚三寶的功德，自己都不修持，就是那樣子。慢慢去思惟的話，實在正是該慚愧的地方啊！向上師三寶祈求真的是很重要啊！

^巴又除^巴持二端疑^巴或怖畏，度脫諸^巴無明、欲、有、見四種因果痛苦暴流，信^巴又能表喻^巴或令獲得妙樂^巴三身之城。信無^巴不信濁穢令心^巴清淨^巴對所信境，^巴又能令離^巴增上慢，^巴敬餘勝士，故結合為是^巴恭敬之本。信是最^巴殊勝^巴聖財、^巴最勝藏、^巴趣往解脫最勝之足，^巴亦是攝_集善^巴法之本猶如手。」

講記

「**除疑度脫諸暴流**」，從四種暴流中度脫。如果有信心，就能除去自心中執持二端的疑惑，是這樣的！當有了信心，就不會去懷疑，猜想三寶有沒有從中救脫的能力，因此能夠去除一切的怖畏。不會懷疑：「本尊有沒有這種功德？本尊有沒有這樣的實力？三寶有沒有從輪迴中救脫的能力？」「**二端**」，這疑惑是內心懷疑二邊。去除了這樣疑惑的怖畏，然後去除一切怖畏、一切輪迴的怖畏、一切現前、究竟的怖畏。「**度脫諸暴流**」，四種暴流，有「**四種因果痛苦暴流**」，有四種因果的痛苦暴流：無明之暴流、欲望之暴流、有之暴流、見解之暴流，這四種。「**無明**」以及「**欲**」，「**欲**」是除了無明、見煩惱以外的欲界煩惱；「**有**」，是除了無明、見煩惱以外的色、無色界煩惱；「**見**」，惡見的暴流，從這一切中度脫。它們都是因果類的，有說到「因果」對吧！因為無明的關係而出生煩惱，煩惱則造業，有這樣的因果次第。所謂「信」能從四種暴流中度脫就是這樣，這是在箋註裡提到的。

「**信能表喻妙樂城**」，趣入妙樂的「**三身之城**」，就是「**能表喻或令獲得**」佛地的三身──法、報、化三身之城。註中講到「能表喻」跟「令獲得」是一樣的。所謂「妙樂」，就是不痛苦，這裡說信是獲得這妙樂三身果位的根本，實際上就是三身的因。「**信無濁穢**」，信心沒有混濁、不淨，而「**令心淨**」，令非常混亂的心清淨。「**令心清淨對所信境**」，在面對所信的境時，能令心清淨；沒有濁穢且令心清淨的就是信心。

口　　譯：依靠自己的信心，而令自己不信的濁穢消除？

仁波切：是！自己的這個信心令心沒有濁穢，並且令心清淨地面對
　　　　　所信的境。

口　　譯：「所信的境」是指什麼？

仁波切：所信的境是上師等等，在面對這些能令心清淨，令心不濁
　　　　　穢而且清淨。

「能令離增上慢」，能去除、斷除我們前面提的欲界我慢，也是信
心。接著「敬餘勝士」，就是恭敬自己的上師，或恭敬其他聖賢等的根
本。「結合為是恭敬之本」，是說信心就是恭敬、禮敬的根本。

口　　譯：增上慢是什麼？

仁波切：覺得自己勝於他人，自己比別人超勝，這是我慢，對吧！
　　　　　任何我慢都是這樣，覺得自己超勝的我慢。

「信是最殊勝聖財」，信在所有聖財之中最殊勝。「聖財」，七聖
財，是指信心、戒律、多聞、施捨、知慚、有愧、智慧。信是所有聖財
之中最為超勝的！「最勝藏」，就是大寶藏，猶如大寶藏般，寶藏之中
最好的寶藏。「趣往解脫最勝之足」，能令往趣解脫及一切遍智之中最

殊勝的就是信心。「信是最勝財藏足」，分為三部分而說：一切聖財中最殊勝者、最殊勝的寶藏、前往解脫最殊勝的足——前往解脫最好的足就是信心。

口　譯：此處的「足」是指？

仁波切：是指趣行的工具，現代指汽車對吧！「足」是指趣行的工具。

接著「攝ᴮ善法之本猶如手」，如果沒手，要把東西收起來是沒辦法的；同樣地，攝集善法的物品——用物品為比喻，信像手一樣是攝集一切善法的根本。這是引《寶炬陀羅尼》的經文。

《十法》亦云：「由何ᴮ方便出ᴮ生或往趣導師ᴮ佛地？ᴮ此信為最勝乘ᴮ或坐騎，ᴮ由是ᴮ因相，故具慧人ᴮ依信發起希欲，應ᴮ當隨依於信ᴮ所引導。諸不信心ᴮ或無信心之人，ᴮ於相續中不生ᴮ任何世出世間眾白ᴮ善法，ᴮ譬如種為火焦，豈生青苗芽？ᴮ不能生故。」由進退門，而說信為一切德本。

敦巴請問大依怙云：「藏地多有修行者，然無獲得殊勝德者，何耶？」依怙答云：「大乘功德生多生少，皆依尊重乃能

生起。汝藏地人，於尊重所，僅凡庸想，由何能生？」有於依
怙發大聲白：「阿底峽，請教授！」如其答云：「哈哈！我卻
具有好好耳根，言教授者，謂是信心信信。」⓫此為不悅之
語。信為極要。⓬第二、辨識信心者：其信總之亦有多種，謂
信三寶、業果、四諦；然此中者，謂信尊重。

講記

接著「《十法》亦云」，這段講了很多勝利。「由何出導師？信為
最勝乘」，《十法經》中說：「由何方便出生或往趣導師佛地」，「導
師」指的是佛地。「出生」，是往趣的意思。信心呢，如剛才講的，說
是行進的工具也好，說是「乘」也好，說是「坐騎」也行，是所有在這
當中最殊勝的！「由是因相，故具慧人」，具有分辨善惡智慧的人。
「依信發起希欲」，依靠信心而發生希求心，依靠信心對於一切善法、
正法發起想要修持佛法的希欲心。故「應當隨依於信所引導」，應依止
善知識，對上師、善知識開始先生起信心，而後應親近、追隨善士等。

口　譯：「信所引導」中的引導是什麼意思？

仁波切：引導就是最先要有信心，有了信心之後，就能親近上師
　　　　了。比如帶路，能引導入道的就是信心。

口　譯：「坐騎」是指什麼？

仁波切：「坐騎」也是「乘」，馬、大象等那些都是坐騎、行進的
　　　　工具。坐騎指這個，乘也指這個，坐騎跟乘這兩個是同樣
　　　　的意思。

　　這裡說到修習信心的道理，主要講了信心的勝利，沒了信心就沒有
那些勝利，在講這點。下面講沒有信心的過患，如果沒有這樣的信心，
沒有信心的人，「**諸不信心或無信心之人，於相續中不生任何世出世間
眾白善法**」，在心續中任何白淨之法都生不起來。譬如什麼呢？「**如種
為火焦**」，種子如果放入鍋中炒了，這被火燒的種子則生不出青苗芽，
就是如同這個譬喻一般，「**豈生青苗芽**」。

　　「**由進退門**」，上面以信心的功德、勝利及不信的過患，來說明進
退。有信心的話，就出生一切善法；沒信心的話，一切善法、一切功德
都無法出生、安住。「**而說信為一切德本**」，認知信心是一切功德的根
本，是一切功德的根基。

　　「**敦巴請問大依怙云**」，種敦巴勝者生源對大依怙阿底峽啟白請
示。「**藏地**」，指西藏。「**多有修行者**」，修本尊的人非常多，「**然無
獲得殊勝德者**」，但是沒有獲得殊勝功德的人，請問這是怎麼回事？
「**依怙答云：大乘功德生多生少**」，生起大的功德也好、小的功德也
好，「**皆依尊重乃能生起**」，必定依靠著上師出生。「**汝藏地人**」因為
「**於尊重所，僅凡庸想**」，成果「**由何能生**」，殊勝功德從哪裡出生？

生不起來的！

口　譯：「藏地人」是指藏地的上師，還是指藏人？

仁波切：指你們藏人。

「**有於依怙發大聲白：阿底峽，請教授**」，有一些人沒什麼大的目的，也不是很有信心，就大聲地叫，要求阿底峽教授。尊者沒說什麼，再啟白，又這樣大聲地說：「阿底峽，請教授！」請了好幾次，想：「是不是聽不到？大依怙是不是耳朵沒聽到啊？」大依怙答道：「**哈哈！我卻具有好好耳根**」，耳朵我倒是好得很，不是聽不見。「**言教授者，謂是信心信信**」，你有信心嗎？看你請法的方式就顯現了你沒有信心的表徵。昂首傲然，在大我慢之中，哪裡能來請教授？你沒有信心嘛！信心、信心！就講了很多次，以不歡喜的語氣表達，說要生起功德信心很重要。只說了「信心、信心！」之後就不說了，沒講其他法了。一切教授的根本就是信心，你有信心還是沒有？就是說明：需要教授的話，強大的信心即是！註中寫到：「**此為不悅之語**」，內心不悅，心裡不高興的語詞。

口　譯：「言教授者，謂是信心」指什麼？

仁波切：所謂的教授，就是信心、信心、信心！

真　師：師父，他重複兩句都是信心、信心，那翻譯上是「信心信信」，「信信」，第二個呢？

仁波切：這一樣的！信心、信心。

真　師：信心和信信都是一樣？

仁波切：那兩個信心是一樣的。

真　師：不是一個「信心」，一個「信信」？

口　譯：一般來說有三種信心，所謂「信信」是指信解信嗎？

仁波切：不是！是信心、信心，只是講了兩次而已，兩個是一樣的。「信信」，以很殷切的方式而一再重複地說，是同一個，在藏文中是沒有差別的──信心、信心。（法尊法師把「心」字省略，把信心信心合翻成信信。）

　　「第二、辨識信心者」，所謂信心是要信什麼？「其信總之亦有多種，謂信三寶」、信「業果」、信「四諦」。「此中」，「此」是指什麼呢？是親近善士這一章，主要是對上師生起信心、對上師修習信心，這很重要，是這意思──這裡說的是「信尊重」。「辨識信心」的道理就是這樣。接下來是修習信心的方式，在文中沒說，實際上正是修信的方式。

第三、於師須起佛想者：此復弟子於尊重所，應如何觀？如《金剛手灌頂續》云：「佛喚祕密主！弟子於阿闍黎所應如何觀？如於佛薄伽梵即應如是。弟子其心若如是，其善常生長。生長何等善耶？彼當速成佛，利一切世間。」諸大乘經亦說應起大師之想，《毗奈耶》中亦有是說。此諸義者，謂若知是佛，則於佛不起尋求過心，起思德心；於尊重所，特應棄捨一切尋察過心，修觀德心。第四、觀過過患者：此復應如彼續所說，依之而行：「弟子應特思惟而執取軌範德，雖見少許過失，亦思為己不淨顯現，心終不應故執取過。因若心取師德，則弟子得成就，而執眾過不得任何成就故。」謂其尊重雖德增上，若僅就其少有過處而觀察者，則必障礙自己成就；雖過增上，若不觀過，由功德處而修信心，於自當為得成就因。是故凡是自之尊重，任其過失若大若小，應當思惟尋求師過所有過患，多起斷心而滅除之。

講記

「第三、於師須起佛想者」，要修信心，修信心時要對上師安立真實是佛的想法，而說到須起佛想的道理。安立佛想的方式呢？「此復弟子於尊重所，應如何觀？如《金剛手灌頂續》云」，這是依據，經教的

依據是這個。「**佛喚秘密主**」，這是佛薄伽梵對秘密主所講的。「**弟子於阿闍黎所應如何觀？於佛薄伽梵即應如是**」，對於佛陀是如何看待的，對上師就應那般地去看待。「**其心若如是，其善常生長。彼當速成佛，利一切世間**」，這是《金剛手灌頂續》。「**弟子其心若如是**」，如果能有將上師安立為佛的想法，「**其善常生長**」，就會恆常出生善法。「**生長何等善耶**」，這有個註——能生出什麼善法呢？「**彼當速成佛，利一切世間**」，究竟會獲得利益一切世間的佛陀果位。這是依據，把上師看為佛的依據主要是這個。

真　師：那個「彼」是善的意思，還是信的意思？

仁波切：這個是指弟子將上師安立為佛的想法。如果生起了安立上師為佛的想法，就會出現這個勝利——「彼當速成佛，利一切世間。」

口　譯：「彼當速成佛」的「彼」是指想法嗎？

仁波切：是指弟子！上面有講到弟子嘛，在註中有加上去，是指弟子。

　　這個是從續部、密教中講到的，而在顯教中也有很多是這樣說的，往下看提到的地方還很多。說到「**諸大乘經**」對吧！「**諸大乘經**」就是說不只在密教，在顯教當中也是有講的。「**亦說應起大師之想**」，在很多顯教經典中提到，要對上師生起大師之想。「**《毘奈耶》中亦有**

是說」，在律典中也有講到，要對上師生起大師之想。一般來說，只要是大乘，不論是顯教、密教，都有多次說到上師是非常重要的，在此處就引證顯教、密續中的依據。不只如此，在小乘部派，例如律典當中也這樣說，依據就是這些。不論大小乘任何一個，都說要對上師安立佛想，都是有依據的！宗喀巴大師引出了應對上師安立佛想的顯密依據。「此諸義者」，要這樣看待的內涵為何呢？「謂若知是佛」，如果知道是佛，佛是斷盡一切過失、具足一切功德，因此「則於佛不起尋求過心」，對於上師就不會生出尋找過失的心，這是為了去除這個對上師尋求過失的心。「起思德心」，如果能這樣修持，就不會生起尋求過失之心，而生起思惟上師功德的心。「於尊重所，特應棄捨一切尋察過心，修觀德心」，刻意地對上師以這樣的方法，主要把自己覺得上師有很多過失的這顆心，在一切時處棄捨掉，而思惟上師的功德去修信，說這樣修心是非常重要的！

口　譯：「特」是什麼意思？

仁波切：知道了佛是佛的話，對佛就不會生起這樣的觀過心，因為知道是斷盡一切過失、圓滿一切功德，所以就生不出這樣的心。所以說對上師也同樣結合這個內涵，修上師法時也要這樣去修。因此才說「起思德心；『如是』於尊重所，特應」（藏文有「如是」一詞）。如果知道佛陀是佛的話，就不會對佛出生觀過的心，對上師也是這樣子想的，這樣去修就能遮除觀過之心，生起尋求功德的心。

口　　譯：「特」字在漢文如何表達？

仁波切：把「特」直接翻過去就可以，翻過去的詞一樣吧！照漢文
　　　　就對了，是說特別對上師。

　　第四是如果不這樣對上師安立佛想的話，內心就會產生觀過的罪過，會觀上師過失。「第四、觀過過患者」，觀過的罪過是什麼呢？「此復應如彼續所說」，《金剛手灌頂續》有這樣說。「弟子應特思惟而執取軌範德」，特別地思惟阿闍黎的功德，並執持在心上。「雖見少許過失，亦思為己不淨顯現，心終不應故執取過」，就算看到了上師的過失，也不知道是否真的是過失，無法知道自己所見的部分。這是由於自己的所見不清淨，自己的心未淨化的緣故，才顯現上師有那個過失罷了，所以要想上師沒有這過失，心不能去執取有過失的那一面。不能這樣去執取的原因是什麼呢？「因若心取師德，則弟子得成就」，心能執取功德，弟子就會得到成就。「而執眾過不得任何成就故」，「執眾過不成」，不得成就。「應如彼續所說」，這也是續部所說，是密續的文。「取德得成就，執眾過不成」，要執取上師的功德，執取過失就無法獲得成就。因為這樣，所以如是說道：「不能執取上師的過失，心要去執取功德面。」

　　「謂其尊重雖德增上」，就算上師在功德、過失兩者之中是功德居多。「若僅就其少有過處而觀察者」，「他有這樣那樣的過失，一次又一次都這樣……」不去觀察上師有過失是比較好的，如果去觀察的話，

由於自己的心未淨化，所以不論有沒有過失都可以看到過失。如果觀察的話，「則必障礙自己成就」，這樣去觀察，就會看到很多上師的過失，於是成為自己成就的障礙。「雖過增上，若不觀過」，不僅對少許過失不去觀察，就算有再大的過失，也不能去看過失面；從成為自己的上師起，就不去尋察過失方面。「由功德處而修信心，於自當為得成就因」，會成為自己成就的因，所以不去尋察過失是非常重要的！

「是故」，因為這個原因，自己如果要獲得成就，就應該執取上師的功德面，不應取過失面。「凡是自之尊重」，不論他的過失大也好、小也好，「應當思惟尋求師過所有過患」，應思惟尋察過失的過患——去想觀過會有這樣的過患，會成為成就的障礙。這在自心上必須了知，而要去斷除這樣的心，所以「多起斷心而滅除之」。如果生起這樣子的觀過心，自己應該真實觀察內心，而從此心脫離出來。這就是遮破尋過的方法。

總之，不管怎樣，如果執取上師的功德面，自己就會得成就；出現觀過的話，就會成為自己成就的障礙。基於此，所以要在心中修習修信的方法、對上師修信的方法，如果能慢慢地思惟，心裡就能體現到這點。就算上師有過失，也不能想是有過失的，這點要修行；如果去修鍊內心，就能趣向那個方面。純粹是自己不清淨，而上師真的有無過失，事實是否正是這樣？是非常難以知道的！非常難知道！自己所看的那個現象，是否真的是上師的過失，也是很難確定的吧！在這樣的狀況下要修心。如果上師有過失，也不要去想就有過失，請這樣去修。最初心對這方面不作修習，心對這樣的教授不去思惟，那就會變硬。對於這方面

要串習、修鍊，看心能否趣向這方面。修心是非常重要的，不修的話就生不起這樣的心。現在因為未曾修習的關係，會顯現過失面，但就算上師有過失也不應朝著過失方面去想，總之就是說這個。一個沒這樣修心的人，對上師的過失是無法遮止生起觀過的心，但慢慢地思惟，心漸漸對這方面去修習，就能生起這樣的心。主要重點就是修鍊此心，這非常重要！

●第五、防護過失之理者：設由放逸煩惱盛等之勢力故，發起尋覓過失之時，亦應勵力悔除防護。若如是行，力漸微劣。復應於其具諸淨戒，或具多聞，或信等德，令心執取，思惟功德。如是修習，設見若有少許過失，由心執取功德品故，亦不能為信心障難。譬如自於所不樂品，雖見具有眾多功德，然由見過心勢猛故，而能映蔽見德之心。又如於自雖見眾過，若見自身一種功德，心勢猛利，此亦能蔽見過之心。

復次如大依怙持中觀見，金洲大師持唯識宗實相分見，由見門中雖有勝劣，然●不因見分而觀過失，以大乘道總體次第及●特別菩提心，是由依彼始得發起，故執金洲為諸尊重中無能匹者。●金洲大師有四高足與己相匹，謂覺窩大師阿底峽、嘎雅拿希日依米札、日阿拿各日帝、響底巴共四。其餘三師皆從響底巴聞法，而響底巴所有功德，覺窩阿底峽悉皆具足。

講記

　　「第五、防護過失之理者」，這裡說明當生起尋求過失之心時，讓它不生起的方式、防護的方式、遮止此心的方式。說防護過失的方法，並說明要懺除防護。當自己是個弟子，「設由放逸煩惱盛等之勢力故，發起尋覓過失之時」，如果生起這樣的觀過心的話，「亦應勵力悔除防護」，必須懺悔，必須懺悔。懺悔後要想：「從此以後決不生起這樣的心！」必須生起防護心。「若如是行」，要這樣去修行這種心，慢慢地淨化這個心念，心念必須這般地淨化。如果漸次地淨化，觀過心的「力」量漸「漸微劣」，會越來越小，力漸微劣。「復應於其具諸淨戒，或具多聞，或信等德」，上師的戒律清淨、上師具有多聞、上師的信心很強……，對這些上師擁有的功德「令心執取，思惟功德」，遮除觀過心後，應該思惟這所有的功德，再再地思惟上師功德的話，觀過心就會變小。

　　這有提到「如是修習」，要再再地這樣去修，不修的話要生起這樣的心是很難的。那麼要如何修呢？在對上師觀過的時候，對這個罪惡懺除防護。懺除防護後，去執取上師所有的功德面，思惟他的功德，並生起信心，這要再再非常努力地修習，不修的話無法生起。所謂的「修習」，就是必須努力去修的意思，要串修！如果內心熟習了，即使看到上師些許過失，「設見若有少許過失，由」自「心執取」上師所有「功德品故，亦不能為」自己「信心障難」。所以說串習很重要，修很重要。要怎麼修呢？就是上面講的那些，對於觀過心進行懺除，防護再犯；執取上師的功德面，再再地串習上師的功德面，要串習對上師的信

心，這是「如是修習」的內涵。

口　譯：「亦不能為信心障難」？

仁波切：不會成為信心的障難。就算看到了一點點過失，如果熟習
　　　　了上面的心，心不會執持過失面，會執持功德面，因此不
　　　　會成為相信上師的障礙。

　　這裡「譬如」，舉了一個喻。「自於所不樂品」，例如自己不喜歡
某個人。「所不樂品」，這裡以自己所不喜歡的人作為譬喻。「雖見具
有眾多功德」，就算看到他有很多的功德，「然由見過心勢猛故」，只
有一點點過失，由於此心勢力太猛，「而能映蔽見德之心」，觀功德的
心就被蓋過了！如同這樣，「又如於自雖見眾過」，就算自己看到自己
有非常多的過失，「若見自身一種功德」，見到有一些功德。「心勢猛
利」，由於此心強烈生起的緣故，「此亦能蔽見過之心」，就看不到過
失了。這裡說到，自己有過失看不到；對其他有功德的人，因為觀過心
而遮蔽觀功德的心，就像這樣。

　　宗喀巴大師在這裡又再說道：「復次」，舉例子。「如大依怙持中
觀見」，阿底峽尊者執持中觀見。「金洲大師持唯識宗」裡面的「實相
分見，由見門中雖有勝劣」，最殊勝的見解是覺窩傑的見解，但是也沒
有因為覺得金洲大師是唯識師而輕蔑他，沒有執持過失。「以大乘道總
體次第」，許多大乘道次第主要都從金洲大師前聽受，「及特別」大依

怙的「菩提心，是由依彼」，是依金洲大師「始得發起，故執金洲為諸尊重中無能匹者」，所以認為他在所有上師之中最為尊勝。

那麼，大依怙阿底峽有很多上師，那是說他的上師有好壞是嗎？並不是說某位上師好、某位上師不好。所謂的在所有上師中最為尊勝，是指在恩德方面有大小。縱使是上師也有分大小，可以用對自己恩德大小的角度來區分，因為這樣，所以稱為「無能匹者」，是所有上師之中最為尊勝，恩德大於其他上師。

平常說覺窩傑有一百五十七位上師，所有上師中最為尊勝的就是金洲大師。如果主要以見解來分辨善不善巧是有差別的，覺窩傑的見解比較超勝，但是他仍將金洲大師視為一切上師之中最尊勝的師長。

這有個語王尊者的箋註。「金洲大師有四高足與己相匹」，跟自己相似的四個弟子，可能指證量吧！與己相近的四大弟子中，一位是「覺窩大師阿底峽」，以及「嘎雅拿希日依米札、日阿拿各日帝、響底巴共四」，之前有講過。「其餘三師皆從響底巴聞法」，響底巴應該是這所有弟子中最資深的，所以其他幾位都從響底巴那聽法，也是覺窩傑的上師；覺窩傑、嘎雅拿希日依米札、日阿拿各日帝都跟響底巴聽法。「而響底巴所有功德，覺窩阿底峽悉皆具足」，這是箋，金洲大師有與自己相似的四位弟子，其中響底巴的功德覺窩傑也具足，箋裡有講到這點。

口　譯：「與己相匹」是說功德跟自己差不多嗎？

仁波切：對！應該指功德，是指功德，要不然呢？

第六、上師何如皆不可觀過者：下至唯從聞一偈頌，雖犯戒等，亦應就其功德思惟，莫觀過失，悉無差別。《寶雲經》云：「若知由其依止尊重，諸善增長，不善損減，則親教師或聞廣博，或復寡少，或有智解，或無智解，或具尸羅，或犯尸羅，皆應發起大師之想。發起之理者，如於大師信敬愛樂，於親教師亦應信樂。於軌範師悉當發起恭敬承事，由此因緣，菩提資糧未圓滿者悉能圓滿，煩惱未斷悉能斷除。如是思已，便能獲得歡喜踴躍，若念：於聞寡少及犯戒等亦須如是恭敬，則自亦當一味順應而行耶？非也。於諸善法應隨順行，於不善法應不順行。」

講記

接著前面的科判之後，「第六、上師何如皆不可觀過者」，說明不論上師怎樣，都不能觀過的道理，這是第六個科判。「下至唯從聞一偈頌，雖犯戒等，亦應就其功德思惟，莫觀過失，悉無差別」，這很難。從聽了一個偈頌開始，就算上師誓言、戒律不清淨，破戒，也不能對上師生起觀過心，應該沒有差別地執為上師。「《寶雲經》云」，這下面

也講了依據。宗喀巴大師就是這樣子，不管什麼都以佛語作為依據，不說沒依據的，他不會說沒憑沒據的。「若知由其依止尊重，諸善增長，不善損減，則親教師或聞廣博，或復寡少，或有智解，或無智解，或具尸羅，或犯尸羅，皆應發起大師之想」，依據就在《寶雲經》中。廣博多聞也好、孤陋寡聞也好，很有智慧也好、沒有智慧也好，具足戒律也好、沒有戒律也好，從最初懷著淨信聽了佛法開始，從僅僅聽了一偈法義開始，就成為上師，如此則對上師必須生起大師之想。《寶雲經》中是如此說的。

口　譯：原因是知道依止上師，則善法增長、不善法減少嗎？

仁波切：知道如果好好依止上師，就會善法增長、不善法減少。

口　譯：因為知道這個，所以不管怎樣，對上師都要作大師之想。

仁波切：是這樣、是這樣！

發起大師之想的道理，在這經典的下文也有說。「如於大師信敬愛樂」，如同對佛薄伽梵信敬、歡喜，「於親教師亦應信樂」，於親教師也要發起信樂。「於軌範師悉當發起恭敬承事」，要對自己的上師和善知識恭敬、承事。「由此因緣」，依靠這位上師，「菩提資糧未圓滿者悉能圓滿」，為什麼要發起承事呢？能如理依止上師的話，菩提資糧沒圓滿的都能圓滿，「煩惱未斷悉能斷除」。因此，把這個道理放在

心上，「**如是思已，便能獲得歡喜踴躍**」，獲得歡喜、隨喜，要隨喜，「**踴躍**」就是歡喜的意思。此處有個箋註，「**若念：於聞寡少及犯戒等亦須如是恭敬，則自亦當一味順應而行耶？非也**」，你是要恭敬，不能生起觀過心；除此，如果上師有犯戒，自己也同樣去學是不行的。「**於諸善法應隨順行，於不善法應不順行**」，善法應隨順師行，上師行不善法是上師有過失，不能照做，「**應不順行**」。這是經文。

口　譯：親教師和軌範師有差別嗎？

仁波切：為自己剃度出家稱親教師，授沙彌戒稱軌範師，是有差別的啊！但不論哪一個都一樣是上師，授比丘戒也有親教師，有這樣的差別，重點是上師。

口　譯：「寫薩」（ཞེས）是什麼？

仁波切：尊敬，與恭敬意思一樣，尊重。

在藏地也有個例子，這個依據不太清楚，不知道有沒有依據。破了戒的上師，上師破戒，弟子們也想跟上師一樣，好像輕忽戒律、不注意戒律。想：上師這樣不守護戒律，那我們也可以不護戒嘛！就學上師。上師就講：「你們不要這樣做，不能這樣做！」他們不聽。上師說：「如果要聽我的，你們就好好守護學處！」但他們仍不好好守持學處。之後上師說：「你們真的要學，那就過來！」上師便叫所有弟子過來，

說：「我學處不清淨，你們學我也讓戒律不清淨。如果要跟我一樣，我所有行為你們都要學的話，那麼……」上師拿很多針，滿滿一整把全部吃掉。「你們也請用吧！」所有弟子根本沒有辦法，就像這樣，上師做的他們做不來。所以說上師做不善事，不要隨順。

　　《猛利問經》亦云：「ⓔ佛喚長者！若諸菩薩求受ⓔ所修教授之聖教，及求ⓔ讀念諷誦。若從誰ⓔ補特伽羅所受持聖教，ⓔ求聞求學聽聞施、戒、忍、進、定、慧相應，或是集積菩薩正道資糧相應ⓔ所詮，縱僅一四句偈，ⓔ菩薩不論此師何如，即應因法ⓔ以法為因，恭敬尊重此阿闍黎。隨以幾許名、句、文身開示其偈，假使即於爾所劫中，以無諂心，以一切種利養、恭敬及諸供具，承事供養此阿闍黎，ⓔ佛喚長者！ⓔ彼於阿闍黎作應敬重阿闍黎事，猶未圓滿，況非以ⓔ與爾許法ⓔ偈等等量劫中而作供養，而ⓔ於短於爾許時中，以利養等作為敬事，ⓔ如是於阿闍黎所作敬重阿闍黎事猶非圓滿。」ⓔ敬事非圓滿義者，師云：從誰聽聞詮說六度一四句偈，縱經與法字數相等劫中，以財等物一切安樂資具而為承事，猶不足報。以受用者，有盡之物；而正法者，令獲無盡涅槃果位故也。

講記

　　前面是《寶雲經》所說的，然後又引了另一個佛經的依據——
「《猛利問經》」。佛對這位長者說了以下的內容：「佛喚長者！若諸
菩薩求受所修教授之聖教，及求讀念諷誦」，對於求受所修教授聖教，
或希求諷誦的菩薩來說。「若從誰補特伽羅所受持聖教，求聞求學聽
聞」，弟子從上師座前，想聽想學經文也好、內義也好；所詮釋的聖教
義涵是什麼？「施、戒、忍、進、定、慧相應，或是集積菩薩正道資糧
相應所詮」，「縱僅」是具足施等六度內涵的「一四句偈」，一個偈
頌。當獲得這些以後，對於自己從所聽聞、受持聖教的上師，「菩薩不
論此師何如，即應因法以法為因」，由於說法，因此應當「恭敬尊重此
阿闍黎」，必須恭敬。這是《猛利問經》。

口　　譯：「求讀念諷頌」是什麼意思？

仁波切：他為了求受經教或讀誦經文，而到上師身邊學這個。

口　　譯：「集積菩薩正道資糧相應」是什麼意思？

仁波切：能夠累積菩薩道資糧的這種四句偈、教授。像是具有施等
　　　　　六度的語句，或是能累積菩薩道資糧的這種四句偈，其中
　　　　　一者都行。

　　「此阿闍黎」，指被求法的那位阿闍黎。從其受取四句偈的那位阿

闍黎不論是怎樣，箋註裡有說：「不論此師何如」，這是依據。不論是
戒律清淨也好、不清淨也好，都必須恭敬。

　　下面講到「恭敬尊重」，要講恭敬的方式。「**隨以幾許名、句、文
身開示其偈，假使即於爾所劫中**」，這是時間。就像一個偈子，任何偈
子都從名詞、句子、文字所組成。例如文字就有很多，有一偈三十二個
字的，有二十八字的；句子呢，像一句、四句；名詞的話，裡面就有非
常非常多。跟這數量相等，「**於爾所劫**」，一個偈頌如果有三十二字，
那就算三十二劫；句子呢，四句就是長達四劫。「**以無諂心**」，以沒有
諂誑的方式。「**以一切種利養、恭敬及諸供具，承事供養此阿闍黎，佛
喚長者**」，薄伽梵叫喚：「長者！」「**彼於阿闍黎作應敬重阿闍黎事，
猶未圓滿**」，作了這樣長時間的恭敬、承事，還是不能報答阿闍黎的四
句之恩，仍未圓滿。「**況非以法而為敬事**」，所謂的「非以法」就是，
「**況非以與爾許法偈等等量劫中而作供養，而於短於爾許時中，以利養
等作為敬事，如是於阿闍黎所作敬重阿闍黎事猶非圓滿**」。回報阿闍
黎的恩德，用報恩來講比較容易理解，這恩德是沒法回報的。用這麼多
劫對阿闍黎親近承事，也不能報答這樣的恩德，何況我們在短短的時間
中，無論怎樣地供養阿闍黎、怎樣地承事阿闍黎，哪能報答阿闍黎的恩
德？

　　口　　譯：「非以法」是指什麼？

　　仁波切：「非以法」的「非」是指非這樣的劫數，不是這樣的劫

數，而在短短的時間中。「猶未圓滿，況非以法」，指不是與佛法偈文數量相等的劫數這樣長的時間，在說這個。如果不看箋註，意思就不清楚，這是巴梭法王的箋，意思非常清楚。這句有點難，沒有箋註的話就無法了解這內涵。

口　　譯：前面的「名、句、文身」？

仁波切：有說「幾許」「其偈」對吧！

口　　譯：是說像一句可以有三十二字這樣嗎？

仁波切：一個偈頌中，有「名、句、文身」，包含文、名和句，就字而言，是有這樣的字數的。講到「幾許」「其偈」、「等量」，就是跟句數相等即可。下面有講，和句子等量，有四句的話──四劫，算大劫就有很多年。

口　　譯：「文身」就在講一個一個的文字嗎？

仁波切：對！是指字。例如，在一個句子當中有很多字、有很多名嘛！「句」呢，一個偈子也可以說是「句」。字母呢，就是別別分開的字。所聽到的偈子中有多少名詞，就跟那一樣多的劫數；有多少句子，就跟它相等的劫數；有多少文字，就與它相等的劫數。大概是這樣。

真　　師：那個「法」就是指上述的……。

仁波切：這有巴梭法王的箋。這比較難理解，我想可能在漢文上這
　　　　也是比較難理解的。如果沒有這個註的話，這句就比較難
　　　　懂啊！只說「非以法」，沒法理解。所謂「非以法」是在
　　　　指什麼呢？說「非以與爾許法偈等量劫中而作供養」，就
　　　　是這個，解作「時間」。如果不是這樣，只用短短的時間
　　　　去恭敬，不用說是無法圓滿對阿闍黎的敬事的，就是這
　　　　樣。這是《猛利問經》所說。

真　師：「以無諂心，以一切種」，那個一切種的定義是什麼？

仁波切：「以一切種利養、恭敬及諸供具，承事供養」，指奉上一
　　　　切利養、恭敬、供具，即上述這一切。縱使做了這樣承
　　　　事、供養，還是不能報答阿闍黎的恩德。這段內涵有一段
　　　　語王尊者的長箋，了解了會更加清楚。

真　師：師父！您是說，說法的恩德是一個字一劫，這樣的因果怎
　　　　麼才能對它生信呢？因為這是用心想像不出來的事情。

仁波切：是的！是說對上師恭敬，必須無盡地恭敬，要這樣的劫數
　　　　這樣去做只是一個例子，不是講一定要這樣的劫數中這樣
　　　　去做，是說要無盡地去恭敬、無盡地去承事。是指無比
　　　　的、無比的！主要就是無比的意思。

　　「敬事非圓滿義者」，敬事未圓滿，或是說沒辦法報恩、恭敬的行

為不能圓滿的義涵。「詮說六度一四句偈」，所詮是開示了六波羅蜜多的一四句偈。「從誰聽聞」，從哪位上師聽聞的。對那一位上師，「縱經與法字數相等劫中」，跟那相等的劫中，承事的方式是這樣的：「以財等物一切安樂資具」，資具就是生活用品——以非常舒適的資具，住處也好，附近的林園等，任何極其安樂的資具「而為承事」。在那樣的劫中，「猶不足報」，這裡有說，不足以報恩，沒辦法報恩。為什麼呢？「以受用者，有盡之物」，這裡是以理路來證成，不只是經教還有正理：不論供養怎樣的受用，最終都是會消盡、會耗盡的。所有的受用物都會消耗完，終歸於無，是有盡頭的；「而正法者，令獲無盡涅槃果位故也」，正法是涅槃、無盡快樂的因，能獲得無盡的果位，能成辦快樂無盡的果位——永恆的快樂，所以是不可計量的。是用這條理路來成立，用對比來說的。已經另外解釋了經文的內涵。

這一切的根本依據就是經典，從經典中說出、從經典中引出，是有依據的。沒依據就這麼說的話，那您得很偉大。

法　師：如果平常我們同行彼此間討論法義，是否要算在其內？

仁波切：主要看有沒有認他作為上師的想法，沒有認上師的想法就跟平常討論一樣。主要是有認上師的想法，依為師長之後，那就必須要了。就算是上師說了，那個法也要有傳承、口訣，是要講這樣的四句偈才是。除此，平常沒這樣的人說法，就不清楚是不是了。這在漢文上應該比較難懂

吧？

真　師：不會、不會！師父這樣一講就很清楚。

仁波切：「況非以法而為敬事」，比較難懂啊！

真　師：師父這樣一講就很清楚了。

仁波切：對、對、對！這在藏文上也是，沒有這個解釋的話比較難
　　　　懂，只說「非以法」可能無法理解的。

這是「如何依止之理」。親近上師軌理，其中分成三個科判：「總
示親近意樂」、「修習德本信心」，我們之前主要針對修習德本信心，
接著「隨念深恩」是第三個。修習德本信心，我們之前已經講很多了。
主要是說，生起任何功德皆要依賴上師，自己要能解脫輪迴及惡趣業，
要淨除自心一分過失、斷除一個過失也是要依賴上師。想到此，所以修
習德本信心是很重要的。

修習信心要小心的地方，或說信心的違品是什麼呢？主要是尋求上
師過失的心，對上師觀過的心這要想辦法去遮止。以淨相之門，對這些
親近善士的法類再再地思惟，使這樣的證德想辦法在心中生起。「修習
德本信心」這方面主要就是這樣闡述的。

對上師的尋過之心，在《道次第・妙音口授論》中有說。這是至尊
五世法王[10]的著作，意思是文殊教言。說到「自心顛倒亂識中」，自己

的心錯亂時，就認為上師有過失，但如果去觀察這一切，實際上是由自心錯亂而顯現的。「己過現為皆師作」，自己的過失卻以為是上師作的，所有上師的過失都是由自心顯現出來的，自心顯現出來的。「自心深處腐爛相」，指沒有在自心深處好好淨化的意思，腐爛就是爛掉了、壞掉了，是自心不清淨的象徵。「知己過已如毒棄」，知道是自己的過失後，要像毒一樣棄捨。是自己的過失，歸根究柢是自己的錯，知道嗎？只不過是自己的過失，顯現成從上師那方面有過失，追根究柢的話，看見上師的過失那全都是自己的缺失，意思就是這樣。要如同這樣去思惟，遮除對上師尋過的方法就是如此。「知己過已如毒棄」，知道是自己的過失而如同毒一樣去斷除。

前面說過，大乘之法一切皆是依靠加持，這有很深的義涵。大乘之法在自心相續中能否生起證德，是依憑著加持。像一些基礎的部分就不是這樣，學習任何法都是自己要去了解的，但凡是大乘的法類，沒獲得加持，即使知道了內涵也不會有利益，沒加持的話，縱使知道了內涵也沒有利益的。像依師的法類是依憑著加持的，沒加持，縱使了解依師之理，單只有這個，來世連上師都遇不到，就算學了也沒意義。

就像這樣，任何大乘法都是依憑著加持，沒有加持就至極困難，心中不會生出證德。要得加持就必須依靠上師，因此對上師修習根本信心的道理也就是如此。無論何時，一定要再再地對上師修信，不修的話信心不能長進。僅是知道：「喔！大乘的根本是加持，得加持是依靠上師，所以要對上師生信。」這樣是很難得到加持的。對此須再再修習，看能否讓對上師安立真實是佛的想法，這樣修持的續流，像我們之前講

的，如鑽木取火一般相續不斷。如果這樣修行，就很容易遮除所有對上師觀過的心，對上師安立起真實是佛的想法。

　　第三、隨念恩者：《十法經》云：「❷此善知識於長夜中馳騁生死，尋覓我者。於長夜中為愚癡覆而重睡眠，醒覺我者。沈溺有海，拔濟我者。我入惡道，示善道者。繫縛有獄，解釋我者。我於長夜病所逼惱，為作醫王。我被貪等猛火燒燃，為作雨雲而為息滅。應如是想。」《華嚴經》說：「善財童子，❷應加『隨念師恩，奪心堅穩，痛哭流涕。』隨念何事而涕泣耶？諸善知識，是於一切惡趣之中，救護於我。❷如是諸善知識令❷我善通達法平等性❷有寂無諦實，開示❷增上生及解脫之安穩❷道，輪迴及惡趣等不安穩道，以❷因果等一切時中受持普賢行而為教授，指示能往一切智城所有之道，護送往赴一切智處，正令趣入法界大海，開示三世所知法海，顯示❷令見如極樂世界佛及會眾一切聖眾妙曼陀羅。善知識者，長我❷相續一切❷深廣之白淨善法。如是隨念痛哭流涕。」應如此文而正隨念，一切句首，悉加「諸善知識是我」之語；於前作意善知識相，口中讀誦此諸語句，意應專一念其義理。於前經中，亦可如是而加諸語。

講記

「第三、隨念恩者」，隨念上師恩，第三科要講這個。「《十法經》云」，下面是提到《十法經》，這裡面講到要具足七想。「**此善知識於長夜中馳騁生死，尋覓我者**」，我長時在輪迴裡輪轉、隨處飄流，為業及煩惱所自在而在輪迴裡流浪，他來尋覓我，來尋覓我。在經文中有「尋覓」吧？我長時在生死流浪而來尋覓，他來尋覓我。「**於長夜中為**」無明「**愚癡**」自在，為無明黑暗的勢力「**覆**」蔽，因煩惱「**而重睡眠**」，由無明的緣故像是睡著了一樣，「**醒覺我者**」，讓我從睡眠中清醒。「**沉溺有海，拔濟我者**」，因為那樣的緣故，沉沒在輪迴痛苦的大海當中，把我取出來、救拔出來。「**我入惡道，示善道者**」，當我走上惡道，趣向輪迴大苦、三惡道等的時候，他是開示與那種道路相反的善道——解脫及一切遍智的人。「**繫縛有獄，解釋我者**」，輪迴猶如牢獄，就像關在監牢裡，令我從那脫離。「**我於長夜病所逼惱**」，我長時被煩惱三毒大病逼惱的時候，如同「**醫王**」，又像能令疾病康復的醫生。「**我被貪等**」，被貪欲、瞋恚、愚癡等煩惱三毒的「**猛火燒燃**」，炎熱並且猛烈燃燒的時候，如同「**雨雲而為息滅**」。這樣說了七想，這裡一共有七想，要生起如雨雲等想。這是《十法經》所說。

要這樣生起七想：尋覓者、令醒覺者、拔濟者、示道者、解釋者、令生存者，醫生就是令病康復！能息滅火焰的息滅者，說了七個。最後這個——是令火息滅的「雨雲」，但能令火息滅的不是雨雲，只有雨能滅火，不是雲啊！那為什麼要比喻為雲呢？是自己必須去實踐上師說的法，如果去修持的話就會像雨。作「雨雲」的比喻是為什麼呢？上師的

言教像含有雨水的雲，弟子去修持的話就會像雨一樣，要間接理解到這個——作雨雲想。

口　譯：原譯文是「雲雨」，要倒過來成「雨雲」比較好？

仁波切：不是，不是說比較好，是說明比喻成雲的目的是這個。不喻為雨而喻為雲的形相對吧！不把善知識喻為雨的形相——沒比喻成能滅火的雨，而比喻為雲對吧？如果能對善知識的言教依教奉行的話，就像雨一樣；說雲的目的是這樣，不是說要譯成雨。這是有內涵的。

這裡引了兩部經，《十法經》和《華嚴經》。現在「《華嚴經》說」，是在說明隨念善知識恩德的方式。「善財童子」，這是善財童子所說的。「諸善知識，是於一切惡趣之中，救護於我」，把我從惡趣裡救出來的救護者，這跟上面是一樣的。前面有巴梭法王的箋，箋裡說了什麼呢？「應加『隨念師恩，奪心堅穩，痛哭流涕』」，善財童子隨念了善知識所有的恩德，使自己堅穩的心念不由自主受撼動而痛哭流涕。應該這樣去做，善財童子是這樣子。

「隨念何事而涕泣耶」，問說為什麼哭泣呢？「諸善知識，是於一切惡趣之中，救護於我。如是諸善知識令我善通達法平等性有寂無諦實」，證得一切粗細輪迴、涅槃之法皆無諦實，為平等性，不論是細分或粗分全部無有諦實、是平等性——無諦實與平等性是一樣的，一切有

邊、寂邊都證為無諦實、證得空性——能證達無諦實是依著善知識的恩德出生的。以下要加上「諸善知識」、「我」。諸善知識為我「**開示增上生及解脫之安穩道**」，安穩道——增上生、解脫和一切遍智的果位。「**增上生**」指現前增上生——人天的果位。接著，惡道、「**不安穩道**」是指什麼？是「**輪迴及惡趣等不安穩道**」。這是不安樂的道路，別去那裡；這是安樂之道，要去那裡——他是開示者。

口　　譯：「法平等性」是什麼？怎麼翻？

仁波切：不論是輪迴之法也好、涅槃之法也好，一切法，所有粗分的、細分的任何大小之法，全部是無有諦實，都是平等無有諦實的本性，是一樣的。

「**以普賢行而為教授**」，所謂的「普賢行」，這裡有個箋註。以「**因果等一切時中受持**」而為教授，說明一切諸法的因果建立，這是普賢行。說「普賢行」實際就是因果的建立，「因果等一切時中受持」，要在一切時中去受持因果的法則——造惡就要受苦，行善則得安樂，這個道理要在一切時中受持。「教授」，指他是教授者，教授了因果建立。所謂「以普賢行而為教授」就是這樣。

口　　譯：這「普賢行」是因果等……

仁波切：注意因果的建立，如果不注意因果的建立，就會趣往三惡
趣啊！「普賢行」是指這個，說普賢行也好，或是說尊
重、信敬因果。

口　譯：「普賢行」不是指普賢菩薩的偉大的行為？

仁波切：不是！指行為普皆賢善。指教授了苦因是不善，以及樂因
是善等行為這一切內涵。

「指示能往一切智城所有之道」，指示了前往解脫及一切遍智的道
路。不只是指示道路，也「護送往赴一切智處」，是送往解脫及一切遍
智之地的護送者，送到彼處，護送過去。「正令趣入法界大海」，說到
了「法界」，以空性理面對一切法，趣入如實證知一切諸法實相的大
海，這應該是指佛地。「開示三世所知法海」，能夠遍知過去、未來、
現在三時一切的所知，這是佛地，成佛了。「顯示聖眾妙曼陀羅」，
這也有一個巴梭法王的箋。「令見如極樂世界佛及會眾一切聖眾妙曼陀
羅」，在極樂淨土中都是聖眾，不是聖者不住於此，在極樂淨土中，無
量光佛和所有的菩薩眷屬全部都是聖者。他顯示能見到這一切的道、方
法。

口　譯：「普賢」一般在我們漢文中是指普賢菩薩。

仁波切：是！一般而言是。

口　　譯：但這裡是有要引申的一個內涵？

仁波切：是，這裡的意思不是這個。

帕繃喀大師[11]曾經開示，將這上面所有的文配合加行道、見道，以及結合十地、三身的方式，但是依據並不太清楚。譬如說將「於惡趣中救護於我」結合資糧、加行道；將「令我善通達法平等性」結合見道。其後，「開示安穩不安穩道」，則是從初地到七地之間；接下來，將此「普賢行」結合八地；將「指示能往一切智城所有之道」結合九地；將「護送往赴一切智處」結合十地。不知道依據在哪裡，但是有這種說法，雖然在其他道次引導文中沒寫到，但是應該可以作為自宗。

第一句是加行道，第二句是見道，一句一句往上配，從資糧、加行道往上配。第一句顯示加行道以上，第二句說到「法平等性」，是證得空性，應該可以結合見道。接著「開示安穩不安穩道」是初地到七地之間；「普賢行」在第八地；「一切智」是第九地；「護送往赴一切智處」是第十地；到第十地了，後面就到佛地。佛地中，「正令趣入法界大海」，這是佛陀法身裡的自性法身；「開示三世所知法海」是法身裡的智慧法身，顯示所知法海的是智慧法身。「顯示聖眾妙曼陀羅」是顯示了報身，結合報身，結合三身，有這樣說。「顯示聖眾妙曼陀羅」結合報身，在極樂淨土可以見到報身的。「**善知識者，長我相續一切深廣之白淨善法。如是隨念痛哭流涕**」，是在講化身。「善知識，令我心續中增長所有深廣的白淨之法」，善財童子這樣去憶念而痛哭。有這樣的

解釋，這是帕繃喀大師的想法，依據為何不太清楚，這樣去結合應該是
可以的。

口　　譯：這配合的方式是指：依靠善知識，我能成就加行道、見
　　　　　道，乃至初地到七地，是嗎？

仁波切：是的，在《華嚴經》中有這十個句子，全部這樣配上之
　　　　　後，作為依止善知識能夠獲得這樣的功德，以及能獲得佛
　　　　　地三身的原因，可以這樣結合。

　　「應如此文而正隨念」，要讀誦這些語句並如此憶念，「一切句
首，悉加『諸善知識是我』之語」，諸善知識正令我趣入法界大海，諸
善知識為我開示三世所知法海……所有句子都要這樣加。「諸善知識是
我」，要結合上面所有句子，十個句子都要加——諸善知識是於一切惡
趣之中救護於我，諸善知識是令我善通達法平等性，諸善知識是我……
要這樣加上去。「於前作意善知識相」，自己的善知識為何相，就在自
己面前觀修他的形相。這樣之後，「口中讀誦此諸語句」，口中念誦那
些句子；「意應專一念其義理」，要這樣去憶念。「於前經中，亦可如
是而加諸語」，在前面《十法經》七想的開頭也可以這樣：諸善知識是
我於長夜中馳騁生死尋覓我者；諸善知識是我於長夜中為愚癡覆而重睡
眠，醒覺我者，也可以這樣加，而隨念這兩段經的文字和義涵，應當這
樣修習。

又如《華嚴經》云：「我此善ᴮ知識說正法，普示一切ᴮ總體清淨法ᴮ之功德，ᴮ特別遍示菩薩威儀道，專心ᴮ一意思惟而來此。ᴮ又此諸ᴮ善知識是能ᴮ於相續中，新生ᴮ昔所未有前說諸佛子行，猶如我母；與功德ᴮ之乳故，ᴮ猶如ᴮ增長昔所已有之乳母；周遍長養菩提ᴮ之分ᴮ二資糧故，猶如父；ᴮ如是此諸善ᴮ知識遮ᴮ我之無利，ᴮ猶如友伴。解脫老死ᴮ之病，故如醫王；ᴮ猶如天王帝釋降ᴮ正法之甘露雨；ᴮ普遍增廣白法如滿月ᴮ圓；猶日光明，ᴮ以其清晰顯示ᴮ往趣寂靜ᴮ般涅槃城方向ᴮ之道。ᴮ又此善知識，救我對於怨親ᴮ愛憎擾心，故如山王；ᴮ救護之理者，即如木棉，隨風飄拂，全無自主，若得山嶽崖穴為依，則有所止。如是由善知識恩，能救貪瞋。

講記

「又如《華嚴經》云」，再次引到《華嚴經》。「我此善知識說正法」，善知識說法，是講什麼法呢？「普示一切總體清淨法之功德」，清淨指滅諦、道諦，清淨品的法就是滅諦和道諦二者。普示滅諦和道諦所含攝的一切法功德，能開示者為善知識。「特別遍示菩薩威儀道」，特別開示菩薩所行之道。是指什麼呢？就是開示布施等六度。「專心一意思惟而來此」，如此一心專注思惟而來到了善知識尊前，這應該也是善財童子。「而來此」是來到善知識面前。「專心一意思惟而來此」。

「又此諸善知識是能於相續中，新生昔所未有前說諸佛子」菩薩「行，猶如我母」，就像我的母親，是能生之母。「與德乳故」，就像養育孩童而長養一切功德，所以好似乳母。「與功德之乳故，猶如增長昔所已有」一切功德的「乳母」，是養育之母。能生之母和養育之母不同，能生之母就是生母，養育之母不一定是生母的意思，是哺乳的乳母；「乳母」指養育之母——養育小孩長大的母親。「周遍長養菩提之分二資糧故，猶如父」，「菩提分」是指二資糧，能令修習福德與智慧二種資糧，所以如同父親，令心中出生菩提種子就像父親一樣。所謂「智慧為母，方便為父」，跟這說法是相符的。

口　譯：「周遍」是指？

仁波切：福德、智慧二種資糧周遍修習。

真　師：原文沒有翻譯父親這個字。

仁波切：《廣論》原文裡沒有，箋註中有，是巴梭法王的箋註。

居　士：菩提分就是父親的意思啊？

真　師：不是，不是。

仁波切：不、不、不，菩提分不是。

「如是此諸善知識」，自己的這些善知識。「遮我之無利」，「遮

無利」主要是遮除煩惱，能遮除煩惱，能遣除一切煩惱仇敵，「猶如友伴」。「解脫老死之病，故如醫王」，能令從生老病死一切痛苦中脫離、從一切輪迴苦中脫離，就像是療癒病痛的醫生。「猶如天王帝釋降正法之甘露雨」，譬如怎樣下雨要看帝釋天王，下到哪裡、下不下雨都是帝釋天王的權力；以此作為比喻，「猶如天王帝釋降正法之甘露雨」，能毫無匱乏地開示正法。「普遍增廣白法如滿月圓」，圓具一切白法的支分，好似滿月一般極其圓滿。接下來，「猶日光明，以其清晰顯示往趣寂靜般涅槃城方向之道」，清晰地顯示寂靜涅槃方向的道路，就像照明道路的太陽、去除一切黑暗的陽光一樣。因為去除黑暗所以是「光明」，極其明亮所以像太陽的光明。

「又此善知識，救我對於怨親愛憎擾心，故如山王」，不會對怨敵憎怒、對親友貪愛，令心不偏於愛惡，安住不動如同山嶽。下面有個巴梭法王的箋。「救護之理者」，從被貪瞋散動的內心中救脫的道理。「即如木棉，隨風飄拂，全無自主，若得山嶽崖穴為依，則有所止。如是由善知識恩，能救貪瞋」，木棉知道嗎？就是棉花。一般放著的話就會被風吹動，沒法自主。現在山把所有的風擋住，風吹不過來，風過不來就動不了棉花；如同有了依靠，心就不為所動，由於善知識的恩澤，心沒法趣向貪瞋，所以說能夠從中救護。

口　譯：「崖穴」是什麼？

仁波切：如同大山的崖穴、大山的山背。這裡如果有山，風從這裡

吹來就被擋住，指風吹不進來的地方。

口　　譯：怨親的「親」是指善知識嗎？

仁波切：不是、不是。這裡是在說自己的親友、自己歡喜的人。

　　心無❷隨於外緣而有少許擾亂，猶大海❷微風等不能擾動；等同船師，❷以其遍救護❷不令墮於苦浪翻騰輪迴瀑流之中，得渡彼岸，善財❷童子以是思❷惟前說諸義之心為等起，而來❷我此❷善知識跟前。」❷又云：「又此菩薩❷大乘善知識，啟發我❷因位──欲學佛子行之覺慧；❷非唯如此，此佛子❷善知識亦能❷於我相續中，生❷起果位無上大菩提；❷故我諸❷善知識❷為諸佛所讚，由是❷思惟之善心❷為等起，而來此❷善知識跟前。」又云：「救護❷所化〔世間，❷謂有情也。〕怖畏如勇士；❷即如弱勢之人，求請強力者為作首領。又如入海取寶，須有精練商主，是❷求取三身珍寶大商主，及❷為無怙❷者怙，無依❷者依；此❷善知識數數給我❷安樂❷資具，猶如眼目，以❷思惟如此❷因相之心❷為等起，而事善知識。」應咏其頌而憶念之，❷如云：「我以是思而來此」，以此易善財名而誦為我。

講記

「心無擾亂猶大海」，具有無擾亂的心，像大海一樣無擾無動。「心無隨於外緣而有少許擾亂，猶大海微風等不能擾動」，海面是會被風所吹動的，但是風再怎麼樣大也無法擾動海洋的深處；心如同這樣不為所動，猶如大海，像風一點也動不了大海一樣，任何因緣心也不會有些許擾動。不被外緣所擾亂，就是貪等所對境是外緣，也是出生貪欲的因，內心會由此擾動。心會被貪瞋等所擾亂，對吧！意思就是：縱使碰到出生煩惱的因緣，內心仍然不生煩惱。例如瞋恚心也是這樣的，有時你面對到一些家人也是會生氣嘛！雖然碰到這樣的外緣，心不動搖如同大海一樣。

口　譯：這「心」是誰的？

仁波切：是弟子的。依靠上師，以上這一切的功德都是依靠善知識
　　　　才達到的，所以憶念他的恩德。

「等同船師，以其遍救護不令墮於」生老病死的「苦浪翻騰輪迴瀑流之中，得渡彼岸」，所謂的「船師」是指船夫，開船的船夫。「善財童子以是思惟前說諸義之心為等起」，用這樣的意樂，「而來我此善知識跟前」。「心無擾亂猶大海，等同船師遍救護，善財是思而來此」，到這裡。

　　「菩薩啟發我覺慧」，這句沒有箋註的話也是不太好懂。句中的「菩薩」要理解為大乘善知識，「我」要解為善財童子。箋註有寫到「**此菩薩大乘善知識**」對吧？「**啟發我因位**」，因是什麼？「**欲學佛子行之覺慧**」，啟發我想要學習佛子行的心，是這位菩薩大乘善知識。就是要發起想效學佛子行的心，也是依靠善知識才能生起。「**非唯如此，此佛子善知識**」，這佛子善知識，「**亦能於我相續中，生起果位無上大菩提**」，能生無上菩提的也是善知識。「**故我諸善知識為諸佛所讚**」，因此我的這些善知識為諸佛所稱讚，諸佛都對他讚歎、讚美，要如是去思惟。「**由是思惟之善心為等起，而來此善知識跟前**」，善財又再說了這一個偈頌。

　　「救護世間如勇士」，「**救護所化〔世間，謂有情也。〕怖畏如勇士**」，如同在世界中救護痛苦和怖畏有情的勇士。「**即如弱勢之人，求請強力者為作首領**」，像勢力很小的人要做件事情，就要去跟有權勢、力量的國王稟報一樣，因為國王有辦法解決那個勢力小的人的痛苦；以此作為比喻，就像去跟國王請求一樣，一個有權力的人，能將他從苦惱中救出來。比如我們碰到盜賊也是會這樣，為了要去除怖畏而去找有力人士解決。

口　譯：「所化世間」是什麼意思？

仁波切：跟有情的意思是相同的，箋註中有說：「世間，謂有情
　　　　也。」這裡「世間」和「有情」是一樣的。所化機的世

間，什麼是所化機？就是有情嘛！猶如救護所化有情怖畏的勇士。就像要進入一個有許多盜賊險難的地方，如果有個勇士，依靠他就不用害怕。

口　　譯：「弱勢之人，求請強力者為作首領」是什麼意思？

仁波切：一個力量弱小的人如果沒什麼力量，他完成自己心願的辦法，就是請求其他有權力的人。就像這樣，懂嗎？我想做一件事，就算我沒法完成，其他有能力的人能完成的話，就去請他幫助我，好比求首領來幫助成辦心願一樣。

口　　譯：「首領」是什麼意思？

仁波切：「首領」是指上位的人。

　　「救護世間如勇士，是大商主及怙依」，這裡有個箋註。「又如入海取寶，須有精練商主」，若要入海中取珍寶，如果不依靠大商主的話，會因為大風以及許多的怖畏而取不了寶。「是求取三身珍寶」，對於獲取佛陀的果位，殊勝的善知識即是「大商主，及為無怙者怙，無依者依」。

口　　譯：「無怙者怙，無依者依」是什麼意思？

仁波切：無依無怙就是沒有援助。沒有依靠時，作為他的依靠；沒

有救怙時，作為他的救怙，這是一樣的。

口　譯：「大商主」是什麼？

仁波切：導師、示道的人，之前採過寶很多次，很有經驗的智者，
　　　　會讓這樣的智者在船上引路，這就是大商主。

「**此給我樂如眼目**」，「**此善知識數數給我安樂資具，猶如眼
目**」，「**給**」是指施予，如同眼目。「**以思惟如此因相之心為等起，而
事善知識**」，跟前面是一樣的。

如同上面所引證的經文，「**如《華嚴經》**」有說到「如」字。對於
《華嚴經》所說的那些偈頌，「**應咏其頌而憶念之**」，憶持於心而且
從自己的口中以音韻諷咏，思惟其中所有內涵，而去隨念善知識的恩
德。「**如云：我以是思而來此**」，就是「我」來此。「**以此易善財名而
誦為我**」，上面有「善財是思而來此」這句，自己念誦的時候要改成
「我」，而唸：「我以是思而來此」。把善財換作自己，對這一切上師
的恩德，口中以音韻諷咏而思惟其恩德，對於這個隨念恩德的法應當修
心。

口　譯：原來在漢文說改成自己的名字。

仁波切：不用改成自己的名字，何必放成自己的名字，是「我來
　　　　此」，是「誦為我」，「易善財名而誦為我」。

　　到此「隨念恩者」這科就結束了。一般說「功德越高為大[12]」，功德越向上為大，功德大的在上面，越往下越小、越來越小。「功德越高為大」，越向上進功德越大；「恩德越低為大」，對於自己的恩惠是越低為大，是越低越大。例如三寶分開說的話，三寶之中對自己恩德較大的是僧寶，是僧寶。佛寶和法寶不是恩德不大，但沒有僧寶就無法與另外二寶結合。在僧寶之中有聖者僧，我們不能算作聖僧，其中是有聖者僧以及凡夫僧的。在僧寶之中凡夫僧對於自己的恩德比較大，是凡夫僧。同樣地，比如上師也是示現凡夫相，不是說他是凡夫，而是示現成跟自己相似的凡夫，這樣的話我們就能聽法。除此之外，若是佛陀、聖者、菩薩，因為我們自己內心的關係，這一切是看不見的，所以上師善知識、一切佛菩薩，示現凡夫相是為了利益我的內心而來。應當這樣思惟。

　　以前拉薩有位大上師，名叫奔洛降巴仁波切[13]，降巴仁波切是任何德相都非常了得的一位上師。他這樣說，他在考拉朗巴[14]的立宗時要衣著莊嚴，進行拉朗巴的立宗時要穿新衣服。而奔洛降巴仁波切只是一介貧僧，沒有太多的受用，他就去跟其他人借僧背心等那些穿著，跟其他人借。之後拉朗巴的立宗結束時，就將那些衣物各別歸還給物主，他就只剩以前老舊的衣著，其他全沒了。他自己是沒有的，那些穿的是跟其他人借的，歸還他人以後，自己除了以前老舊的之外，沒有新的。同樣地，他心續中所擁有的些許功德，假設上師最終會取回的話——雖然不可能取回去，但假設有取回這事的話，他就一點功德也不剩。他心續中具有的比丘戒，是班禪大師[15]所賜；他心續中具有的菩提道次第引導傳

承，是珠康賢善海大師[16]所賜，假使要還回去的話，那他就一無所餘。在口傳中有這樣的念恩方式，有這種說法，我們也要這樣去思惟。

口　　譯：這裡說的道次第是什麼？

仁波切：就是道的次第，是從珠康賢善海大師得到道次第引導，對道次第有些許了解都是他的恩德。上師們是不會取走功德的，假設有的話，就如同剛才借衣服那件事一樣，就全沒有了。同樣地，隨念上師恩德的方式，我們也要這樣想：今天遇到我的上師、這樣的妙法，這一切都是上師的恩德。隨念深恩一定要這樣思惟，一定要！這樣憶念師恩的方式，自身也應這樣去思惟，要去思考。

註釋

1　**貢唐丹貝準美大師**　公元1762-1823。本名教法燈，為第三世貢唐大師。自幼智力超群，德行圓具。7歲至拉卜楞寺出家，17歲至哲蚌寺學習五部大論，25歲即考上拉朗巴格西。後返安多，廣弘顯密諸法，利益眾生。著作甚豐，普益上中下機之心，藏中諸智者一致稱讚此師為「貢唐文殊」。世壽62歲。

2　**不說自為惡友且無角，偽作憐惜關愛露笑顏**　出自《學習教誡》，三世貢唐大師造。此偈全文為：「不說自為惡友且無角，偽作憐惜關愛露笑顏，助汝嬉戲掉舉散亂行，作放逸業彼即是惡友，是故應如疫病長遠離。」

3　**實事**　為能作用之義。一切有為法都有能生果的功能，所以都是實事。

4　**密勒日巴尊者**　公元1040-1123。本名聞喜，噶舉派著名祖師。家為望族，幼時父亡，家產遭親族強占，母子三人淪為傭僕，備受辛苦。為報家仇，學惡咒殺人，致鄉人視為惡鬼。後極痛惱悔造惡業，苦求解脫之道，逢人指示，拜瑪爾巴譯師為師。苦行依止多年，求獲正法不得，遂生自輕，終得師慈憫，授與正法，精進修行，完成佛果，隨緣渡生，有道歌傳世，為西藏著名之祖師及詩人。

5　**瑪爾巴譯師**　公元1012-1097。本名法慧，噶舉派開派祖師。15歲時於卓彌譯師釋迦慧前，學習梵語、聲明，後赴尼泊爾、印度依止那洛巴、梅紀巴等眾多大德廣學諸法，深究精華，往返印藏多次，不畏艱險，一心求師訪道，攜帶眾多密典回藏翻譯，法緣廣布，成就究竟果位，為眾多傳承之祖，後由其所傳教法，開出噶舉諸派。

6　**薩迦札巴堅參**　公元1147-1216。本名名稱幢，為薩迦五祖中之第三祖。8

歲至12歲間隨父薩迦初祖聽受正法，父親逝世后，為其兄福頂派往寺院。一生凡有所得，皆拿來建塔、供養、濟貧等，故其示寂時，身上也只有一衣一墊而已。世壽70歲。

7 **薩迦先祖**　指薩迦五祖。即薩迦初祖慶喜藏，二祖至尊福頂、三祖至尊名稱幢、四祖薩迦班智達慶喜幢、五祖八思巴聖慧幢。

8 **役自如下僕，勤謀眾人利**　引文出自《入行論·靜慮品》163偈。

9 **章嘉若比多吉**　公元1717-1786。本名智教法燈，又名遊戲金剛，為第三世章嘉大師。8歲起聽受二勝六莊嚴的論典，獲得無礙辯才。師善達漢滿蒙文，也曾圓滿聽受格魯派耳傳教授。曾帶領諸譯師，將藏經譯為蒙文，後又將藏經譯成滿文。其弟子不可勝數。世壽70歲。

10 **五世法王**　公元1617-1682。本名語王善慧海。9歲依四世班禪善慧法幢出家，22歲亦依此師受比丘戒，25歲接受固始汗供養的全藏之政權。29歲起增建布達拉宮舊有的紅宮，新建白宮。63歲至中國弘法。師遍學諸派，廣興政教事業。著有《妙音教授》等著名道次第論著。世壽66歲。

11 **帕繃喀大師**　公元1878-1941。本名慈氏持教事業大海。7歲出家，後入色拉昧僧院廣學五部大論。19歲入上密院善學四部密續，復從諸多智者座前聽聞一切明處，及從諸大善知識前廣大聞思，且於所聞如理行持，守護三乘律儀如護眼目。師常轉顯密法輪，當時藏中為其弟子者不可勝數，廣利眾生。師為近代藏地之中，被稱為如日一般的大德。

12 **功德越高為大**　此語連同下文「恩德越低為大」，皆出自鐸巴弟子拉止崗巴所造《藍色手冊釋》。夏日東活佛解釋，就希求解脫的初修業者而言，功德越高為大，就好比聖者心中的功德比凡夫大一樣。而恩德越低為大，陪伴我

們的凡夫上師恩德為大，因為佛語會隨所化而有了不了義種種說法，而凡夫上師則會直接宣說，且由最初依著凡夫上師的恩德，我們才漸漸往上進步而至成佛。

13 **奔洛降巴仁波切** 公元1682-1762。本名語王慈尊，為六世班禪大師之師。13歲依帕巴拉大師出家，15歲入藏進色拉寺學五部大論，17歲開始依止珠康巴大師，23歲從五世班禪大師受比丘戒，25歲於拉薩立宗，獲拉朗巴格西學位。此後隨即依止珠康巴大師住山專修，以清淨依止法完成顯密教法的修持。36歲至81歲之間住持道次第為主的顯密教法，為著名的道次第傳承祖師。

14 **拉朗巴** 格魯派中最高等格西學位。以前西藏在拉薩舉行大願法會時，應考僧會在三大寺的僧眾面前立宗，接受眾人對其辯難，獲得考官核准者為拉朗巴。

15 **班禪大師** 此處指五世班禪大師。公元1663-1737。本名福德教幢，為奔洛降巴仁波切求受比丘戒時的得戒和尚。8歲時在五世法王座前出家，22歲在袞卻降稱大師座前得比丘戒。在政治不穩定的時局中，努力撐持聖教，並著出《樂道》等著名論典。世壽75歲。

16 **珠康賢善海大師** 公元1641-1713。本名賢善海。自幼極其孝順。6歲時父亡母病，由於念及佛說父母為福田，恩德極大，盡心侍奉。17歲時母親病逝，思及輪迴痛苦，遂遊歷諸寺學習，於精進稱大師座下出家受戒，並遵師命，前往達波僧院，求學十六年後返回精進稱大師座前求得比丘戒。精進稱大師示寂後，依止達普巴善慧正法幢大師，多次請求道次第不獲，精勤懺罪，清淨相現前，得師歡喜傳法，依師命住山專修，至色拉宗喀巴大師閉關處（藏語為：傑珠康）專修，因地得名珠康巴。創建普布覺精修院，建立以道次第為主的顯密修軌，為著名的道次第傳承祖師。世壽73歲。

加行親近軌理

第二、加行親近軌理，^妙分五：第一、須以加行依止者：如《尊重五十頌》云：「^於此^巴依止知識之時何須繁說？^巴不須之因相者，總攝而言，應作師^巴心所喜^巴諸方便，^巴心所不喜^巴之事應盡遮，^巴其軌理者，謂須細心勵觀彼及彼^巴為何，而取捨故。^巴此亦是就常理而言，苟若現似心喜不如理事，亦不可為。如彼論云：「若於理不能，啟白不能理。」須如上說而行之因者，以金剛持自說：^巴世出世間一切成就^皆隨^巴如理依止金剛軌範。知^巴金剛持如是說已，一切^巴身、受用、善事，^巴由一切門，悉敬奉^巴事，竭盡所能勵行令師^巴心喜^巴方便。」總之應勵力行，修師所喜，斷除不喜。

講記

「第二、加行親近軌理」，意樂親近軌理結束了，現在是加行親近軌理。加行，是直接用承事等方式來侍奉上師。

在加行親近軌理部分，妙音笑大師分為五個科判，「第一、須以加行依止者」，說到必須用加行來依止。這裡是引用「《尊重五十頌》」的文：「此何須繁說？應作師所喜，不喜應盡遮，勵觀彼及彼」，這是《尊重五十頌》。那麼，「於此依止知識之時何須繁說」，不用說很多。「不須之因相」是什麼？「總攝而言」，自己要知道並去成辦「師心所喜諸方便」，一切「心所不喜之事」都要捨棄、要遮除。「其軌理

者，謂須細心勵觀彼及彼」，這樣一一觀察喜歡的是什麼，不喜歡的是什麼以後，要如是去取捨。

這裡所說的是一般的，一般要這樣思惟。「苟若」，如果。「現似心喜不如理事，亦不可為」，是說若歡喜不相順善法的事、不如理的事，不可以去做。上師說：「你要喝酒，喝酒很好。」不能說：「這是上師說的，喝酒沒有過失。」不如理的事情，即使看起來上師歡喜，也是不能做的。「如彼論云」，是指《尊重五十頌》中說。「若於理不能，啟白不能理」，這是箋註。「若於理不能」，觀察了上師所說不符順法的話，「啟白不能理」，則必須對上師和緩地啟白說：「這樣不行。」

「須如上說而行之因者」，「如上說」指要力辦上師所喜，而捨棄上師所不歡喜。「須如上說而行之因」是什麼呢？即下面所說：「以金剛持自說：世出世間一切成就皆隨如理依止金剛軌範。知金剛持如是說已」，由於這個原因，金剛持親自如是說。大悲導師、導師金剛持，不論要宣說任何續典時，導師釋迦牟尼佛會變為金剛持的體性而宣說續典，所以稱呼導師金剛持。

口　　譯：變為金剛持的體性？

仁波切：是，宣說密續、密咒道時。

口　　譯：是只有變為金剛持體性，還是也現金剛持相？

仁波切：體性本來就是金剛持的體性，形相也變為金剛持的形相
　　　　而宣說密續。「多傑強」（ རྡོ་འཆང་ ）和「多傑景巴」
　　　　（ རྡོ་འཛིན་པ ）是一樣的，導師金剛持親自在續典裡這樣
　　　　說。

.　　因此，知道這個原因後，「一切身、受用、善事」，將身及受用、
自己的一切善事「由一切門，悉敬奉事，竭盡所能勵行令師心喜方
便」，「竭盡所能勵行」，必須做上師所歡喜的，不做不喜的方面，
這有兩個義涵。喔！在下面有，「總之應勵力行，修師所喜，斷除不
喜」，除此之外沒有別的了，總之，去做上師歡喜的，斷除不喜的，要
在此方法上努力。

口　譯：「聶巴」（ མཉེས་པ ）是什麼意思？

仁波切：「歡喜」，高興，能令上師非常高興的方法。

　　所謂「由一切門」，就是要去做令上師歡喜的方便，以及斷除師不
喜的，除此以外不需要多作解釋。全力以赴，俗話就是指「全力以赴」
地做這兩件事──就是怎樣能令師長生起歡喜心，師長心不歡喜的一切
事、一切行為都要斷除，就是這兩件。所謂「由一切門」，方法就是這
樣啊！意思是相通的，付出一切代價，不計一切代價。

第二、令師歡喜三門者：作所喜者，謂有三門：供獻財物、身語承事、如教修行。如是亦如《莊嚴經論》云：「由諸供養珍寶飲食等財，敷座及起身之敬及按摩擦拭等承事，如理修行供養親近善知識。」又云：「〔堅固，謂菩薩也。〕由依如上師所教奉行，能令其師心正歡喜。」

第三、說此，分三：其中初、財物者：如《五十頌》云：「弟子恆時以世所共許非應施物之妻子，非唯如是，乃至自身之命根，亦須奉事依止自三昧師，如具足傳授灌頂、解說密續、授予口訣三法者。而況以諸其餘速當壞滅捨棄之動珍寶、資財而作奉事。」

講記

妙音笑大師的科判，「第二、令師歡喜三門者」，這是第二個科判，令師歡喜的方法有三門。

口　譯：什麼是「令師歡喜三門」？

仁波切：能令上師歡喜、高興的方法有三個。

　　前面「加行軌理」分出五科，其中第一科已經講完了，第二科就是令師歡喜的三門。「作所喜者，謂有三門」，令師歡喜的方法有三門，下面首先以總攝來說。「供獻財物、身語承事、如教修行」，這三個。「供獻財物」即是供養受用；第二，透由身語之門來為上師作按摩等承事；第三，如上師所教修行。要這樣做並不是無根無據而說，不論如何，宗喀巴大師一點都不會講沒有根據的事，而依據在哪裡呢？在《莊嚴經論》中有說。「如是亦如《莊嚴經論》云：由諸財敬及承事，修行親近善知識」，講了三個，一是恭敬及財物，然後是承事，再來是依教奉行。「敷座及起身之敬」，幫上師敷置座墊；「起身」，上師來的時候要起身，上師還沒站起來前也要起立，這是「起身」的意思；要這樣去恭敬，這是恭敬的方式。之後「供養珍寶飲食等財」，「財」指的是珍寶、飲食，最好的是供寶物，再來是飲食等財物供養。「按摩擦拭等承事」，就是按摩、擦拭這樣的承事。以上說了兩個。接下來第三個「如理修行」，就是上師怎麼說就怎麼去做，依師教修行的「供養」。由此之門「親近善知識」，這兩句裡面就講了令師歡喜的三種門。

　　口　譯：這裡的「供養」，是不是不只修行，還包括財敬及承事？

　　仁波切：是的！

　　「又云」，還要再引經典。《莊嚴經論》說：「堅固由依教奉行，能令其心正歡喜」，在箋註中有說明。所謂心堅固的「堅固」，「謂

菩薩也」，堅固就是菩薩的意思。菩薩怎樣呢？「**由依如上師**﹍**所教奉行**」，依教奉行，這只說到依教奉行，沒有講其他的。由依教奉行，「**能令其師心正歡喜**」，這樣一來，就能讓上師歡喜。

現在是第三個科判。剛才第二科是「令師歡喜三門」，讓上師高興的三門，現在這三門要各別介紹。「**第三、說此，分三**」，各別說明供養財物、身語承事、依教奉行三者。「**其中初、財物者**」，用財物供養上師的方式是怎樣呢？在《事師五十頌》中有明文依據。「**弟子**」對於「**自三昧師**」，授予自己三昧耶的阿闍黎——是怎樣的阿闍黎呢？如這裡所說：「**如具足傳授灌頂、解說密續、授予口訣三法者**」，具足三恩的上師，字面上沒有說三恩，「**具足三法**」指的就是具足三恩，傳授灌頂、解說密續、授予口訣，這是結合密法來說。若就大乘而言，也是與密法一樣的。

口　譯：這裡的「續」指接續還是密續？

仁波切：指密續。

對諸如具足傳授灌頂、解說密續以及傳授口訣三法的阿闍黎，「**恆時以世所共許非應施物**」，世人覺得不可以布施的——在諸多布施物中，世間共許不能布施的，例如：「**妻子**」，自己的孩子、妻子，自己的命，即使在菩薩學處中，沒有重大目的也不會布施命根的。世間上這些哪能布施呢？布施就沒命了！世人不會承許的。對於非應布施物，

「乃至自身之命根，亦須奉事依止自三昧師」，這是對密乘行者說的，對如是灌頂、說密續、授口訣具足三恩的上師，應該以這些世間所不應布施的物品：自己的妻子、孩子，乃至自己的命根來作承事。「其餘速當壞滅捨棄之動珍寶、資財」，珍寶資財是怎樣的？是無常的，很快會壞滅、丟棄；「動」，也是無常的意思。「而況」將這些「奉事」自己的上師，那就更不用說了！

這是《事師五十頌》的根據，是供養財物的依據。

又云：「᳚須當如是之因相者，以供施᳚或奉獻彼᳚師，即成恆供᳚十方一切佛。᳚謂上師縱為庸常異生，然若弟子觀之為佛而作供養，則一切諸佛皆入其師毛孔之中而受供養。由此因故，《五次第》亦云：『供養上師一毛孔，勝供三世一切佛。』此復通體而言，諸凡供養佛陀，於自方面，皆可獲得供養福德，然而諸佛未必受用；而供上師，不唯有供養福德，更獲諸佛受為己有之福，故更超勝。若念由供上師，當致何果？由供彼᳚故，當致是福資糧᳚所表徵之二種資糧圓滿，從᳚此二資糧得殊勝成就᳚謂獲最勝成就佛位。」復如拉梭瓦云：「如有上妙供下惡者，犯三昧耶。若是尊長喜樂於彼，或是唯有下劣供物，則無違犯。」此與《五十頌》所說符順，如云：「欲求᳚獲得無盡性᳚佛陀果位，如如᳚有少許᳚自之可意᳚物，即應以

彼彼^巴之中，最為超勝^巴殊妙^巴者供尊長，^巴不供不悅意及低劣者。」

講記

往下是說明為何要如此地努力，要這麼努力的原因。「須當如是之因相者，以供施或奉獻彼師，即成恆供十方一切佛」，那麼這樣做的功德，或者說這個勝利是什麼呢？就會有等同恆時供養十方一切佛的功德、勝利，因為這樣的緣故，所以要供養。假如要供養十方一切佛的話，我們除了用心念去供養以外，是沒有辦法直接供養的。然而這裡說供養上師的話，比起供養十方諸佛有更大的勝利，比那個更大的勝利。

口　　譯：剛才說十方一切佛……？

仁波切：我們供養十方諸佛物品、資財，是沒法供到每一位佛陀面前的，沒辦法的；如果供養十方一切諸佛的代表——上師，比起一一供養十方一切佛的勝利還要大，供養上師的勝利更大！

供養上師即是供養一切佛，這是在《事師五十頌》說的。另外在密續中說：「供養上師一毛孔，勝供三世一切佛。」依據續典，說到比起供養三世一切佛，如果供養上師的一個毛孔的話，這個勝利更大、更超勝。「供養上師

一毛孔，勝供三世一切佛」，供養上師一個毛孔的勝利更大。

口　　譯：前面的根據是從《事師五十頌》裡面出來的。

仁波切：是這樣！

口　　譯：那另外一本密續的名稱不知是什麼？

仁波切：有，這裡面有，在下文裡。名稱為《五次第》，在箋註裡面。

「謂上師縱為庸常異生，然若弟子觀之為佛而作供養」，如果弟子視為真佛而供養，則「一切諸佛皆入其師毛孔之中而受供養。由此因故，《五次第》亦云」，密集的續典。「供養上師一毛孔，勝供三世一切佛」，說比供養三世一切佛的勝利還要大。「此復通體而言，諸凡供養佛陀，於自方面，皆可獲得供養福德」，對自己而言，供養佛陀的話，雖獲得了供養的福報。

口　　譯：「於自方面」是什麼意思？

仁波切：從供養的角度而言，只會出生供養的勝利，得到福報。

雖然獲得福德，「然而諸佛未必受用」，諸佛未必會取走供養，未

必會受用供養。「而供上師，不唯有供養福德」，不僅有供養的福德，「更獲諸佛受為己有之福」，諸佛會受取、受用，所以會獲得更多福德，「故更超勝」，說供養上師的話福德更超勝。

真　師：師父，為什麼供養佛，佛不會接受呢？

仁波切：諸佛會把供品拿走嗎？（仁波切笑）不會拿走的，沒法拿走啊！

口　譯：沒法拿走是什麼意思？

仁波切：供養諸佛的東西，佛是沒辦法取走的吧！你的供品佛菩薩有沒有辦法接受？佛會帶走你的供養品嗎？

法　師：師父是說，「不能帶走我的供養品」是指諸佛不會現在面前接受嗎？

仁波切：就算是接受，佛菩薩本尊接受你的供品嘛！你的供品擺在佛臺前，這時候我們就是擺在佛像前面，他們也不會拿起來。（仁波切笑）

真　師：喔！就是接受了還有一份接受了的功德。

仁波切：對，接受了的功德。上師拿走了以後，就是等於佛菩薩拿走啊！這又是一個功德。我們在佛像面前放很多寶物，佛不可能拿走的嘛！（仁波切笑）這就是說明，由於這個原

因，供養上師會獲得一切佛菩薩受用為己物的福德、勝
利。

「若念由供上師，當致何果？」供養上師財物會成為怎樣呢？「由
供彼故，當致是福資糧所表徵之二種資糧圓滿」，集聚了偉大的福德
資糧，依此也間接成辦了智慧資糧，能夠成辦二種資糧。「從此二資
糧」，依靠這二資糧，將獲得最勝成就──佛果位，有這樣的目的。
「得殊勝成就謂獲最勝成就佛位」，自己一定會得到。

這是《事師五十頌》所說的，就如同這樣。「復如拉梭瓦云」，拉
梭瓦應該也是一位上師、一位出家人。「如有上妙供下惡者，犯三昧
耶」，如果在自己供養的財物裡，例如有兩個杯子，有一個好的、一個
差的，供養下劣的是不行的，會犯誓言。「若是尊長喜樂於彼」下劣供
物，「或是唯有下劣供物」，只有這個的話，「則無違犯」。

口　譯：會犯誓言是嗎？

仁波切：對的，犯三昧耶、依止上師的誓言。

這裡又引出依據。「如云：欲求獲得無盡性佛陀果位」，「無盡
性」是佛陀果位的意思，於彼「欲求獲得」。「如如有少許自之可意
物」，自己擁有什麼好的物品。「即應以彼彼之中，最為超勝殊妙者供

尊長」，想供養時，如果有很多東西，要供養其中好的、悅意的，就是説有什麼好的，就要把那個供養上師，「**不供不悅意及低劣者**」。「**此與《五十頌》所説符順**」，如《事師五十頌》説的一般，在供養時應當如是供養。

口　　譯：「無盡性」指的是什麼？

仁波切：是功德無窮盡的意思。

在藏地關於供施的部分，在諸多道次第的引導中都有説到：「非以糕之瘀處，菜葉黃處。」所謂這裡的「糕」就是奶油和糌粑作成的一種藏人吃的食物，叫做酪糕、酥酪糕。「瘀處」指如果放了很多天會變青瘀色，比如不可以供養酪糕青瘀的地方。又像我們有大餅，在這裡放幾天的話就會受潮，將裡面受潮的部分供上師是不可以的，要把它分開，供沒受潮的部分、好的部分。不可以供菜葉黃處，比如説青菜變黃時就壞掉了，是不能供養這黃掉的地方。

口　　譯：是説黃色的菜不能供？

仁波切：不是！是菜葉黃處、糕之瘀處。這在許多道次第引導中有説，藏人會比較好懂。菜葉黃處，發黃的菜葉不適合吃嘛！「糕之瘀處，菜葉黃處」，這對藏人這樣説會很好

懂，酥酪糕要是發青的時候就壞掉了，不能吃了！

口　譯：酥酪糕是什麼？

仁波切：可以說是一種餅，用奶油和糌粑很多東西合在一起的大餅。在哪裡都有，在安多也有、拉薩也有，很多地方都有。這個比喻在很多道次第的講義裡有，在藏地這個很容易懂，所以就講這個喻，很多教授都引這個。

口　譯：弟子不能用酥酪糕發青的部分供養？

仁波切：發青就壞了嘛！快要長毛、發霉了。

口　譯：發霉？

仁波切：是。沒有壞的東西自己吃，壞了的東西就供給上師，這不對！意思是這樣，就像這樣。

真　師：師父！誰會那麼供養？誰會把那個發霉的東西和黃葉子供養上師？

仁波切：這是比喻啊！你們把這個糕切開，自己吃好的，給師父吃壞的，就跟這是相同的！

此復若就學者方面，以是最勝集資糧境故，實應如是。就師方面，則必須一不顧利養。霞惹瓦云：「愛樂修行，於財供養，全無顧著，說為尊重。與此相違，非是修行解脫之師。」

第二、承事者：謂為洗浴、按摩、擦拭及侍病等，當如實讚師功德等。

第三分二：第一、通常者：謂於教授如善知識博朵瓦云：「令我之業，皆有果利。」上者獲得證達抑或對治，中者執持宗義，下者謹防非理，是即遵行無違，此是主要。《本生論》云：「導師生為帝釋之時，見有國王名『一切親』，與諸臣民飲酒無度，為利彼等，化作梵天，手持酒瓶而至其前。王與眷屬恣談酒事，梵天問云：『汝等欲沽瓶否？』王問之曰：『瓶中何有？』答曰：『此中所貯者，能喪今後二世之酒也。』遂說酒之眾過。彼等俱明酒患，即厭飲酒。為報其德，獻國土等眾多供具，時天帝釋不肯受之，但告之曰：『汝等如欲報恩，應如是行。』遂云：於我回報恩德之最勝供養者，謂依其教無所違越，如實奉行。」

講記

　　「此復若就學者方面，以是最勝集資糧境故，實應如是」，在弟子這方面，要能這樣思惟：「要去供養，才能累積資糧。」「就師方面，則必須一不顧利養」，從老師的方面，就不能想：「能否蓋個好房子？能否供養多一點錢？」不可以寄望這些！這兩句是說這個。

　　「霞惹瓦云」，噶當派祖師霞惹瓦有說，上師不應該這樣，而應「愛樂修行，於財供養，全無顧著」，由於依教奉行而心生歡喜，而對於錢財全無顧著，所謂上師就必須要這樣，此人方「說為尊重」。「與此相違」，不去注意是否依照佛經的內義去修行，而一直在意自己獲得多少錢財供養，就是和前者相違。「非是修行解脫之師」，這樣的人不堪為希求解脫及一切遍智者的上師。上師方面應該這樣思惟！

　　口　　譯：不堪為根本上師？

　　仁波切：「非是修行解脫之師」，這樣就不具足上師的條件，不是修行解脫之師。「修行解脫」是指弟子，弟子希求什麼？要希求解脫，這樣的上師不能成為希求解脫的弟子們的上師。

　　這是財物供養。「第二、承事」，第二科是承事的方式。在上師跟前承事，為上師「洗浴、按摩、擦拭」以及「侍病」，在上師不舒服、

生病時去服侍。「**當如實讚師功德**」，講說上師功德等。應以這些方式來承事上師，第二科就是這樣。

真　師：師父，要宣揚上師的功德，那個「如實」是什麼意思？「如實」讚師功德。

仁波切：沒有「如實」（藏文原文沒有如實二字）。這裡是說讚師功德，或許有不要增益、妄加的意思，但這字面上沒有講到。

「**第三**」是依教奉行，要依教奉行。「**第三分二**」，妙音笑大師分成兩科。「**通常**」，通說要依教奉行的道理。「**謂於教授遵行無違，此是主要**」，上師如何說就不要違逆，要照著做，這是主要。字面、原文是這樣，在此配合巴梭法王的箋註，「**如善知識博朵瓦云：令我之業，皆有果利**」，令他的業都能有結果，要讓他所說的有結果！對弟子們勸勉：「這全部都要作修持！」要讓他所說的有成果。

口　譯：此處的「業」是指所說？

仁波切：就是他所說的一切法。如果說了很多很多你卻不修持的話，那即使他說了很多，也是沒有意義的！要有成果，否則就白費了！如果他說了很多卻沒成果，那就白講了！所

以不應如此，要有成果。

這是巴梭法王引證的。接著，「上者獲得證達抑或對治」，最好的是要證得上師所說的一切，修持後獲得證功德，或得到煩惱的對治。「中者執持宗義」，中等的要能執持上師所說的一切法，這就是執持宗義。執持宗義也是一樣，自己要如上師所說的那樣去修持，而前一種是指修持以後還要獲得功德。還不行的話，「下者」應該要能「謹防」一切上師說到是「非理」的、不可以做的事，要能謹慎防護、遮止，這是巴梭法王的箋註。

在「通常」這一科裡，有《本生論》的文，講了兩句話，「**報恩供養者，謂依教奉行**」，上師、善知識饒益我們，說了許多法，對於這樣大的恩惠，要想回報的話，應如何報恩供養呢？「依教」，要對上師所說的所有的話，如實「奉行」，這就是對上師供養中最好的供養。先解釋這兩句，還有很多箋註，下面再說。

這裡是語王尊者的註，講了一段故事。「導師生為帝釋之時」，佛薄伽梵往昔受生為帝釋天身的時候。「見有國王名『一切親』，與諸臣民飲酒無度，為利彼等，化作梵天」，「一切親」是一位國王的名字，因為看到這位國王與臣民飲酒無度，為了利益他們，導師就化成梵天，「手持酒瓶而至其前」。「王與眷屬恣談酒事」，國王與臣民都非常愛酒嘛！佛陀在他們熱烈談論酒事時，出現在他們面前。「汝等欲沽瓶否」，要買瓶子嗎？裡面有酒。之後「王問之曰：『瓶中何有？』」答

曰：『此中所貯者，能喪今後二世之酒也。』遂說酒之眾過，彼等俱明
酒患」，國王和這些臣民了知酒的過患，「即厭飲酒」，發誓之後絕不
喝酒。「為報其德，獻國土等眾多供具」，他們被饒益了，知道了酒的
過患，就將許多國土等資具供養梵天。「時天帝釋不肯受之」，天帝釋
全都不接受。「但告之曰：汝等如欲報恩，應如是行」，你們要報恩的
話，應該這麼做，於是說了這兩句話：「報恩供養者，謂依教奉行。」
去行持他所說的一切，這樣就能報恩，其他的供養他都不收。講了這樣
一個故事。

口　　譯：「謂依其教」是什麼意思？

仁波切：「謂依其教」就是如同他所說的，「教」是說的意思。對
　　　　　他說的話如實行持，除此之外不需要其他供養，沒有比這
　　　　　更好的供養，這是所有供養中最殊勝的。

口　　譯：故事中是說他在國王與臣民喝酒時來到？

仁波切：「恣談酒事」，說：「這個酒好，你喝、我喝！」就在談
　　　　　論酒的時候來到。

口　　譯：「今後」是指？

仁波切：讓這輩子和下一生二者都會衰損！

🅢第二、特殊者：設若須隨師教行者，若所依師引入非理
及令作違三律儀事，如何行耶？《毘奈耶經》於此說云：
「🅑親教師若說非法，應當遮止。」《寶雲》亦云：「於其善
法隨順而行，於不善法應不順行。」故於所教，應不依行。不
行非理者，《本生論·第十二品》亦有明證。🅢此謂導師生為
婆羅門子時，其阿闍黎為試諸生而告之曰：「梵志窮時竊是
法」等，餘人應許，彼獨不然，遂說偈云：「設為天主捨羞
慚，令心背棄正法行，毋寧爛衫持瓦器，屈就仇家乞杯羹」云
云。婆羅門阿闍黎聞而大悅，典故即此。然亦不應以此諸理，
遂於🅑知識師所，不敬輕訾而毀謗等。如《尊重五十頌》云：
「若以理🅑謂由如法方便不能🅑成辦上師所說，🅑應當柔和啟白
不能🅑成辦之情理。」應善辭謝而不隨轉。

講記

剛才講的是「通常」，現在「第二、特殊者」，在上師所說的一切
中，若是惡說，則不能聽從上師的言教，這是特殊狀況。「設若須隨師
教行者，若所依師引入非理」，在依師的時候，師長引導趣入非理的
道。「及令作違三律儀事」，如果上師要我們做違背三種律儀的話，要
怎麼辦呢？「《毘奈耶經》於此說云」，這是有依據的，宗喀巴大師說
其依據。「親教師若說非法，應當遮止」，若說的是非法、與法不相順

的，就應遮止。接著「《寶雲》亦云：於其善法隨順而行，於不善法應不順行」，上師所說與善法相順的，就應該去做；如果上師說的是不善法，就不能隨順，不能聽上師的話。「故於所教，應不依行」，不能聽從。「不行非理者」，針對不行非法，在「《本生論‧第十二品》亦有明證」，接下來語王尊者會略述這個故事，這就是「特殊」。箋註有說到：「此謂導師生為婆羅門子」，小孩子。「其阿闍黎為試諸生而告之曰」，阿闍黎為了試探弟子，說出不正確的道理，要試探弟子們反應如何。

口　　譯：「娘塞」（ཉམས་སད）是什麼意思？

仁波切：試探，測試他們具不具慧。

阿闍黎怎麼做呢？他說：「梵志窮時竊是法」，婆羅門衰微的時候——一般有興盛和衰微二種時候，當衰微時偷盜是很好的——此時說偷盜為正法。

口　　譯：「窮時」是什麼意思？

仁波切：興盛的反面，衰微、非常低下、受用衰損，沒有受用就叫受用衰微。

　　他說所有婆羅門窮的時候可以去偷東西，去偷東西是正法。跟弟子們說：「你們去偷吧！」其他所有弟子們都說：「這是阿闍黎說的！」都承許了，就說：「那麼我們一起去偷東西吧！」這時婆羅門子，導師投生的菩薩卻不同意，便說道：「設為天主捨羞慚」，「天主」，自在天，是指上師的意思。

　　口　　譯：自在天是指上師？

　　仁波切：自在天可以是婆羅門的上師啊！要是我們的話就是釋迦能
　　　　　　　仁。

　　「設為天主捨羞慚」，自己沒有羞恥心的話，「令心背棄正法行」，去做了偷竊等與正法相違的行為。「毋寧爛衫持瓦器」，我寧願拿著瓦片當容器，穿著破爛的衣服，「屈就仇家乞杯羹」，不用說去親友的家，縱使拿著瓦片去自己的仇人家乞食還比較好。「云云。婆羅門阿闍黎聞而大悅，典故即此」，這便是阿闍黎的試探，如果說了跟正法相違的話是不該聽的。

　　口　　譯：「設為天主」是什麼意思？

　　仁波切：「設為天主」，比如為了上師、為了自在天──自在天是
　　　　　　　他們婆羅門所供養的境。「捨羞慚」，與其沒有羞恥心，

而去做非法的事。還不如老實地拿著瓦片當作容器，不找自己的親友，而去向敵人家乞討，這樣做比偷竊還好。

「然亦」，假設就算上師如上所說，把你引至非理的道，或說了和三種律儀相違背的事情時，「啟白不能理」，要說：「不行這樣。」要善為表達。「不應以此諸理」，絕對不能因為上師講了這些，就對上師心生邪見，「遂於知識師所，不敬輕訾而毀謗等」。

「《尊重五十頌》云」，又引《事師五十頌》為依據。「若以理不能，啟白不能理」，前面有說了。「若以理謂由如法方便不能成辦上師所說」，如果無法用如理的方式成辦的話，「應當柔和啟白不能成辦之情理」，可以說：「這裡不可以」、「這樣做不順正法」、「這樣做不行」，而慢慢地向上師表達。「應善辭謝而不隨轉」，「辭謝」即是啟白、表達，要好好地說、慢慢地表達，而不去做。第三科依教奉行中，「通常」與「特殊」講完了。財物供養、身語承事、依教奉行這三者都講完了。

第四、依止知識之所求者：如是親近知識之時，亦如《莊嚴經論》云：「是為受用上師之法分，令自具足功德故，而親近彼善知識；非為受用財命令分，以具財故而親近知識。」是須受行正法之分。博朵瓦云：「差阿難陀為

大師侍者時，謂若不持大師不著之衣，不❹取食大師之餘食，許不❹定時❹隨意至大師前，則當侍奉承事大師。如此慎重，其意是在教誨未來補特伽羅。我等於法全不計較，雖少許茶，悉計高低，謂師心中愛不愛念，此是心內腐爛之相。」❺第五、親近幾時者：如博朵瓦云❹師為噶當教典派宗師，故有弟子無數，有來告假者，即告之曰：「有一❹弟子來❹此者，是加我擔，若去❹別處一二，是擔減少，然❹汝住餘處，亦不能成，是須於一遠近適中經久修習。」

講記

「第四、依止知識之所求者」，要說明什麼是依止知識的目的。「如是親近知識之時」，在親近善知識的時候。「亦如《莊嚴經論》云：是為受用上師之法分，令自具足功德故」，「法分」，師長分給你的法，如果自己去受用，自己即得到那一分。

口　譯：「法分」是什麼？

仁波切：「法分」就是指說法。說法就分給了自己一分法，自己要去修持，而得到自己的那一分。

口　譯：是上師將法分到我們相續中嗎？

仁波切：對，就像這樣。所謂法布施，布施給你，就獲得分給你的
　　　　那一分。

　　如果自己能夠受用法分的話，自己將具足功德。「具足功德故」，
為此「而親近彼善知識；非為受用財命令分，以具財故而親近知識」，
「財命令分」，應該作「財分」。親近知識不是想：「上師會不會給我
受用啊？」依止上師是為了獲得正法之分。除此之外，想：「上師會不
會給我這樣、那樣的受用，這樣、那樣的食物。」這樣不是依師，不是
為了受用財物之分，弟子這方面是要不重視財物的。「是須受行正法之
分」，弟子在法和財二者之中，是為了得到法才去依止上師的，不是考
慮上師是否會給我其他受用。這即是依師的目的，只是為了獲得法分，
而不是為了得到財分。

口　譯：「苟給」（བགོ་སྐལ）的「苟」（བགོ）是什麼意思？

仁波切：是分配的意思，分配之後自己會得到那一分。

口　譯：是正法之分，還是「支分」的意思？

仁波切：不對！「法分」是指分給自己的那一分。要想能否得到法
　　　　分，而不是去想能否得到財分，弟子方面必須要不重視財
　　　　物，要重視法。

　　下面講了一樁公案。「**博朵瓦云：差阿難陀為大師侍者時，謂若不持大師不著之衣**」，要差派阿難尊者[1]當佛陀的侍者，他提了一些條件。阿難尊者是大悲世尊的堂弟，差派他為侍者時，他要求一些條件，這樣才願意當佛陀的侍者，不然就不當。他提出什麼條件呢？「大師不著之衣」，有佛陀不穿的衣服嘛！佛陀穿過的舊衣服，或不穿的衣服不能給他；「不持」，不能要他拿去用。「**不取食大師之餘食**」，「大師之餘食」，指剩餘的食物；「不取食」，不能給他。然後「**許不定時隨意至大師前**」，不論何時，只要他想到大師尊前都可以去。這就是三個條件。

口　譯：第三個是什麼？

仁波切：第三個是時間沒有一定，早上也好、晚上也好都可以，指不定期。「隨意」，何時想去佛陀那邊都可以。「**則當侍奉承事大師。如此慎重，其意是在教誨未來補特伽羅**」，「慎重」是答應的意思，答應去侍奉承事。

口　譯：「慎重」是什麼意思？

仁波切：答應的意思。不是有三個條件嗎？三個條件都接受的話，就答應作佛陀的侍者。這是為什麼？是為了教誨未來的補特伽羅，為了教誨未來的補特伽羅，這在下面會講。

口　譯：「不時至大師前」是什麼意思？

仁波切：指時間不定，任何時間都可以去。能這樣的話，他就去侍
　　　　奉大師。

　　這指什麼呢？不貪著大師的衣、大師的受用及財物，主要是這點，
這就是依止的目的。而在此引證是為了什麼？教誨未來的補特伽羅、未
來的弟子。有些弟子會想：「上師應該會賜給我東西吧！」「會賜給我
食物吧！」也有這樣去依止上師的，這裡說的就是這點。以現在這個時
代為例，這種情況也很多，上師既要施予法，也要照顧弟子生活，下面
有講例子。就是上師要養弟子，必須給食物等，有這樣的，有人依止是
這樣想的。「**我等於法全不計較**」，有傳法也好、不傳也好。「**雖少許
茶**」，如果上師給自己一碗好喝的茶，對這杯茶「**悉計高低，謂師心中
愛不愛念，此是心內腐爛之相**」，「喔！上師給了我好喝的茶，對我非
常地重視，上師有把我放在心上！」如果這樣計較的話，是內心深處腐
爛的徵兆。為什麼要依止上師？法，為了求法、為了得到法、為了獲得
法分。除此，並非為了怎樣的財物，或是有沒有得到一碗茶的差別，而
去依止上師的。

口　譯：這裡「不時」是指任何時候都可以去嗎？

仁波切：要讓他可以去，這是他的條件。早上能去，下午不能去，
　　　　這樣的話就不當大師的侍者，任何時候都能去。

口　譯：「茲巴松瓦」（ གཅིགས་པ་བཟུང་བ ）翻為「慎重」可以嗎？

仁波切：慎重、慎重，喔！這可以。有說是承許的意思，這是相同
　　　　的，作為慎重也是可以的。

口　　譯：什麼是「於法全不計較」呢？

仁波切：一點也不在意法，看輕法，傳法也行、不傳法也行。

口　　譯：「心中愛不愛念」是什麼意思？

仁波切：上師有沒有把他放在心上、喜不喜歡他，跟愛不愛護的意
　　　　思一樣。

　　「第五、親近幾時者」，親近善士要配合時間進行依止，不配合時
間的話，也會變成不如理依止的。「如博朵瓦云」，這也是博朵瓦講
的。「師為噶當教典派宗師，故有弟子無數」，博朵瓦是噶當教典派的
開派者。

口　　譯：什麼是開派者？

仁波切：噶當派有教典派、教授派、道次第三派，這裡面噶當教典
　　　　派的創派者、創始人就是博朵瓦。噶當教典派是什麼？是
　　　　將道次第在噶當六典之上作講說，因此是噶當教典派。

口　　譯：噶當的三個派別是哪三個？

仁波切：噶當教典派、教授派、道次第派。博朵瓦大師是在這之中
　　　　的教典派，他有很多弟子，要講說很多修心教典，要講噶
　　　　當六典。《本生論》和《集法句》兩個要結合一起講解，
　　　　《入行論》和《集學論》兩個要結合在一起講說。

口　　譯：什麼和《集學論》？

仁波切：不知道噶當六典嗎？把《入行論》和《集學論》結合講
　　　　說，把《本生論》和《集法句》二者結合在一起講，把
　　　　《菩薩地》和《經莊嚴論》二者結合一起講，這是噶當六
　　　　教典。講授道次第時，是在這之上講解的。

　　因為博朵瓦是噶當教典派，要講授很多教典，弟子也很多。「**有弟
子無數，有來告假者，即告之曰：有一弟子來此者，是加我擔，若去別
處一二，是擔減少，然汝住餘處，亦不能成，是須於一遠近適中經久修
習**」，所謂「**親近幾時**」就是這個。

口　　譯：「告假」是什麼意思？

仁波切：指請假。「有一弟子來此者，是加我擔」，有一位弟子
　　　　來的話，他就增加一個負擔；「若去別處一二，是擔減
　　　　少」，少掉一兩個擔子。「然汝住餘處，亦不能成」，但
　　　　弟子另外分開住在附近的地方是不行的，不能另外住其他

地方。「遠近適中」，不住在很遠很遠的地方，也不住在很近很近的地方。「經久修習」，修法必須要長時間地修。

口　譯：在噶當派裡面分教典派、教授派和道次第派，那這邊是指哪一部教典？

仁波切：因為講授噶當六典，所以稱為「噶當教典派」。所謂教典派就是這原因，講授噶當六論！

口　譯：講述這些論典？

仁波切：兩本、兩本配合講說的，比如以《集學論》作例子，是配合《入行論》。《入行論》是怎樣的呢？由理路之門抉擇菩提心的是《入行論》，以經教之門抉擇菩提心是《集學論》，所以這二者要配合，結合方式就是這樣。

口　譯：《本生論》和什麼？

仁波切：《集法句》。

口　譯：《經莊嚴論》是經還是論？

仁波切：不論哪一本都是論，全是論，六本教典都是論。

口　譯：《集法句》不是經嗎？

仁波切：《本生論》也是論，《集法句》也算在論的範圍裡，是阿

羅漢集結的嘛！集結所有佛陀教言的人是阿羅漢。這個是算在論，而不算在經的範圍裡。像《無常集》的確是佛宣說的，但集結者還是阿羅漢，是在論的部分才有，這在《甘珠爾》中沒有。且這部《集法句》，不清楚佛陀原來是不是以偈頌來宣說，是阿羅漢將這些內涵歸納起來作成偈頌體了。

口　　譯：「住餘處」是什麼意思？不跟上師一起住？

仁波切：對、對，住在其他地方，分開住。

口　　譯：博朵瓦大師說這句話是在忙碌的時候嗎？

仁波切：不能說在忙碌的時候。「親近幾時」是上面分的科判。「幾時」，要依止多長的時間？像這裡講的是──「遠近適中，經久修習」，要長時間依止上師，所講的應該是這個。要在長時之中，這樣解就對了。

一般求法的時候，上師忙碌的時候不能去請法吧！忙碌之時，上師內心感到不適合，卻又不能不傳法的話，加持和緣起的扼要處會錯亂；上師內心歡喜時傳法，加持是比較容易得到的，過去這種故事很多。「遠近適中」，指待在不遠不近的地方。「經久修習」，凡是修行都不是現在修幾天那麼簡單能成的，要經歷長久的時間去修。這就是所謂的「親近幾時」，要經歷長久地依止、長久修行此法。

上面的科判「親近幾時」要這樣解說才行，不然錯解「親近幾時」是不行的！要修行正法，雖然修了，也不是幾天可以修成的，要長久地修；同樣地，依止上師也是這樣，要長時、久時地去依止、修習。「親近幾時」，就是指要長時間地，所謂「經久」就是要長時間地修習。

口　　譯：「親近幾時」是說要長時親近嗎？

仁波切：長時依止上師，是的！修行要經久修習嘛！

口　　譯：「有一來者是加我擔，若去一二是擔減少」，這比喻是如何結合的？

仁波切：上文是將全文引錄下來而已。上文所說的，博朵瓦大師應該不是因為心裡繁忙而這樣說，這剛才引過，不能這樣子連起來。「親近幾時」中說到博朵瓦的弟子，主要是指必須要長時修習。雖然上文是有這麼講，但在這裡面重要的關鍵是什麼呢？依止上師時不要待得太近，也不要待得太遠，這也是一個教授！就像你剛才說的那樣，在離上師太近的地方，就不會對上師有恭敬心；在太遠的地方，則會有忘記上師的過患。所以待在一個遠近合宜的地方，並且要長時間地修習，主要就是說要在長久的時間中依止上師，經久修習。能聽懂第五科嗎？

法　　師：「遠近適中」是指住處嗎？

仁波切：對，住處的遠近。

法　　師：住得比較近的話不是比較容易修嗎？

仁波切：是容易，但是也容易出現很多過失啊！

法　　師：喔，那就要看弟子的根器夠不夠。

仁波切：對、對，主要是看這弟子的根器。

法　　師：是否如果剛開始不具器，先保持一段距離，慢慢再靠近？

仁波切：對、對，一般都是這樣。太近了容易出現不恭敬的現象，
　　　　　太遠了容易忘掉，適當的可以。

　　那麼「加行親近軌理」就說完了，下面是「親近勝利」。如果去注意的話，這內容是非常細緻的。《廣論》講得真的是非常細、很細緻的，小地方也講得很清楚，一一去學習它每一個教典根據，真的是太稀有了！那麼細緻！這裡主要是親近善知識的加行親近，不論是加行親近也好、意樂親近也好，都這麼詳細！皈依啊，每句話都有引證、都有根據，不是隨便講的。

 註釋

1　**阿難尊者**　釋尊的侍者，為甘露飯王之子。隨侍釋尊20餘年，廣聞佛陀宣說八萬四千法蘊。於佛滅度之後，結集經藏，為七代付法藏師之一。

依 止 勝 利

第四、親近勝利，⑨分三：第一、近於佛位等勝利者：近諸佛位；諸佛歡喜⑩如世間中至為孝敬父母之子，其境內自國王以下，悉皆欣悅；⑪其等流果，謂任生何處，終不缺離大善知識；⑫不造後世決定受之惡業，死後不墮惡趣；⑬此生定受之現法受、順生受之惡業及⑭瞋等強猛煩惱⑮亦悉不能勝。⑯所謂「除業異熟」者，義為如由前世之業，引生母胎，果已成就，不能遮退；隨行所受學處故，終不違越菩薩所行；於菩薩行具正念⑰不衰故，功德資糧漸漸增長；悉能成辦現前究竟一切利義。承事師長⑱善知識故，意樂加行悉獲善業，作自他利資糧圓滿。

講記

在親近善知識軌理這章裡，一般前面分科判時，「令發定解故稍開宣說」是廣說，「總略宣說」則在後面會提，現在是廣說的部分。之前講到依師軌理的科判分六科：「所依善知識之相」、「能依學者之相」、「彼應如何依師之理」，第三科結束了。「彼應如何依師之理」分：「意樂親近軌理」、「加行親近軌理」二者，這也結束了。那後面要講「第四、依止勝利」，這是第四；然後「第五、未依過患」；「第六、攝彼等義」。廣說親近善知識軌理就分成六個主要科判。如果對科判能不錯亂的話，會有很大的幫助。

　　那現在是講「第四、親近勝利」。對於勝利，妙音笑大師又分出三科：「第一、近於佛位等勝利」，接近佛陀的果位。說明如果能如理依止一位闡釋無謬正道的善知識，就離獲得佛陀的果位很近了。

　　《廣論》正文中說：「近諸佛位」。如理依止善知識的緣故，「諸佛歡喜」，這裡有語王尊者的箋註。「如世間中至為孝敬父母之子，其境內自國王以下，悉皆欣悅」，語王尊者舉了一個喻。「世間中至為孝敬父母之子」，如理地、非常聽從父母的話。「其境內自國王以下，悉皆欣悅」，會說：「喔！這孩子非常好，聽從父母的話，會照父母親的吩咐去做。」同樣地，如理依止善知識的話，諸佛也會心意歡喜。這是語王尊者的譬喻。

　　「終不缺離大善知識」，在箋註中為「等流果」，如理依止善知識的等流果是什麼呢？「謂任生何處」，不論投生何處、不論哪一生，都不缺離大善知識，值遇具相的善知識。因為值遇具相的善知識，所以說「終不缺離大善知識」，這是等流果。

　　下一個是「不墮惡趣」，前面是等流果，那「不墮惡趣」這點，比如說不依止善知識的話，就會造集後世決定受的惡業，這樣就會墮落惡趣。反之，因為如理依止善知識的緣故，「不造後世決定受之惡業」，因為不造集，所以死了也不會墮落惡趣。

　　口　譯：一樣是等流果嗎？

仁波切：這不是等流果，不是。不造決定受的惡業而不墮惡趣。

「惡業煩惱悉不能勝」，煩惱不能勝。因為依止善知識的緣故，無法造惡業，所以非常惡劣、惡毒的強猛煩惱也很難勝過自己，不會被強猛的煩惱所控制，就像這樣。這裡箋註說到，比如不去造「**此生定受之現法受**」，不僅不造此生定受之現法受惡業，也不造「**順生受之惡業**」，如果造了業，現法受是此生成熟；除此之外，順生受業在下一生成熟；另外順後受業是在很多生之後成熟，有這三種業。在這裡面，此生現法受以及順生受的惡業都不去造集；不僅如此，「**瞋等強猛煩惱亦悉不能勝**」，強猛煩惱也不能勝。

口　譯：什麼是「煩惱悉不能勝」？

仁波切：無論起多強猛的煩惱也不能戰勝自己。不知這是結合自心，還是他人？應該是結合自心相續的。「強猛煩惱」，像粗猛的瞋心、粗猛的貪欲等等都無法危害自己，就是指自己不會隨它所自在，應該是這樣子的。

「所謂『除業異熟』者」，這在經中有提到，說要能遮退業異熟是很困難的，「除業異熟」所要說的就是這個。所謂業異熟是無法遮止的，沒有遮止的方法。一般來說，所謂「業異熟」是什麼？「**義為如由前世之業**」，由前世所造的業「**引生母胎**」，意思是已經投生，心識已

在胎中結生相續。像這樣子,「果已成就,不能遮退」,就無法遮除,所謂「除業異熟」的意思是這個。上面說的是什麼?依止善知識就不會去造集這種業的意思。

口　譯:「除業異熟」這句的出處在哪裡?

仁波切:這些句子是經中說的,不是這裡說的。「除業異熟」,一般在講述眾多勝利時,都說業異熟難以遮除,不是指用有力對治不能遮除惡業,這裡只是說由前生的業所引生,已經成熟的無法遮除而已。不過一開始還是有說遮除的方法,像上面說到依止善知識的話,就不會去造惡業了。

接下來,正文說:「終不違越菩薩所行;於菩薩行具正念故,功德資糧漸漸增長;悉能成辦現前究竟一切利義」,「隨行所受」菩薩「學處」,由於能守護好學處,所以不違越菩提心的行持,不違越菩薩的學處。對於守護此學處的正念「不衰」,守護菩提心的學處,要守護這顆心,要守護心,正念不能衰退。由於具足正念不衰退,所以功德資糧漸漸增長,現前究竟一切的利益悉皆成辦;因為依止善知識的緣故,現前獲得增上生人天的果位,究竟成辦解脫和一切遍智的一切利益。

真　師:師父,可以提一個問題嗎?為什麼如法依師就能好好持戒啊?師父,那裡邊的關鍵是什麼呢?是不是在依止法裡

面，也是對正念正知的訓練。為什麼它跟戒是直接對應的？

仁波切：那是依止善知識的勝利，依止善知識的勝利。要如理依止善知識的話，就要聽善知識的話；如果聽善知識的言教，那就會守護菩薩學處。

真　師：師父，我還有一個問題想問。

仁波切：你問啊！

真　師：就是「除了異熟果以外」，它那個異熟果是一入胎之後根本就無法改變，還是說也有可能改變，只是比較困難？

仁波切：是「已經成就，不能遮退」的意思，如果業異熟的果已經成熟的話，就沒有遮退的方法，所以才說「果已成就，不能遮退」，沒有遮退的辦法。這邊是說「所謂『除業異熟』者，義為如由前世之業，引生母胎，果已成就」的話，已經成熟的就「不能遮退」。前面是說依止善知識的話，就不會造下將來會引惡果的業，惡果無法現前；而這裡講的是果已經現前了，已經出生就沒有遮退的方法，果已出生了嘛！果已出生的時候怎麼能夠遮止？

真　師：嗯、嗯！

仁波切：果已經出現的時候，縱使想去遮止，也根本沒有辦法嘛！

口　譯：一個結果已經成熟，不可能讓它不發生。這裡說的是在果
　　　　未生前，可透由依止善知識，在因上做很多修正和改變。

仁波切：對！因的時候是能遮退的。

口　譯：未來原本要受的苦，因為你前面的因有改變，未來可以不
　　　　受這個果。未感果之前可以改變，但果產生之後就比較困
　　　　難。

仁波切：就像將死的人死掉了，他的果已經出生的話，哪有遮止的
　　　　方法？沒有嘛，已經死了！去遮退也是沒有意義的。

真　師：師父，上一個問題就是，您說他之所以能夠不違菩薩學
　　　　處，就是因為上師告訴他好好守戒，他就好好守戒。那從
　　　　這點來觀察的話，似乎是說守戒的清淨與否，也源於善知
　　　　識的加持力，因為否則自己去守戒是……。

仁波切：也有加持力，也有加持力。但是呢，在於你能不能依教奉
　　　　行，這很重要。之前有講到，依上師言教行持，歸結於
　　　　此，歸結於此。

真　師：以前有一些事情自己做起來是很困難的，可是師父一告訴
　　　　自己這件事要做，自己做了，然後突然就變得很容易，好
　　　　像很容易，這是為什麼？

仁波切：就這個，就這個！聽上師的話，聽從上師所說的話，接受

了上師的言教。如果能接受上師言教，就不會很辛苦；朝向著他，就不辛苦。如果能對此精進，就不會很辛苦，問題只在於不精進。寂天大佛子說：「然我乏精進」[1]，只是自己不去精進而已，並不是心中生不起來，關鍵在精進！自己願意走向那，就不辛苦。自己想：「啊，怎麼這麼難！」因而害怕，那就會辛苦。其實不難，只是自己不精進努力而已。如果你能阻止、能對付，也不是那麼可怕的；我們也能對付煩惱，是因為我們自己沒有這個堅持，沒有這樣的決心。能這樣接受的話，上師的加持就會出來，因為如此，所以做起來就變簡單了。能在相續中生起什麼樣的道，以及用什麼方法能遮除什麼樣的煩惱，說的這些法如果不可能辦得到，根本辦不到、不可能的話，佛陀是不會說的。任何佛陀的言教，都是有成辦的方法才會宣說的！如果這些都不可能，如果沒有遮除煩惱的辦法，就不會有經典描述這樣的煩惱；生起功德的方法也是如此，如果沒有生起功德的方法，佛陀就不會這麼說了。主要還是歸結於自己有沒有精進，自己如果精進，煩惱是可以斷除的，道是可以在相續中生起的，具足精進的話一定會生起！

「承事師長善知識故，意樂加行悉獲善業，作自他利資糧圓滿」，如理依止善知識，因為以不顛倒的意樂、加行這種依止方式來承事善知

識，所以任修何道都會有很好的成就；獲得這樣的善業，就會行持自他的利益。因為有菩提心的緣故，成辦自他一切的利益，自己的二種資糧也會很快圓滿。

口　譯：什麼是「作自他利」？

仁波切：「作自他利」，能夠成辦自他的廣大利益，因此能圓滿一切資糧。

　　　　上述的一切功德是在《華嚴經》說的，下面會引《華嚴經》。

真　師：師父這邊還有一個問題。就是「近諸佛位」好像沒講，還是不需要講？第一個是「近諸佛位」。

仁波切：沒有說嗎？「近諸佛位」在最開頭，是一開始的。

口　譯：剛才的問題是請仁波切能對此字句做特別的解釋。

仁波切：「近諸佛位」是第一個，而在《華嚴經》中是放在後面。「近諸佛位；諸佛歡喜」，就是這個。那麼「近諸佛位」正是這裡所說的，因為資糧圓滿的緣故，能夠成辦自他一切利益，所以就和佛果很近，近就是指這個。依止善知識後能成辦自他的一切利益嘛！能不顛倒地以意樂、加行之

門如法依止善知識，由此獲得的善業能作自他利，並且讓資糧圓滿，所以近諸佛位。《華嚴經》是將近諸佛位放在後面，也不是最後面，是在後面才說明；宗喀巴大師把「近諸佛位」放在前面講，應該是有用意的。「近諸佛位」，一般而言，這裡面所有勝利都是這「近諸佛位」的條件，而最後「獲得佛果位」是我們最主要的目標。由於「近諸佛位」、「獲得佛果」是修行佛法的究竟果位，因此宗喀巴大師把這內涵在前面指出，或許在最前面講的原因是這樣吧！是為了令心歡喜踴躍，生起雀躍之心。這種情形有很多，在《現觀莊嚴論》中先說〈一切相智品〉也是這樣，為了對果位出生好樂心。應該有這樣的緣起扼要吧！

如是亦如《華嚴經》云：「善男子，若諸菩薩，為善知識正所攝受，不墮惡趣；若諸菩薩，為善知識所思念🅑悲念者，則不違越菩薩學處；若諸菩薩，為善知識所守護者，勝出世間；若諸菩薩，承事供養善知識者，於一切行不忘而行；若諸菩薩，為善知識所攝持者，諸業煩惱難以取勝。」又云：「善男子，若諸菩薩，隨善知識所有教誡，諸佛世尊心正歡喜；若諸菩薩，於善知識所有言教安住無違，近一切智；於善知識言教無疑，則能近於諸善知識；作意不捨善知識者，一切利義，

悉能成辦。」前文即取此等文義而作宣說。諸先輩云：「如
理依止善知識故，現生得善知識悲心攝受，復傳所需之法；由
此善果，現生後世終不缺離善知識。此復若能聚合知識悲念攝
受及自之信心，則能速趣加持；若無信心，縱然悲念攝受，加
持不生；雖有信心，然若不為悲念攝受，則加持小，然仍有
之。」

講記

　　下面講到《華嚴經》。宗喀巴大師前面是引用《華嚴經》的經文來
作解釋，主要就是依下面這段《華嚴經》宣說這一切勝利。下面會引經
文，往下唸就是。這在前面已經解釋過了。「如是亦如《華嚴經》云：
善男子，若諸菩薩，為善知識正所攝受，不墮惡趣」，「如是亦如《華
嚴經》云」，內涵大致跟剛才講的是一樣的。「善男子，若諸菩薩，為
善知識正所攝受，不墮惡趣」，首先說了這個，為善知識正所攝受的菩
薩們，不會墮落惡趣。「若諸菩薩，為善知識」，這裡有箋註：「所思
念悲念者，則不違越菩薩學處」，不違越菩薩學處是第二個。「若諸菩
薩，為善知識所守護者，勝出世間」，勝出世間，超勝世間。「若諸菩
薩，承事供養善知識者，於一切行不忘而行」，不忘一切菩薩行，並且
行持菩薩行。「若諸菩薩，為善知識所攝持者，諸業煩惱難以取勝」，
剛才說的悉不能勝就是這個。「又云：善男子，若諸菩薩，隨善知識所
有教誡，諸佛世尊心正歡喜」，近諸佛位和諸佛歡喜就是指這一段，先

講了令心歡喜。「**若諸菩薩，於善知識所有言教安住無違**」，沒有顛倒依止善知識、不違背善知識言教而依教奉行，這樣的菩薩「**近一切智**」，就是這個！這近一切智放在後面。然後又「**於善知識言教無疑，則能近於諸善知識**」，「**近於**」，是指如果對善知識的話沒有懷疑，不懷疑善知識的言教，信受善知識的言教，就會生生世世不缺離善知識，任何時候都能靠近諸善知識。「**作意不捨善知識者，一切利義，悉能成辦**」，如果對善知識以意樂、加行二門無倒地依止的話，所謂「**不捨**」就是指如理依止善知識。如果這樣，「**一切利義，悉能成辦**」，自他的一切利義悉能成辦。「**前文即取此等文義而作宣說**」，箋註中說：宗喀巴大師在前面，就已經採用這些《華嚴經》的經文而宣說過了，前面已經講過。

真　　師：到這是第九個？

口　　譯：這也要算為「依止勝利」之一嗎？

仁波切：算的、算的。前面有「作自他利資糧圓滿」，就是指這個。

仁波切：這有個箋註，是語王尊者還是巴梭法王的箋呢？

口　　譯：上面標為語註。

仁波切：喔，是語王尊者。

語王尊者的箋註將這全部的內涵，總攝地再一次闡述。「如理依止善知識故」，如理依止善知識的話，「現生得善知識悲心攝受，復傳所需之法」，這一生由善知識的悲心，「傳所需之法」，今生自己需要、希求的那些正法，無論求什麼善知識都會傳授。「由此善果，現生後世終不缺離善知識」，由於修持這個法，其果報會使今生不會缺離善知識，來世也不缺離善知識。「此復若能聚合知識悲念攝受及自之信心，則能速趣加持」，這二者聚合的話，加持！一切佛菩薩的加持能迅速進入心中。這二者聚合的話，加持很快會進來，之前講很多了。

「若無信心，縱然悲念攝受，加持不生；雖有信心，然若不為悲念攝受，則加持小，然仍有之」，後面這段我在想是否有相違的過失，可以不作講解。有信心但不為悲念攝受的狀況，是不存在的；有信心卻沒被悲念攝受是不合理的。那說：「則加持小，然仍有之」就不合理。應該說：雖然沒有被悲心攝受，仍然會有加持，要這樣理解。這應該是有些許錯字。

口　譯：「則加持小，然仍有之」，是說一般雖有加持，但加持很小是嗎？

仁波切：這裡有疑點。如果有信心的話，上師是具相的不會不具足悲心吧？這應該有問題。與你沒有法緣的其他上師，比如你對他有信心，但上師並不認識你，是有這樣的，依止一位和你沒有法緣的其他上師。若是這樣，雖然不會得到一

樣的加持，不會得到像自己上師那般的加持，但仍是有加持的，或許是這意思吧！不過就算是如此，在此處講這個也是不順時機的，沒意義。這時候是上面所說依止善知識的勝利，是說如理依止善知識的師生會是怎樣的，所以是不順時機的。有這樣一個疑點。

《不可思議秘密經》中亦云：「若善男子，或善女人，應極恭敬⊕如理依止、親近⊕跟前、以財物及身語承事尊重。若如是⊕行者，⊕由從上師聞善法故，⊕初時成⊕就善意樂，及由⊕依彼故，成⊕就聞思修及取捨善惡之善加行。由是⊕善意樂加行因緣，⊕恆時造作善業，⊕三門轉趣善行，⊕由此行儀，亦能令⊕諸善友⊕心意愛樂歡喜。由是⊕依止善知識，自不作惡業，作純善故，能令自⊕意不憂惱；不行輕蔑及損害故，令他⊕意亦不起憂惱。⊕如是由⊕自不染罪惡，亦復不作他人惡緣，故能隨順護自他⊕二者，如是守護故，能⊕遍圓滿⊕自之無上菩提之道。⊕如是行故，⊕亦能利益⊕其餘趣向惡道諸有情類。⊕由是⊕因故，菩薩應依尊重，圓滿一切功德資糧。」

講記

「《不可思議秘密經》中亦云」，又引了《不可思議秘密經》。這裡不只引了《華嚴經》，下面還引了《不可思議秘密經》，這裡也說到很多。「若善男子，或善女人，應極恭敬依止、親近承事尊重」，箋註說：「如理依止」上師。「親近」是指在上師「跟前」，和上師距離近的地方、近處。「以財物及身語承事尊重」，這是加行依止。「若如是行者，由從上師聞善法故」，依靠聞法，首先自己的心能轉成善法、出生善法。「初時成就善意樂」，能懷著善品的意樂。意樂能趣向善品的話，「由依彼故，成就聞思修」，能對於善法進行聞思修等。由於進行聞思修三者，「取捨善惡」，會辨識什麼是善、什麼是惡。能夠辨識之後，才能精進於斷除罪惡的方法，及趣行善法的加行，「成善加行」。依此加行，能使善法極為增長，說有這樣的勝利。

口　　譯：「親近跟前」是什麼意思？

仁波切：在距離近的地方。

口　　譯：「成善加行」，是指依著對善惡取捨的加行出生善法嗎？是「由加行而成善」嗎？

仁波切：對、對，行持取捨就是加行嘛！自己由分辨善惡而去造業，就造了善業，出生善法就能順利！

真　　師：反過來說，成善也就是成善的加行，前面有意樂，再加上

加行，也就是「成善加行」。所以現在它就是把那個善放在加行裡面，是沒有過失的——是善之意樂和加行。

仁波切：「由依彼故」，就能進行聞思修三者。加行是什麼？即是聞思修三者。去辨識善惡以後，在這之上取捨，就成就、出生了這樣的善行。是能出生善行，不是能做善行。

口　譯：此處說的「善」是說加行嗎？

仁波切：是，是說加行呀！作聞思修三者及對善惡作取捨是加行。

口　譯：取捨善惡的加行，是含攝在文中的「善」字中嗎？

仁波切：對，可以在「善」裡面。取捨善惡如果不是善，不然是什麼？加行是什麼呢？是進行聞思修。依止善知識進行聞思修，靠聞思修辨識了善惡，就能對此作取捨，故說成就這樣的善行。

真　師：師父，可以說嗎？

仁波切：好，你說。

真　師：我現在有兩個問題。一個是：剛才講《華嚴經》裡面引的：「若諸菩薩，為善知識所思念者」，是不是「不違菩薩學處」啊？我在想，總體是為善知識所攝護，但是什麼叫為善知識所思念？

仁波切：思念，箋註說是「悲念」，為悲心所憶念、恩德所攝護的
　　　　菩薩。「思念」就是為悲心所憶念，為恩德所守護、為恩
　　　　德所攝受的菩薩，是同樣意思。這裡「圖屆」（ ཕུགས་རྗེ ，
　　　　一般為悲，此處也有恩德之義）是指恩德，「圖屆切」
　　　　（ ཕུགས་རྗེ་ཅེ ，感恩）嘛！恩德所守護的菩薩。「思念」是
　　　　什麼？憶念，它這還有個「悲念」，跟「思念」所指的是
　　　　一樣的。思念、悲念及恩德所守護的菩薩，是一樣的。

口　　譯：被他的心念所攝持……。

真　　師：什麼叫「心念所攝持」啊？

仁波切：「請把我記在心上，把我記在心裡！」漢文裡有沒有這種
　　　　說法？

真　　師：喔！有、有！就是善知識也會想念弟子、心裡惦記著？

仁波切：就是啊！心裡記得。我們會這樣說：「心裡不要忘記我、
　　　　心中不要忘了我！」漢文可能很少這麼說吧？這在藏語很
　　　　多。心中不要忘了我，就是你不要忘記我的意思。攝受是
　　　　怎麼樣攝受啊？所謂「為善知識所攝受」，如果不是用悲
　　　　念去攝受，是怎麼攝受？所以說是思念所攝持的菩薩也
　　　　行，說是心念所攝持的菩薩也行，是一樣的，意思就是這
　　　　個。

真　　師：還有一開始說「諸佛歡喜」那一條，語王尊者不是有個比

喻嗎？他說好比一個孝順的孩子對父母孝順，那個國王就很高興，然後就把佛陀比喻成國王。我在想，他這個比喻不是把佛跟孩子的關係比遠了嗎？為什麼不把佛陀本身就比喻成父母呢？孩子對父母孝順，那父母當然很高興了！他為什麼把佛比喻成國王呢？好像佛跟那個孩子的關係很遠的樣子，可是實際上善知識就是佛！

仁波切：「世間中至為孝敬父母之子，其境內自國王以下，悉皆欣悅」，善知識比喻成父母，國王比喻佛陀，箋註有這樣說。這是舉喻的方式，有什麼差別嗎？這只是比喻而已。善知識比喻成父母，讓父母歡喜，其直接所指的內涵是善知識，不能直接指佛陀啊！這部分是這樣。另外，佛菩薩也會歡喜這點，用不只是自己的父母，連國王也歡喜來比喻，就有將比喻結合到內涵了。非常孝敬父母，讓父母高興，這是當然；恭敬善知識，不只是自己的善知識心生歡喜，所有的佛菩薩也都會歡喜。這是很有深義的啊！

口　譯：不僅是父母、自己的善知識歡喜；看不到的國王、佛菩薩也都會歡喜。國王和佛菩薩是我們一般人看不到的，所以孝敬父母、善知識，不僅是看得到的父母、善知識歡喜，平時見不著的國王、佛菩薩，也遠遠地歡喜。

仁波切：嗯，就是這樣比喻，這樣比較好理解！

　　接下來，「**由是善意樂加行因緣，恆時造作善業**」，意樂和加行二者都在善品上的話，就能造善業。「**恆時**」，不論何時，恆常造作善業。「**三門轉趣善行**」，三門的一切行為轉趣善行。「**由此行儀，亦能令諸善友心意愛樂歡喜**」，「**善友**」，令善知識們心中愛樂歡喜，也令自己的善友們心生愛樂歡喜。為什麼呢？由於身語意三門都行持善法的緣故，諸善友心意愛樂歡喜。「**造作善業，轉趣善行，能令善友愛樂歡喜**」。

　　下面：「**由是依止善知識，自不作惡業，作純善故，能令自意不憂惱**」，由於依止善知識，不作惡業，因此會去行善；行善的話，就不會令自心被煩惱所熱惱。「**不行輕蔑及損害故**」，對於他人也不作瞋怒等等，不作對別人發怒的事，「**輕蔑**」是指這個，漢文來說就是討厭別人。不損害他人、不傷害他人，因此「**令他意亦不起憂惱**」，不讓別人生氣等。

　　「**如是由自不染罪惡**」，箋註說，自己不被一切罪惡所沾染。「**亦復不作他人惡緣**」，也不會變成別人的惡緣。自己不好好修行的話，就會變成別人的惡緣，別人會批評、會對你生邪見，由此也會造惡業。再不然，讓別人生氣，也會變成別人的惡緣。如果讓其他人生氣、生起瞋心的話，就成了他人的惡緣了，因為是由於你而使他人生氣。由於不成為他人惡緣的原因，「**故能隨順護自他二者**」，隨順守護。從何救護呢？從惡業中救護，從惡業中救護，不造惡業而造善業，不隨順煩惱的勢力去，用這樣來守護。守護的方式就是這樣啊！

口　　譯：守護，是指被善知識所守護嗎？

仁波切：不是説被善知識守護，而是自他二者都不作惡業、不造
　　　　惡，因為不造惡的緣故，就能守護學處。

「如是守護故，能遍圓滿自之無上菩提之道」，能圓滿無上菩提之
道。圓滿無上菩提之道的話，「如是行故，亦能利益其餘趣向惡道諸有
情類」，透由這樣的修持，對於所有趣向邪道的其他有情，也能令他們
不走上邪道，而能安置在正途上，能做這樣的利益。由於如上的原因，
「由是因故，菩薩應依尊重，圓滿一切功德資糧」，這經文到此結束，
《不可思議秘密經》所説的應該是這樣。

　　⑩第二、勝於供養諸多佛者：復次由其承事知識，⑪自應
於惡趣所受⑫大苦諸業，於現法中⑬成熟，於身心之上⑭不唯猛
利病惱，即或少起病惱；⑮又不唯正受，即或於夢中而領受
者，亦能引彼⑯異熟至此，令⑰惡業速盡無餘。又能映蔽供事
無量諸佛善根，有如是等最大勝利。

講記

「第二」，第二個科判，妙音笑大師所箋註的第二個科判：「勝於供養諸多佛者」，說明承事善知識、供養善知識，比供養諸多佛陀的勝利更大。

口　譯：「第二、勝於盡諸惡業以及供養諸多佛者。」（口譯的版本中多「盡諸惡業」四字。）

仁波切：有寫到「盡諸惡業」是嗎？我這本沒有。是，這裡有盡諸惡業！在內涵上是有的，在下文中有，但這本科判中並沒有寫到。是「盡諸惡業、勝於供養諸多佛者」是嗎？這是對的，這是對的。

口　譯：對第一句「盡諸惡業」應如何解釋？

仁波切：如果依止善知識，自己所造的一切惡業就能盡除，就會滅盡；供養善知識，比供養諸佛的勝利更大。

口　譯：「比滅盡諸惡以及供養諸佛還超勝」，是第二科。

真　師：師父，這科判是說：第一個，「滅盡諸惡」已經是最完美的，還有什麼比這更超勝嗎？那個「比」是通兩個嗎？還是只通後面那個，就是它是「比供養諸佛更超勝」，然後前面就是「滅盡諸惡」？

口　　譯：就是「比滅盡諸惡」。

真　　師：跟哪個比？

口　　譯：比這兩個。

真　　師：喔！比這兩個啊？

口　　譯：你是說，沒有比滅盡諸惡還更超勝，就只有比供養諸佛？

真　　師：這滅盡諸惡還有更超勝的嗎？但是能比供養諸佛……。

口　　譯：（請示仁波切）這文裡有「滅盡諸惡」。

仁波切：「滅盡諸惡」，這是一個；然後，比起供養諸佛，供養善
　　　　知識利益更大，是這意思。

口　　譯：「勝於」是指比這兩個還超勝，還是只比供養諸佛超勝而
　　　　已，沒說比滅盡諸惡還超勝？

仁波切：所謂「勝於」，或說「比盡諸惡業更超勝」，要被「以
　　　　及」這個字收攝。是問是否「以及」能含攝前後兩句嗎？
　　　　滅盡諸惡「以及」供養諸多佛。

口　　譯：主要是問滅盡諸惡。

仁波切：由依止善知識，因此能盡諸惡業，這是一個內涵。這裡
　　　　有兩個內涵，下文中有兩個段落：一個是「盡諸惡業之

理」，這是依止善知識的利益之一；第二個是「供養善知識比供養諸佛的勝利還大」。這科判裡已經包括兩個勝利，兩個。

口　　譯：第一個是「滅除諸惡」。

真　　師：滅除還是滅盡？

口　　譯：滅盡跟滅除不一樣？

真　　師：滅「盡」了！你第一次翻的時候是「滅盡」。

口　　譯：「思ₓ巴」（ᢒᢅᢅᢄ）是什麼意思？

仁波切：惡業向下削減，向下削減就是「盡」，所造的惡業會向下盡除掉。但並沒說要完全盡除，是所造的惡業得以向下盡除。

口　　譯：用滅除？

仁波切：有「苟巴」（ᢓᢍᢅᢅᢍ，滅除）？用「思ₓ巴」即可。這是可以的，下面有說，由少起病惱而能滅盡惡業。

口　　譯：「滅盡」只有諸佛能夠辦到，用「盡」的話會指全部。

仁波切：喔！是的，是指能夠向下盡除惡業，是這樣。但不是指全部，不是說滅盡全部的惡業，只是能盡除惡業。滅盡所有惡業的，只有佛陀的果位。

看本論：「復次由其承事知識」，如果承事、恭敬善知識的話，「自應於惡趣所受大苦諸業，於現法中成熟」，例如以前造下決定投生惡趣、領受大苦的那些業，在還沒感果的階段，這一切會回過來在這一生成熟、出生。「於身心之上不唯猛利病惱，即或少起病惱；又不唯正受，即或於夢中而領受者，亦能引彼異熟至此，令惡業速盡無餘」，能迅速盡除惡業。「又不唯正受」是「正受」還是「不正受」？

口　譯：正受。

仁波切：應是身心上不用承受猛利病惱，僅僅是作夢就能盡除惡業的罪障，令惡業迅速地盡除。懂嗎？如果今生造下了一個墮入惡趣的惡業，會在未死之前，引到這一生成熟——身心上稍起病惱，例如頭痛、牙痛等，諸如此類，或者最下僅僅是在夢中受苦。由這種方式引發，而讓惡業很快地盡除，不需要再投生惡趣。

真　師：師父，這個我不明白，為什麼那個惡業應該是下一世成熟的，它卻提前成熟了，那業果是怎麼算的？

仁波切：凡是所有因果，若遇到具力的對治就可以遮除，因為有了具力的對治。照你的理由，例如造了業在還沒感異熟之前，就沒有遮除的方法。沒有的話，供養、懺悔淨罪就沒有意義了。業果是不會失壞的，造了惡業必須領受痛苦異熟，是不會失壞的。但是如果能用具力的對治去悔除的

話，就會如同現在所說的，用「少起病惱」就能代替，那極重惡業的異熟就不用領受了。雖然已經造業，為什麼不用領受它的異熟？因為碰上了具力的對治——發菩提心、值遇善知識的關係，盡除了惡業。

這非常重要，你現在問的這點非常重要！業果是不欺誑的，那造了業為什麼你不用承受那異熟果呢？不是說不領受異熟，異熟一定要領受，但是由於遇到具力的對治，所以這個業就被盡除了。例如原本要多年待在惡趣，但是僅需墮入惡趣一剎那就可以替代了。這要了解，不了解的話，懺悔、淨罪集資不就變成沒有意義了嗎？我們今天去淨罪集資，就是為了滅除無始以來所造下的業，不用受這種異熟的方法就是要淨罪集資。不知道的話，想：「啊！淨罪集資沒有用，已經造了業那一定會感異熟。」這是不行的！這非常重要，主要是碰上具力的對治就能懺除，縱使是造了無間業，如果有具力對治也能淨化的。

現在這裡用「滅盡」是可以的，為什麼？這裡是說滅盡造了趣往惡趣的業，不是說所有的業。講到「滅盡」，理解為必須佛陀才行，這也是有道理的，但實際上這裡並沒有從全方面來談。

真　師：師父，那原文翻譯成「亦能引彼令盡無餘」，它那個「無餘」是指全部都滅掉嗎？還是只像師父說的，就只是三惡

趣，或者某一部分的惡業呢？它這是「盡無餘」啊，所有
都滅盡。

仁波切：對，滅盡，如果依止法沒有錯誤的話就可以滅盡，可以盡
除的。為什麼呢？前面有提到「近諸佛位」嘛！越來越靠
近佛位。如果要近諸佛位，卻不滅盡所有的業，怎麼靠近
佛位？所以是有可能滅盡的。這文上是有「令盡除」，意
思是「將會盡除」，沒說已經滅盡完；說「已盡除」才是
已經完全盡除了。漢文有「無餘」，一點沒剩、完全，這
應該可以的。

「又能映蔽供事無量諸佛善根，有如是等最大勝利」，之前說過：
「供養上師一毛孔，勝供十方一切佛。」供養上師的勝利，能映蔽、勝
過供養一切佛，有這麼大的勝利！

《地藏經》云：「彼❶善知識攝受者，應經無量俱胝劫
中，流轉惡趣所有諸業，然於現法因疾疫等，或飢饉等，損惱
身心而能消除。下至呵責，或唯夢中亦能清淨。❷呵責者，古
語也。謂為他所輕侮、譏誚。前輩則謂如受脅迫而許諾也。
❸復次此者，責罵別相也。梵字責罵有多種，義須各別。「巴
日依跋咖」者，即責罵，義為「說」也。「尼日跋拿大」者，

亦可解為責罵、第八、殲滅。《詞藻珍珠鬘論》云：「『祖咕巴』為呵，『烏巴旨_{欻咖}』為責罵。」雖於俱胝佛所種諸善根，謂行布施，或行供養，或受學處所起眾善，然彼僅以上半日^巴承事知識善，即能映蔽。承事尊重，成就功德不可思議。」又云：「諸佛無量^巴力等功德神變，應觀一切悉從此^巴如理依止善知識出，是故應^巴即猶如承事諸佛，^巴如是依止、親近、供事^巴於尊重。」

講記

現在又引經為依據。「《地藏經》云：彼攝受者」，為善知識所攝受。「應經無量俱胝劫中，流轉惡趣所有諸業」，前面講解過了，此生縱然造了要在多劫之中流轉惡趣的業，也不需領受那樣的異熟。「然於現法因疾疫等」，此生稍微感染疾疫、傳染病。「或飢饉等」，或領受饑荒的苦。「損惱身心」，由這些飢饉等稍微損害身心，所有的業就得以消除。「而能消除」，這一切都能消除。「下至呵責，或唯夢中亦能清淨」，「下至」，指即使聽到別人辱罵你的話語，也能淨除罪惡；所謂「呵責」，指被別人欺侮、被別人歧視。或被呵責、或者在夢中受苦，這樣也能盡除這份業。

口　譯：是對別人生氣嗎？

仁波切：不是！是別人辱罵你。文中有「呵責」吧？在漢語中是怎
　　　　麼樣？

口　　譯：罵、毀謗、輕視。

仁波切：嗯，這對！欺負。在漢文上「呵責」是什麼意思？

口　　譯：責備、辱罵這一類的。

仁波切：現在這裡就要講呵責的意思。

「呵責者，古語也」，語王尊者的箋註說，在藏文中「給嘎」
（བཙན་བཀག，呵責）是古文。「謂為他所輕侮、譏誚」，說：「這像什
麼、那像什麼！」「你錯了！這裡有錯、那裡有錯！」「你沒能力！」
輕視你。「前輩則謂如受脅迫而許諾也」，「前輩」，指以前的一些註
釋或是西藏前輩的祖師。「受脅迫而許諾」，用權勢強迫你必須答應，
不允許你不做這件事；不得已而答應，也可以叫呵責，這裡講到很多。

「復次此者，責罵別相也」，講到很多說法，有人說是一種責
罵。「梵字責罵有多種，義須各別」，這講了很多梵字，是在解釋責
罵之義。「『巴日依跋咖』者，即責罵，義為『說』也」，講的意思。
「『尼日跋拿大』者，亦可解為責罵、第八、殲滅」，責罵是罵的意
思，在漢語來說就是被人罵，另外還有殲滅的意思。「《詞藻珍珠鬘
論》亦云：『祖咕巴』為呵，『烏巴旨欸咖』為責罵」，就這意思。這
裡說了很多「呵責」的意思，不需要這麼多，用他人輕侮、羞辱於己的

意思就行了。藏文這個詞比較難懂，所以他在這解釋了很多，實際上總體來講，就是被人欺負的意思——你一定要接受、一定要承認，逼到你承認、逼到你答應，是這樣子的。

法　師：師父，這個呵責是指依師過程中，任何人對我的輕視、輕侮都算嗎？

仁波切：任何人，對！的確，消除業障的意思。實際上是要這個。

法　師：不是指善知識對我的呵責消除業障？

仁波切：不是、不是！別人欺負你，別人欺負你，就靠著這樣的小小事情，幫你消除很多業障。本來是你要墮地獄的業，實際上用這樣小小的一件事情，幫你滅除了很大的痛苦，是這個意思。辭典有寫到「給嘎」嗎？喔！有的，它的解釋有點不同，有很多種解法，比如靠著這樣而淨除業障。（《藏漢大辭典》中解釋為「當面呵斥」）

在這上面思考就能了解。我們私下討論到安樂死，這很難吧！你必須領受痛苦，也許能取代更大的痛苦。如果能取代投生三惡趣的痛苦，而你卻把他殺了，這不好！有許多在這輩子受很小很小的苦，即能消除將來大苦的方法，這的確不容易啊！

真　師：師父，受這些苦就可以使惡趣中的那些業消除掉，那是不

是受苦的人，受苦果的那個當下心裡不能生煩惱呢？如果別人一罵的時候，馬上就生瞋恨心了，能消除惡趣的苦嗎？還是會增長惡趣的苦？受苦者的心是不是也很重要？

仁波切：是、是！依靠依止法即可。主要是為什麼呢？因為有具力的對治，而不是說人人都能這麼容易淨化。有具力的對治，因為依止善知識會有圓滿意樂，所以能夠取代。

口　譯：主要的問題是……

仁波切：喔！知道，是說你很安樂的時候被責罵，你的心中痛苦嘛！

口　譯：主要的問題是當被別人罵時，如果又起瞋心造集墮惡趣的業，這也算嗎？

仁波切：是！有苦，苦是當然有的，本來就是如此，並沒說會快樂，也沒說一定得會生起這樣那樣的痛苦，是說這樣能換掉大苦，取代大苦，並沒有討論他的心續是否起瞋心。

真　師：是、是！

仁波切：例如受其他的苦，或自己頭痛，這沒法對誰生氣，沒有發瞋心的地方，這痛苦是自己要承受的負擔嘛！一切痛苦，有些是有可生氣的點，有些是沒有可生氣的點；也有甘願受苦的，有人會想：由此取代大苦了！

真　師：師父，它的前提不是「彼攝受者」嗎？就是一個被善知識
　　　　所攝受的人。一個被善知識所攝受的人，他聽善知識說法
　　　　之後，對於苦境一定有一種不同的安立嘛！所以當這種苦
　　　　一來的時候，他的心一定是不一樣的。

仁波切：那要有歡喜心啊！那不一樣。

真　師：他只有心不一樣了，才可以消除那個惡趣的苦，是不是？

仁波切：代替了痛苦，自願受苦，用自他相換的修法。自他換怎麼
　　　　修呢？比如說這也是一種修法。

真　師：修自他換？

仁波切：自願受取他人的痛苦，是有這樣子的。他人責罵時自己承
　　　　擔，認為是自己的責任，這是有的！

真　師：自他換的時候也可以消除這個東西。比如說，當我去想把
　　　　別人的惡業換過來的時候，在那個同時還要現起善知識給
　　　　自己講的空性，因為不現起空性那是很奇怪的。而現起空
　　　　性的同時，實際上自他的苦惱本來都是虛幻的，這還是在
　　　　運用善知識的那個法，是善知識的法在心對境的時候產生
　　　　力量，所以那個苦被盡除。

仁波切：你受到這個苦，還是你有意樂的心啊？歡喜心，有沒有？

真　師：有、有！

仁波切：有啊！那同樣的，剛才說有人罵你也不一定會生氣的，剛才問的根本宗是這個。別人罵你，你說會生氣，又再造了業，你根本宗是說這個吧！但是被別人欺侮，也有菩薩是甘願承受的，自願承擔，不會造惡業。別人欺侮你時，由此因緣想：希望自己以前所作的業能淨化。若是這樣，就不會生起瞋心。

真　師：師父，那歡喜心是哪來的呢？歡喜心的由來，是不是由於被善知識攝受之後心中的那種歡喜力，還是由於他的見解？見解，對苦的見解變了？

仁波切：別人那樣做，自己忍得住的話，就會安住於不可思議的安樂中。除此以外，就是現在這裡說的，依靠著微小的痛苦因緣，能遮除惡趣等等的痛苦，這樣的話也是可以修歡喜的！歡喜心是從哪出生的呢？思惟利益的話，就會生起歡喜心，根本是在這裡。思惟利益會不會有歡喜心？是能成辦大利義的，這樣子是否就能修歡喜心？

　　《地藏經》的文還沒結束，我們作了很多討論。不論怎樣，文中主要在說依止善知識的勝利中，即使是多劫積累的惡趣業，也能因微小的緣——一個小小的痛苦，而得以清淨。在「呵責」的意思上我們講太多了，重點是造了這樣的業，如果有具力的對治，就不用領受那重大的業異熟，而能以小小的異熟盡除那份業。

法　　師：平常生病、作惡夢，都能緣念是在消除大苦嗎？我們的依
　　　　　止法也不是很清淨，能做這樣的緣念嗎？

仁波切：可以！

法　　師：這樣想只是讓內心比較好受而已，還是它真能消除這些業
　　　　　障？可能這一次他罵我，只是消除這一次被罵的業，不是
　　　　　我想像的那樣能消除這麼多的業障。

仁波切：主要是有的。要淨除所有罪障應該是很難，但是大致上是
　　　　　有勝利的！碰到一些痛苦，在這上面修安忍，譬如別人輕
　　　　　侮你，你修忍辱，以此因緣，想到：「願能摧毀相續中所
　　　　　有煩惱」，這利益是無邊的，利益是無邊的。除此，我們
　　　　　受了點小苦，心想：「以這痛苦願能淨化所有惡趣的痛
　　　　　苦」，在善知識前發這樣的願，有著很強大淨化罪惡的力
　　　　　量，肯定能淨化很大的罪惡。祈禱善知識、上師，緣想：
　　　　　「藉由這痛苦，願能淨化我一切的罪障。」這樣大致上是
　　　　　能淨化的，主要歸結於自己內心的力量。

　　接下來後面的文，「承事知識」，依止、承事善知識，「雖於俱胝
佛所種諸善根」，在無量俱胝佛前種善根。「謂行布施，或行供養，或
受學處所起眾善」，在無量諸佛前如是發心，做這樣的善業，這些應該
是有無量的福報對吧！就算是這一切眾善，然而由依止善知識，從如理
依止善知識的勝利來看，「僅以上半日善，即能映蔽」，僅以上半日善

即能映蔽。以此映蔽一切福德，比這些福德還大上百倍、千倍，這就是前面說的「勝於供養諸多佛者」的勝利。《地藏經》說了這個，在後面還有。因此「承事尊重，成就功德不可思議」，承事上師的勝利就是這個啊！如之前說：「供養上師一毛孔，勝供三世一切佛」，主要也是顯示了這內涵。「又云」，下面還要引文。

口　譯：其中的「受學處」是指什麼？

仁波切：就是守護自己的戒律。

口　譯：是受戒，還是守戒？

仁波切：是守學處，指守護戒律所生的善。

　　《地藏經》還說到：「諸佛無量力等」，有所謂的佛十力──知處非處智力等。《入中論》有說：「處非處智力，如是業報智[2]……諸漏盡智力，是謂十種力」[3]，說了佛陀的十力。這佛的一切功德，「無量功德神變」，不可思議的神變，指內心無法容受的這種。這一切佛功德的主因是什麼呢？「應觀一切悉從此如理依止善知識出」，諸佛心續生出這樣無量的功德，也是靠著如理依止善知識而出生的，應如是觀，應如是知！「是故應即猶如承事諸佛，如是依止、親近、供事於尊重」，如經所說，如同對佛一樣，因為佛的功德無量而特別想去承事佛陀。總之，要如同對佛一樣去依止上師、承事上師、令師歡喜等，當以這樣恭敬的方式而依止善知識。這是《地藏經》經文所說的。

　^妙第三、依止善士自然出生功德，故須依止者：《本生論》亦云：「^巴具智慧者悉不應遠^巴離諸善士^巴夫善知識，以^巴恭敬或調伏相親近〔善，^巴謂善士也。〕，^巴其因相者，由近彼^巴善士故，其^巴善士_{功德}^巴之塵，^巴自雖不故染_亦自然^巴而然得薰_染^巴故。」^語此為月王子為蘇達薩子所說四偈法中之第二偈，亦為王子於婆羅門所聽聞四偈法中之第二偈。^巴若長時隨伴，而依止軌理有過，當致何等者：博朵瓦云：「我等^巴大多有成破裂之虞，^巴何以言之？如拖破衣，唯著草穢，不沾金塊。^巴隨伴上師或善友之時，若不知隨伴之理，則於其善知識所有功德，不能薰染，^巴如云：「由諍時故上師雜德過，未有全然盡無過失者。」容或略有少過，即便染著。故於一切^巴時中略略行持^巴親近之理，悉無所成。」^語義謂應當別別解了功德過失，不染其過，亦不由是起邪見毀謗等；從功德面修信及淨相，自亦應當如是隨學。

講記

　　然後是第三科，這是親近勝利所分三科的最後一科。「第三、依止善士自然出生功德，故須依止者」，說明如果依止善士，好好如理地依止，則自然會出生功德，因此應當依止的道理。

　　現在要引《本生論》的文。「《本生論》亦云：悉不應遠諸善士，

以調伏相親近善，由近彼故其**功**德**塵**，雖不故染**亦**自然薰**染**」，是之前
月王子對蘇達薩子說的。「具智慧者悉不應遠離諸善士夫善知識」，
「不應遠離」，就是不能很遠，而應當依止。「以恭敬或調伏相親近
〔善，謂善士也。〕」，內心以非常調伏的相狀「親近善」，此處所指
的「善」是善知識、善士的意思。要這樣依止的原因是什麼呢？「其因
相者，由近彼善士故」，跟他距離很近的話，「其善士**功**德之**塵**」，功
德之塵。「自雖不故染**亦**自然而然得薰**染**故」，所有的功德自然會在自
己身上出生，會薰染到自己。例如好香就是這樣子，香的氣味很好的
話，放在這裡，其他東西自然就會有那個味道，會沾上那個氣味。所謂
「雖不故染自然薰」就是指這樣。

口　　譯：「以調伏相親近善」中的「善」字是什麼意思？

仁波切：以非常、非常恭敬的方式依止善知識，箋註中說的「善」
　　　　　就是善士。應依彼，依止善士夫、善知識。

口　　譯：誰都不應遠離善知識？

仁波切：「具智慧者悉不應遠」，諸具慧者，具慧者。

口　　譯：說不能距離太遠？

仁波切：嗯，距離不要遠，不能遠。主要是內心，如果心中捨棄善
　　　　　知識是不行的，所謂「不應遠離」的重點是這個，居處的
　　　　　距離遠不遠不是主要的。

仁波切：這裡有個箋註，是妙音笑大師的箋註嗎？

口　譯：這裡寫的是「語」。

仁波切：是語王尊者的箋註。「此為月王子為蘇達薩子所說四偈
　　　　法」，有講授四個偈頌，四首法偈「中之第二偈」，第二
　　　　偈。「亦為王子於婆羅門所聽聞四偈法中之第二偈」，
　　　　月王子告訴蘇達薩子說：「我還未供養婆羅門，要去供
　　　　養。」即從此婆羅門所聽聞的四偈中的第二偈。

口　譯：所謂一偈是說一首偈頌？

仁波切：偈子就是偈頌。四首偈頌中的第二偈。

口　譯：此處的四偈是四首偈頌嗎？

仁波切：嗯！是四首偈頌，也就是四首偈頌的第二偈。這也是月王
　　　　子從婆羅門聽受的四首偈頌中的第二偈，他將在婆羅門前
　　　　聽的又講給蘇達薩子。

　　「若長時隨伴，而依止軌理有過，當致何等者」，之前有說要長時
依止善知識，所謂「長時」就是指時間。之前我們有討論是不是在指時
間的問題。「長時」，時間很長，要在長時中伴隨善知識、依止善知
識。「長時隨伴」，隨伴善知識，和善知識在一起。「依止軌理有過，
當致何等者」，依止軌理必須做好！依止軌理不好的話，那長時地、常

常直接到善知識身旁，也會出現過失。依止軌理有過，下面會說會出現什麼過失。「博朵瓦云」這段說的就是這個。

說到長久和善知識相伴，然而依止軌理有過失的話，也會有一些問題。「博朵瓦云：我等大多」，說大多這樣。「有成破裘之虞」，成為破裘的危險很大。所謂的破裘，指有皮的披肩、羊皮的皮襖，那種老舊、沒人要穿的皮襖，非常破舊的破衣，有變成這樣的危險。「何以言之？如拖破衣，唯著草穢」，破衣服拖在地上的那一面，很容易沾上塵土、枯枝等等不乾淨的東西。在地上拖破衣，拖過來、拖過去，「不沾金塊」，那一面不會沾上金子，就算地上有金幣也沾不到破衣上。「隨伴上師或善友之時」，良朋善友。「若不知隨伴之理」，要知道伴隨的方式，就算他有過失，見到那是過失以後，自己不應該照著做，應當要修功德。功德是自己要去學習的，懂嗎？「則於其善知識所有功德，不能薰染」，否則無法薰染功德，而會沾染過失。

現在是在惡世，「如云：由諍時故」，是濁世吧！若是這樣，「上師雜德過」，如果自己的業、自己不能修習淨相，很難值遇沒有一點過失的上師，所以上師功德與過失相雜，有功德也有過失。「未有全然盡無有過失者」，沒有任何一點過失的上師是很難的。「容或略有少過，即便染著」，上師有一點過失就會沾上自己，上師的功德自己卻沾不上。「故於一切時中略略行持親近之理，悉無所成」，怎麼說呢？是說長時內心切入重點地觀察，看到什麼是過失、什麼是功德以後，自己要去攝取功德，而不應該取過失。

　　「義謂應當別別解了功德過失」，剛才說的就是這段箋註。各別了
知功德、過失以後，「不染其過」，上師有過失的話，自己不可以去取
過失。「亦不由是起邪見毀謗等」，若看到過失的話，就想：「喔！上
師有這個過失，這不能作為上師。」就對他生邪見，接著起誹謗；雖然
上師有功德，卻沒有薰染功德，反而還毀謗上師等等，不可以這樣做，
不可以！「從功德面修信及淨相，自亦應當如是隨學」，自己應該照樣
地學習上師的功德，不去沾染過失，應該要了解這個內涵。

　　口　　譯：什麼是修淨相？

　　仁波切：就功德面修習淨相，在功德面上。上師雖有過失，對過失
　　　　　　不見為過失，對功德見為功德。想：「是自己的相續不清
　　　　　　淨。」所謂修淨相就是這樣，對於過失不觀為過失。

　　口　　譯：如是隨學？

　　仁波切：要學習的意思，應當如是學的意思。「略略行持，悉無所
　　　　　　成」，這是博朵瓦說的，接著就是這箋註。上面是巴梭法
　　　　　　王的箋註，下面是語王尊者，有兩個。

　　口　　譯：「多有成」是什麼意思？

　　仁波切：我們大多是那樣，有變成破衣的危險，很可能成為破衣。

　　口　　譯：很危險的意思？

仁波切：是，很可能成為，很有可能！

口　譯：什麼是金塊？

仁波切：金的錢幣，金幣。

口　譯：「如云：由諍時⋯⋯」這是誰說的？

仁波切：「由諍時故上師雜德過」，這個沒有說是根據何典，不知
　　　　是哪部經典。

口　譯：什麼是「容或略有少過，即便染著」？

仁波切：上師可能稍微有些過失，而自己就只染到過失，卻無法染
　　　　上功德。

口　譯：「一切時中略略行持」的「略略」？

仁波切：「略略」，指短暫。自己只是短時間到上師旁邊不會有利
　　　　益。指去一下子，很簡短的、短暫的樣子。略略行持是不
　　　　行的。

口　譯：「應當如是隨學」的內涵？

仁波切：「應當如是隨學」。分別了知功德、過失後，修習淨相！
　　　　「應當如是隨學」，自己應當照上面所講的去學的意思。

　　對這句「略略行持」——短暫短暫的，可能會有疑惑，為什麼？在上面講科判的時候，有說「長時隨伴」，長時伴隨的時候要小心謹慎；下面講到「略略行持，悉無所成」，要長時與上師為伴，長時依止上師。而你長時依止時卻不注意，短暫短暫、一下一下的，如果不懺悔的話，會有出生那些過失的危險，也會有沾染不上功德的危險，這得小心，就是這意思。「略略」，主要是說不謹慎，很輕率、簡單，而短暫地一再到上師那裡，這樣沒有太大的意義。要長時地，謹慎、殷重地去依止上師，是這意思。「略略」，是指時間短暫，但是這裡有不謹慎小心的意思；胡思亂想地去找上師，是看不到上師功德的！上師對自己顯示了許多的妙法，但是你不好好觀察，不當作是功德反而當作過失，所以說要謹慎！

真　師：師父，還有一個問題。這裡說要對善知識別別去了解哪些是過失、哪些是功德，但不是當你依止他之後，就不能觀察過失了嗎？不能從過失的方面觀察，而應該是在未依止之前作這些觀察。

仁波切：對的，對的！是的，是的！上師的一切過失不要去觀過，要修清淨相！觀上師過失有可能會生起邪見。對方成為你的上師之後，不可以觀他的過，比如有些上師吸菸，你常常去找他，如果輕率地去靠近，沾不到上師的功德，你反而也去吸菸，就很危險！重點在這裡。這個上師吸菸、脾氣很大、心懷惱恨等等，但不能說他的這些過失；當成為

自己的上師之後，觀察過失的顯現分必須要遮除，不要對上師觀過，不觀過！但是觀察是需要的，「上師吸菸，我也要吸菸」，這是不對的，之前已經說很多了。

口　譯：依世間道理來看不合理的，我們不要去做是嗎？

仁波切：對，要知道過失，要知道！但不能觀過，並從觀過生起邪見。可是上師的過失是要知道的，不知道的話不行！上師喝酒也當成是功德，這不可以吧？

口　譯：要知道是過失，所以不能照做，但也不能將它視為是……

真　師：真實的過失，這是自己的業不清淨看到的過失。

仁波切：自己不能染上這些過失，自己也不能染上這過失！有些人不知道這是上師的缺點，上師喝酒你也跟著喝，弄不清楚，糊裡糊塗，這些自己應該要觀察好。自己不染上過失，但不能從這方面對上師生邪見，主要是這個。所謂對於過失不視為過失是這樣的，由上師的過失而生起邪見是不對的。

法　師：「應執軌範德，終不應執過」，是完全不去看，還是看到了但是不執為是上師過失，而是自己業力不清淨？

仁波切：對、對！

法　師：上師的行為中，如理、非理應該要分清楚，師父講的是這

　　　　個意思？

仁波切：對、對！

法　師：但看清楚後，不執著是上師過，而是自己業不清淨？

仁波切：嗯，你看到這一些過失，就用這個原因對上師生起邪見的
　　　　話，那就不對了。

法　師：所以不應觀過是就會生邪見而言？

仁波切：對、對!

法　師：因為看過失、生邪見會退失信心？

仁波切：對！不是這樣的話，上師有過失就照學，並沒這麼說啊！
　　　　例如前面有提到，上師說的與法不相順就不能去做，所說
　　　　不相順法的話不能如言而取，這就是要觀察的意思，要觀
　　　　察的意思。所謂弟子要具慧就是指這個，要知道所說的法
　　　　是否是法，必須了知所說是正法、還是非法。這二者的差
　　　　別一定要觀察，不觀察的話不知道。

真　師：具慧。師父，但是有一點比較困難，就是當你觀察了之
　　　　後，那個心是很難不生起邪見的，因為無始劫來的習性就
　　　　是這樣。尤其依止之後，這樣去觀察以後一定會生邪見
　　　　的，差不多就會生邪見的。

仁波切：是的！所以說要遮除觀過的心。會有觀過的心，會有的，出現時要去遮止觀過心，重點要把功德、深恩執在心上。所謂去除觀過心是這樣，主要是這個，是可能會生起這種心的。

真　師：對、對！

仁波切：然後隨念上師恩德，像上面說的那些，修習這觀過的對治就是要隨念上師的恩。沒有上師的話，會不會得到這個法？縱使千萬億的佛菩薩來臨，自己也沒有見到的福份，是依靠上師才獲得正法的，自己透由念這樣的恩德去遮除觀過心。

真　師：師父，那如果還有一種狀態出現，就是好像自己很仔細地觀察自己的老師，好像並沒有發現什麼過失，這是自己不具慧嗎？這怎麼判斷呢？就是找不到過失，就是乾脆，就是你仔細找也找不到過失。

仁波切：這是對的。

真　師：你覺得他的一切都是極其完美的。

仁波切：這很好，這是最好的！這樣是有的，能顯現如此殊勝的善知識是非常好的，很好！

真　師：所以說，那個……

仁波切：很好！只要是上師一定要有過失嗎？不是的。（笑）

真　師：對啊！所以巴梭法王的箋，他說在這個諍世的時候，所找
　　　　到的善知識功德、過失都雜在一起的，但是也許有些人不
　　　　這麼看。

仁波切：對、對！

真　師：因為在諍世的時候，也有完美的佛陀示現。

仁波切：喔！對、對，這是有的。

真　師：也許我碰到的老師就是佛陀！

仁波切：是的！一位業清淨的弟子，能將上師的過失視為功德，這
　　　　是弟子自身的功德，是有這樣的。

真　師：老師全是功德跟過失雜在一塊，那看不到過失是不是
　　　　有……？

仁波切：這裡所說的就是這樣。由於時節的緣故，弟子遇不到沒有
　　　　過失的上師，所以會遇到很多功過相雜的。如果是這種狀
　　　　況，應該怎麼對付，於是說了很多方法。

註釋

1 **然我乏精進**　引文出自《入行論・不放逸品》46偈。

2 **處非處智力，如是業報智**　引文出自《入中論・佛地諸頌》19偈。

3 **諸漏盡智力，是謂十種力**　引文出自《入中論・佛地諸頌》21偈。

未依過患

第五、不依過患，^妙分三：第一、毀壞今生後世之理者：請為知識若不善依，於現世中，遭諸疾疫非人損惱，於未來世，當墮惡趣，經無量時受無量苦。《金剛手灌頂續》云：「^巴金剛手請問云：『薄伽梵！若有毀謗阿闍黎者，彼等當感何等異熟？』世尊^巴回告之曰：『金剛手！』^巴喚已後言：『莫作是語！^巴謂令我說。若盡說其異熟，天人世間悉皆恐怖！』^巴謂不盡說，然為不違問者啟白，故復喚：『秘密主！^巴雖不盡說，然當略^巴微說之，^巴大勇士^巴金剛手汝應諦聽。』^巴如是勸發而告之曰：『此復云何？我^巴佛陀薄伽梵說^巴受苦無間^巴之無間等諸極苦^巴之地獄，即是彼諸^巴毀謗阿闍黎有情生處，^巴若謂當住彼處經何許時？須當住彼^巴歷時無邊劫。^巴由是^巴因故^巴任何有情，於一切種，恆^巴時不應毀^巴謗阿闍黎師。』」

講記

「第五、不依過患，分三」，妙音笑大師將之分成三科：「第一、毀壞今生後世之理者」，「不依」，是指不如理依止，請為善知識之後不如理依止；初科講到毀壞今生及後世二者之理。

口　譯：什麼是「毀壞」？

仁波切：破壞、損害。

「請為知識」，請為善知識、請了法後，「若不善依」，不如理依止的話，「於現世中，遭諸疾疫非人損惱，於未來世，當墮惡趣，經無量時受無量苦」，來世生於惡道，如果生在惡趣要受無量的苦，而受苦時間的差別為何？要在無量的時間受這樣的苦。此生受到許多疾病及非人損惱——被病和非人傷害，未來要墮入惡趣，這就損害了此生和未來！

引經文說明這個內涵。哪裡有呢？「《金剛手灌頂續》云：金剛手請問云：薄伽梵！若有毀謗阿闍黎者」，「毀謗」就是輕侮，成為自己的阿闍黎後去侮辱他。「彼等當感何等異熟？世尊回告之曰：金剛手」，叫喚金剛手。「喚已後言：莫作是語！謂令我說。若盡說其異熟」，如果將異熟果報完完全全地說出來的話，一切「天人世間悉皆恐怖」，都會害怕。「莫作是語！謂令我說」，指佛陀不想說而要求佛陀說。「謂不盡說」，這些過患不能全部說出，不說！這有巴梭法王的箋註，「然為不違問者啟白」，你既然問這個問題，不回答也不行，所以稍作回答。「故復喚：秘密主！雖不盡說，然當略微說之，大勇士金剛手汝應諦聽」，你要專心聽！

世尊往下說：「我說無間等」，「無間」，沒有間隔。「我說無間等，諸極苦地獄，即是彼諸生處，住彼無邊劫」，說了四句偈。「此復云何？」「受苦無間」，痛苦的續流、地獄的苦是沒有間斷的。像我

們頭痛是會間斷的，有時痛，等一下子又不痛，但這是不間斷的，就是所謂「無間」的意思。「我佛陀薄伽梵說受苦無間之無間等諸極苦之地獄」，我所說這樣極度痛苦的地獄，「即是彼諸毀謗阿闍黎有情生處」，無間地獄就是毀謗阿闍黎的有情他們所要待的地方。「若謂」墮入此處，「當住彼處經何許時」，要在這地獄中受多少苦？多少時間？「須當住彼歷時無邊劫」，要長時無邊地受苦！這很容易懂。如果要受這樣的苦的話，「由是因故任何有情，於一切種」、一切時，我們不論是誰，「恆時不應毀謗阿闍黎師」，這很簡單。這裡主要是續部中所說的，結合密教來說是指密法的金剛阿闍黎。雖然是這樣，在講大乘的善知識時二者是沒有差別的，任何時候都是這麼講，應該是一樣的。

　　《五十頌》亦云：「🅑從心毀謗阿闍黎，是大愚應遭，🅑疫疾外之其餘染疾、癩及🅑瘟疫以外肺、血等諸病，🅑天龍等魔及🅑一日疫等不治之疫與諸🅑合毒🅑為作死緣，而令彼毀謗阿闍黎者，此生命喪而非時死🅑歿。又非僅此，王火及毒蛇，水羅叉盜賊，非人礙神等，殺🅑彼壞誓言者，死後復墮有情獄。🅑由此因故，具智慧者恆🅑時不應惱亂，諸阿闍黎心，設由🅑心愚🅑取捨故🅑如是為，🅑其果報者，生於地獄，定🅑為火與灰水等所燒煮。🅑總之佛所說🅑彼諸無間等🅑等極🅑為可畏地獄🅑情狀，諸謗師範者，佛說住其🅑處中。」

講記

　　「《五十頌》亦云：毀謗阿闍黎」，在今生「應遭疾癘及諸病」。「從心毀謗阿闍黎」，這毀謗是真心毀罵阿闍黎，這裡不是說只有出口毀罵，而是心中毀罵，從心頂嘴、冒犯阿闍黎。冒犯阿闍黎的話，「疫疾外之其餘染疾、癘及瘟疫以外肺、血等諸病」，「疾」就是傳染病，此生會生出各式各樣的病。「天龍等魔及一日疫」，「一日疫」是一種病。天魔、龍魔、一日疫，在《白傘蓋佛母經》中有一日疫、三日疫，是一種病的名字。「不治之疫」，不會痊癒、沒法治好的病；「疫」，就是瘟疫。「諸合毒」，將毒物混合的毒。以毒等「為作死緣」，使「大愚」，「大愚」，是指無明的大愚癡，「彼毀謗阿闍黎者，此生命喪而非時死歿」，不該死的時候就死了，這樣的大愚人應遭橫死，這是《事師五十頌》所說。

　　口　譯：「肺、血等諸病」是什麼意思？

　　仁波切：肺和血液方面的疾病。

　　口　譯：「癘」是手腳會斷掉的那個病嗎？

　　仁波切：是，是！漢文中有嗎？一般說麻瘋，所謂的「癘」就是麻瘋病。

　　「王火及毒蛇，水羅叉盜賊，非人礙神等」，國王難、火難、毒

難、蛇等，很多災難都會來；水難、空行羅剎難、盜賊難、魔鬼難。「礙神」是鬼怪。「殺彼壞誓言者，死後復墮有情獄」，這些會殺掉損壞誓言的人，而且被殺死之後，來世將赴有情地獄。

「由此因故，具智慧者恆時」，具智慧者在一切時間、情況下，「不應惱亂，諸阿闍黎心」，不應擾亂阿闍黎的心。「設由心愚取捨故如是為」，如果由於不明取捨而造作之後，「其果報者，生於地獄，定為火與灰水等所燒煮」，指無極大河、不見邊際的大河等；「定燒煮」，是說一定會被殘害的。

口　譯：「火與灰水等」是指？

仁波切：「定為火與灰水等所燒煮」，會被火和水等等，「灰水」是指地獄的水。

口　譯：「灰水」是什麼意思？

仁波切：「灰水」是指地獄的水，像無極大河，這種深不見底的水。「定燒煮」，一定會被殘害。

口　譯：「有情獄」是什麼？是地獄的名字嗎？

仁波切：是地獄的名字，別無他義。

口　譯：「燒煮」是什麼意思？

仁波切：迫害，被苦逼惱，燒煮就是使你痛苦。字典裡不知道有沒
　　　　有？是迫害的意思，可以解為熱惱、痛苦。

口　譯：字典裡有「將肉及菜弄熟」的意思。

仁波切：啊！是，是！這樣也可以。被火燒、燒煮，但實際與熱
　　　　惱、痛苦是一樣的。是熱惱、迫害的意思。

真　師：惱亂？這是惱亂阿闍黎心？

仁波切：不是，是觸惱其心。毀謗上師的話，就觸惱了上師的心！
　　　　觸惱師心。觸惱，不是擾亂，而是指讓上師生氣。

真　師：師父，如果自己沒有毀謗，沒有要傷害自己的上師，可是
　　　　比如自己愚癡做的那個行為，就是讓上師的心很惱亂，這
　　　　會不會墮落？

仁波切：這在之前《藍色手冊》裡有講[1]。比如說自己信心未失，
　　　　雖然未失但卻不能得上師攝受，有這樣子的嘛！有一些人
　　　　對上師離間你：「這個弟子對你起邪見，毀謗你。」有
　　　　人就這麼說，現在這樣講的人非常多，在上師面前挑撥
　　　　離間。由於這樣而觸惱上師的話要怎麼辦呢？重點是自
　　　　己不應退失信心。如果信心動搖，「喔！今天被上師呵責
　　　　了。」「上師被那人的話欺騙了，上師……」這是不行
　　　　的！縱使上師趕你走，說：「從今天開始你不是我的弟
　　　　子！」你只要信心不失，還是能得上師的加持，能得到！

當然要得到像上師歡喜時那樣的加持是很難的，但是還是會有加持，這很重要，這很重要！這種很多。

法　師：主要是問，有時並非刻意惱亂上師心意，是因為自己愚癡，而有些行為令師感到不舒服、不平靜，這算不算惱亂阿闍黎的心？

仁波切：前面講得很清楚嘛！主要是你故意的，你從內心深處對上師誹謗的話，就有這些過失。你不知不覺做了，當然這也是要去懺悔，也要去說道理，這個應該的。

真　師：師父，好像一個做弟子的，如果常常惹上師生氣的話，對他自己的現生和後世都是很不利的。

仁波切：對！這對的。觸惱師心，主要是指至心去毀謗，由內心去毀謗阿闍黎。前面有說：「毀謗阿闍黎」，這箋註有說「從心」。或者也有莫可奈何而惱亂到的，或有因無知而這樣做的，但主要不是說這個。像《藍色手冊》中提到的危險是很有可能發生的，這只能小心啊！這是有的。

口　譯：有什麼？

仁波切：有很多在上師和弟子中間離間的人，說這種話的人很多，這一類要小心。

居　士：被人離間之後，上師不理弟子，弟子雖可以得到加持，但

是和以前不一樣了，是不是加持小了？

仁波切：因為上師不歡喜，上師歡喜的話就容易得到加持。不論如何，因為上師內心不歡喜，所以如實地獲得勝利就難了，但是《藍色手冊》中說仍有勝利。在世間也是如此。發生這種事時，不管上師怎樣呵責，你如果信心不退，漸漸上師也會知道：「喔，不對！之前對他的呵責是錯的。」這樣也是很多的，上師又再對弟子歡喜。上師心中歡喜，就容易出生加持了。

居　士：如果上師不攝受我們，加持力就比較小了？

仁波切：這個我們講過嘛！這個註解有些問題啊，這個不一定這樣認為。

居　士：那上師不歡喜了把他趕走，跟不攝受有什麼差別？

仁波切：我們在前面有提到，如果是位具相的上師，弟子對上師修信，上師還不攝受，這是上師的過失。所以我在想前面這箋註的字是否不正確，之前講的時候也有說明。以前也有其他人研究這問題，他們也說不知道這是否正確，這不只是我們，而且過去也講過這個疑問。所以如果深細地分析思考、仔細地觀察思惟的話，這樣的難點是很多的，但是去分析探究是很好的！

「所說無間等，極可畏地獄，諸謗師範者，佛說住其中」，重點和

之前一樣，《金剛手灌頂續》和這本二者只有遣詞用字的不同，內涵是一樣的。「總之佛所說彼諸無間等等極為可畏地獄情狀，諸謗師範者，佛說住其處中」，「處」指的就是地獄，跟剛才講的沒有差別。

善巧成就寂靜論師，所造《札那釋難論》中，亦引經云：「🅑非唯由求聞求學之門而聞多詞句，下至設唯聞一頌，🅑是補特伽羅若不執為尊，🅒彼即百世🅑無間生犬中，🅑隨後生賤族姓，🅑如屠夫之惡種姓。」

講記

「善巧成就寂靜論師，所造《札那釋難論》中亦引經云」，善巧成就寂靜論師所造的《札那釋難論》，所謂的「札那」應該是一部密續的名字，「釋難」，對它裡面的難點作解釋，在這本釋難中有引到某本經典。宗喀巴大師引用的依據都是非常清淨的依據，像這下文出自何經並不清楚，為何這會是清淨的依據呢？善巧成就寂靜論師不會引證沒有根據的話，所以宗喀巴大師才引用寂靜論師的論。論中在引用這經文時，沒有說出經名根據，這樣的差別在上面說得非常清楚。論上的這四句偈是從哪部經出來的呢？在譯成藏文的經典中應該沒有，所以沒法說出經典根據。沒有經典依據又為什麼說是清淨的依據呢？因為寂靜論師引用了，這樣的依據就應該是清淨的。雖沒有說得很清楚，但善巧成就

寂靜論師所造《札那釋難論》有引到：「非唯由求聞求學之門而聞多詞句」，弟子不只要對在其前傳授灌頂、講密續、傳口訣這樣的上師，「下至設唯聞一頌，是補特伽羅若不執為尊」，若不將這樣的上師作上師想，「百世生犬中，後生賤族姓」，這四句就是如此。

口　　譯：寂靜論師？

仁波切：阿底峽尊者的上師，是覺窩傑的四大上師中的響底巴吧？
　　　　應該是。是阿底峽尊者的上師。

　　在上面箋註裡講到，只要有聽到一個偈頌就要執為上師的話，是在怎樣的意樂之上，執持為上師呢？主要是在聽那一偈時要想聽、想知道、想學才算，這樣的話就要恭敬地聽，如果不恭敬就會有這些罪過，不是說單單唸個偈頌而已。

語有謂此義云：「毀謗師等具力之業，於其等起無明之上，俱時成就其百支分。從此等無明各自所屬引果之第一犬受生，至賤族姓之間，能引之業諸行依次生起，愛取潤發彼最初業，成就第一犬之生有，乃至出生其老死。如是至賤族姓間，依次而成一一生中，無明支分雖一一滅，然總體無明仍屬同重

緣起，故至賤族姓間，猶未圓滿。」然吾師云：「前前業作不共策發，而於此等生中不為餘所間隔，定當受取者，是即此業猛利之義，而非諸多無明行俱時生成等。如是《集學論》中引經言：比丘以清淨心禮拜如來舍利塔，由是業故，其身所覆下至黃金地基之間所有微塵，當感爾許千倍生中為轉輪王。此等亦為最初之業引生第一轉輪王身，於此依身，由前業力為作不共策發，造積第二身能引之業。如是此等諸身不為餘道所隔，定當受取者，是即此業之力。」又或曰：「此賤族姓不應解為下劣種姓，是善趣依身故，不堪為能引諸犬受生業之所引果。是故應作子食其母之賤蟲蝎子也。」雖說如是，然而造積能引此等諸生之業，其理即如前說，故無過失。餘處所說賤族姓者，如《集學論》引《楞伽經》言食肉過患，謂當數數生為屠夫、不依教典下劣族姓、賤族種姓及染衣工。故賤族姓不應解之為蝎。

講記

接下來有些問答，陳述了很多他宗的承許，都是箋註，並沒有《廣論》的原文。這是語王尊者的註，他要說的是「百世生犬中」的投生方式，在陳述了一些他宗的承許後，予以破斥。

他宗是怎麼承許呢？「有謂此義云：毀謗師等具力之業」，如果毀

謗上師，造下有嚴重過患的具力之業。「於其等起無明之上」，最初等起是由無明的勢力而生起，生起之後對上師毀謗，就造下了具力的業。這個無明、一開始的動機，「俱時成就其百支分」，從能受生百世為犬的一個無明中，分成了一百個支分；這個無明所分的一百個小支分俱時成就，種下了種子，之後會領受百世狗身。「此等無明各自所屬引果之第一犬受生」，由此第二、第三、第四……到一百世，乃至賤族姓之間受生。「至賤族姓之間，能引之業諸行」，「無明」作為因緣而出生「行」，這裡安立了十二緣起，然後「生、老死」。「能引之業諸行依次生起，愛取潤發彼最初業」，要投生為狗，必須要有「愛、取」。「成就第一犬之生有，乃至出生其老死」，生為第一世的狗，第一世出生之後，接著愛、取，然後老、死等，具足了十二緣起。之後又生為第二世的狗，又生為第三世的狗，一生一生漸趨圓滿。「如是至賤族姓間，依次而成一一生中」，現前已造集了一百個無明，「無明支分雖一一滅，然總體無明仍屬同重緣起，故至賤族姓間，猶未圓滿」。提到有這樣的說法，但這是很難成立的。

以毀謗上師的等起作為根本，生起能造業的大無明，在此之上出生一百個小無明，由此出生而造集一百個業。說到在這一百個之間，大無明並不會窮盡，而小小的那些會一個一個窮盡。這是很難成立的，雖然有這樣的講法，但是不能這樣承許，這個很複雜。「能引」，指能引業、能引投生的業；「引果」，指由此業而受取這個身，就是引業所引生的果，就是在說這個。

總的大無明立在這裡，然後安立其一百個支分，說大無明在百世狗

身的投生期間不會壞滅，而小的無明在每一世狗身時會壞滅。大的無明在沒有投生完一百世狗身前不會消盡，種子不會消失；小的無明，受生為一次狗就壞滅一個，受生為兩次就壞滅兩個。

口　譯：所以照對方他宗的想法，這個無明分成兩類？

仁波切：是！

口　譯：一個大無明和一百個小的？

仁波切：大無明之上有一百個小的。大的是怎樣？是能投生一百世狗身的總集，小的則是其中各別的。同樣地，說每次生狗都要一一具足十二緣起，一百世的狗身，也是由於同一個大的十二緣起輪轉，圓滿之後而生為賤族姓。是說在大無明的續流上，也有大的十二緣起。懂嗎？說到大的十二緣起一個，和小的十二緣起一百個，一開始由無明而造業，之後的依此而生。但自宗不承許這個。這下面還有。

真　師：所以說對這種看法不承許？

口　譯：是，自宗不承許。

真　師：師父，因為我在想如果承許這種看法的話，那很多業果的問題都要被問難，很多業果都是有問題的。

仁波切：對，這很困難，雖有這樣說，但這不合理，後面語王尊者

就有破斥。

　　講到偈頌中百世投生為狗的方式。前面說的，從大無明生出一百個小無明，如此一個大的十二緣起也生出一百個小的，要受取百世狗身。「然」，雖有一些上師這樣說，但這是不對的。說不對的是誰呢？語王尊者說「吾師」，我的上師說不對。他的上師是誰呢？是第三十五任赤仁波切——妙音珍寶法增。

口　　譯：這箋註裡面有嗎？

仁波切：這裡面沒有，語王尊者是依妙音珍寶法增的說法，妙音珍寶法增又是依他的上師妙音達隆札巴的說法。總之，第三十五任是妙音珍寶法增，他的上師說這不對。那他上師的說法是什麼呢？「吾師云：前前業作不共策發」，作為各自業的策發。「而於此等生中」，後世投生一百世狗，是一開始造下毀謗上師的重業，由此投生為第一世的狗；在那一生再策發、造集後面能受狗身的業，捨身之後不會間隔其他受生，就一百世生為狗。只能這樣受生，所以說「不為餘所間隔，定當受取」，可以像這樣受取百生。「吾師云：前前業作不共策發」，一開始造下嚴重的業，由其策發而受生為狗，之後又依此受生後世第二個狗身。

口　　譯：依什麼？

仁波切：依著第一個投生為狗的因作不共策發，之後依次必須受
　　　　生。為什麼呢？先前造了一個會百世生為狗的重業，造了
　　　　嚴重的業，就要依次受生。「不為餘所間隔」，這中間並
　　　　不是一世為狗、一世為人，依次要受生百世的狗。

口　譯：依那個嚴重的業？

仁波切：只是依此而依次受生，並非生起一個一個的無明。說「在
　　　　一個重業之上，能令其受生的無明只要一個就可以，不需
　　　　要有一百個。」這在後面有。

「是即此業猛利之義」，「此業」是什麼呢？能生百世狗身的猛利
業，就是那個業力量非常大的意思，而且必須不為餘生間隔地依次多生
為狗。因為這個力量太大了，所以得受生，並不需要在這之上同時生起
很多個無明。「非諸多無明行」，不需很多個十二緣起「俱時生成」，
「非」表示不承許。

口　譯：妙音珍寶法增是語王尊者的上師嗎？

仁波切：語王尊者的上師，是他說不對的。

口　譯：那妙音達隆札巴是？

仁波切：達隆札巴是妙音珍寶法增的上師。實際上這個箋註、這個

講法，是先對妙音珍寶法增講述的，然後妙音珍寶法增對語王尊者講述，語王尊者就將內容寫出來，「吾師」所說的師應該就是這位。

　　他引了經教。「如是《集學論》中引經言」，《集學論》有引經，但未說經典的依據是什麼，而在《集學論》中說出。「比丘以清淨心禮拜如來舍利塔」，比丘對舍利塔禮拜。「以清淨心」，用身語意禮敬、以清淨心禮拜。「由是業故」，造了這個業的緣故，身體範圍所遍及的面積，身體所覆蓋的土地大小。「下至黃金地基」，在地底最下面有大威黃金地基，我們供曼達的時候，所謂的大威黃金地基就是這個，地下最深處。「其身所覆下至黃金地基之間所有微塵，當感爾許千倍生中為轉輪王」，那個福報有這麼大！千倍轉輪王位，會得到和大地微塵一樣多的轉輪王身，而且說會得到一千倍。「千倍」是指自己身體下所覆蓋的土地，到大威黃金地基之間土地的微塵一樣多的千倍。「此等亦為」，這是怎樣來的呢？「最初之業引生第一轉輪王身」，因為最初的業造集了強大福德的緣故，引生了第一世轉輪王身。「於此依身，由前業力為作不共策發」，「作不共策發」是指造了這樣具力的不共之業，由這個業的力量，又引生第二個身。因為造了這樣的業，所以依次受生，「造積第二身能引之業」。

　　口　譯：「造積第二身能引之業」？

仁波切：是！最初造的業能積集引第二身的業。

口　譯：最初之業？

仁波切：是！一開始是依著什麼基礎呢？主要在一開始是依著那個
　　　　具力的業，之後依次不間斷地延續下去。

「如是此等諸身不為餘道所隔」，一樣地，不間斷。「定當受取
者，是即此業之力」，哪個業的能力呢？是前面那個具力的業它的能
力，以此依次往後受生。這兩者是類似的。

口　譯：第一身會造能引第二身的業嗎？

仁波切：主要是造了那個重業的緣故，之後依次一一往後延續，依
　　　　著前前的業而出生後後。

口　譯：那個比丘是一拜就有這樣的勝利，還是很多拜？

仁波切：拜一拜就有了。拜的時候是「以清淨心禮拜」，由禮拜的
　　　　力量所致。

口　譯：和微塵數等量的轉輪王位？

仁波切：身所覆地的微塵數，得到千倍這麼多的轉輪王位。這是類
　　　　似的，說明要生千世也好、百世也好，不用一開始成立大

的、小的十二緣起。

百世生為狗的方式就是這樣，之後會生為賤族姓，百世生為狗之後會生為賤族姓。對於「賤族姓」的承許方式，也有自宗和他宗的兩種說法。「**又或曰：此賤族姓不應解為下劣種姓**」，這是誰的承許呢？這也是他宗的承許。對於賤族姓是下劣種姓，譬如屠戶、屠夫等等之類的，他宗認為這種說法是不合理的，為什麼？「**是善趣依身故**」，下劣種姓依然是善趣，是人啊！是善趣依身，不是惡趣依身。所以你不能說惡趣依身的能引業，能作善趣依身的能引業，這樣並不合理，這是他宗的承許。「**是善趣依身故，不堪為能引諸犬受生業之所引果**」，造下受生為狗的能引業，它的所引果不能受生為人，這是他宗的承許。因此，此處所謂的賤族姓，不是指工人、屠夫之輩的種姓。「**是故**」，此處所謂的賤族姓是指什麼？「**應作子食其母之賤蟲蝎子**」，是一種蟲，是蝎子。蝎子會吃自己的母親，「**子食其母**」。有說必須要這樣理解，不能說是下劣種姓。「**雖說如是**」，有這樣說的。

口　譯：所以對方是說賤族姓不是指人，是指蟲？

仁波切：嗯，不是指屠夫、下劣種姓的人，是蟲的意思。為什麼是這樣呢？這個引生為狗的業，不能造善業。

「**雖說如是，然而造積能引此等諸生之業，其理即如前說，故無過**

失」，人身也好、蟲身也好，能引它的那個重業是什麼呢？都是先前造的重業所感的，所以此處「無過失」，可以受生為人。

口　譯：字典裡賤族姓是指身上有痣者、蠍子、印度的下劣種姓？

仁波切：這有很多承許，按這箋註上面的。

這樣沒有過失，可以生為人身。為什麼呢？即如前面所講，由一個具力的業所造成的。「餘處所說賤族姓者」，在餘處說的賤族姓，像《楞伽經》也有說賤族姓。「《集學論》引《楞伽經》言食肉過患」，吃肉的過患，「謂當數數生為屠夫」，會出生為屠夫等最下劣的種姓。這裡的屠夫是什麼呢？是指「不依教典」，明處[2]等什麼都不學的這種「下劣族姓、賤族種姓」。這是指賤族姓為下劣種姓。另外，如果食肉後不去悔除、防護，就會受這種身。「染衣工」，染布的、為布染色的，在印度染布的人是很下劣的種姓。

口　譯：是裁縫師？

仁波切：不是裁縫。白色的布要把它染成紅色、青色，是指這個。
　　　　　染顏色的染衣工，這在印度是很差很差的職業，說會生到
　　　　　這樣差的種姓。

「故賤族姓不應解之為蝎」，解釋為蝎子不合理。在《札那釋難論》中所引用的四句偈的義涵講完了。

⑲第二、不獲功德，且退失昔德者：又諸功德，⑭昔時未生者不⑭新生，⑭昔曾已生者退失，如《現在諸佛現證三摩地經》云：「⑭設為自之聞法上師，若彼⑭弟子於師住⑭欲損害所起嫌恨心，或⑭強忍之堅惡心，或⑭無害心，但獨恚惱心⑭而住，⑭其相續中能得功德，無有是處。⑭縱無前說此等，於彼若不能作大師想者亦復如是。⑭此外，又⑬《幻化網續》云：『毀罵軌範者，夢中亦勿見。』又說心中毀罵軌範師，同時雖以財物令其歡喜，亦不能得成就；若作其餘毀罵者伴，亦於成就起大障礙。

講記

「第二，不獲功德，且退失昔德者」，這不是《廣論》原文，是妙音笑大師箋註的第二科。「不獲功德」，毀謗上師的話，以前沒有的功德不會新生，之前所有的功德也會退失，這是第二科要說的。

現在說正文。「又諸功德」，如果不如理依師的話，「昔時未生者不新生」，毀謗上師的緣故，以前沒有的功德無法新生；已經出生的功

德，凡是以前曾有的功德，「昔曾已生者退失」，會退失。這有什麼依據呢？是從這部「《現在諸佛現證三摩地經》」出的，説明了依據。下面是經文：「若彼於師」，這弟子對於他的上師。「設為自之聞法上師」，是自己所從聞法的上師，已經成為師徒了。對自己授與灌頂、講説密續、傳授口訣，這樣的上師。「若彼弟子於師住欲損害」，想傷害上師，心裡有這種惡念。「所起嫌恨心」，起這樣的嫌恨心。嫌恨心也好，「或堅惡心」，「堅惡心」是恚惱心，對上師非常生氣的心。上面的「嫌恨」也是恚惱，「堅惡」也是恚惱，在此意思大致相同。

口　譯：什麼是「堅惡」？是恚惱的意思嗎？

仁波切：對！恚惱跟嫌恨心是一樣的，是損害心。

箋註中「或強忍之堅惡心」，除此，「或無害心，但獨恚惱心」，恚惱也是損害心。

口　譯：「或無害心，但獨恚惱心」是什麼意思？

仁波切：「獨恚惱心」，就是恚惱心，沒損害心的話豈能有恚惱心，跟恚惱心是一樣的，是同一種心。

如是「而住」恚惱心，心如是安住的話，「其相續中能得功德，無

有是處」，心續中要獲得未曾獲得的功德是絕無可能。「無有是處」是指絕無可能。

即使對上師沒有嫌恨心、損害心，如果心裡對上師不修清淨意樂的淨信，也是得不到功德。「**縱無前說此等**」，這就是指縱使未起上述對上師損害、堅惡、恚惱等等的惡念，「**於彼若不能作大師想者亦復如是**」，對於上師應起大師之想，不起大師之想的話，也一樣無法得到功德。「**亦復如是**」，指這是一樣的。

然後有一筆巴梭法王的箋註。「**此外，又《幻化網續》云**」，「《幻化網續》」，之前也提到很多這部續所提到的內容。「**毀罵軌範者**」，如果對阿闍黎毀罵，持有這種顛倒思想的話，「**夢中亦勿見**」，作夢也不能現起這樣的念頭，這後面是語王尊者的解說。「**又說心中毀罵軌範師**」，是要打從內心深處不喜歡阿闍黎，生起這樣的損害心，執持顛倒的思想及行動。心中毀罵軌範師，「**同時雖以財物令其歡喜**」，是有這樣的。比如說，對上師沒信心，為了自己的名聲能夠在外面傳揚，能被上師稱讚，因此對上師供養很多財物，讓上師說：「喔！這是好人，這是好弟子。」雖以財物討好上師，實際上就是欺瞞、欺騙。在我們生活周遭是有些這樣的人，他對上師一點信心也沒有，但是為了增加個人的名聲，方法上就供養上師很多財物、金錢，希望得到上師的稱讚，他是為了達到其他目標才這樣做的。所以不起信心、淨相來對上師進行財物供養，而是用其他的方法，以欺騙的方式想讓上師歡喜，這樣做的話，「**亦不能得成就**」，不得成就。

　　總之，是指內心毀謗上師，而表面上以財物取悅上師，這也不會得到成就。「若作其餘毀罵者伴，亦於成就起大障礙」，自己雖不會這麼做，但其他人去毀罵自己的上師說：「上師有這些、這些過失，這樣那樣。」你作這種人的助伴、去幫助他，也會成為成就的障礙，不會得到成就。

口　　譯：「毀罵者伴」，是指與毀罵上師者為助伴？

仁波切：對，與其他毀罵上師的人為助伴。

口　　譯：「毀罵者伴」，是對上師毀罵？

仁波切：對，其他人對上師毀罵，你去幫助他。

口　　譯：「夢中亦勿見」，是指夢中也不能做？

仁波切：是這樣。毀罵上師而虧損誓言的弟子，現實上怎麼能去看呢！就算是夢中也不能看到。「亦勿見」，是說在夢中也不能看到，現實上更不能去看。這種對於上師衰損誓言的弟子，我們在夢中也不要看見，現實生活中怎能去看！是指對其他這種衰損誓言的人，我們在夢中也不要看到，在夢中也不要看。

口　　譯：這裡是指與前面那一種為助伴，是成就的障礙，還是指與毀謗者為助伴是成就的障礙？

仁波切：與毀謗者為助伴也是一種成就的大障礙。上面說的兩種都
　　　　一樣，任何一者都是成就的障礙。但這裡主要是指，也同
　　　　樣如他所說而去毀罵上師，就是成了「毀罵者伴」，並不
　　　　是說去作前者的助伴。其他人毀罵上師去「作伴」，就是
　　　　說：「你這是真的，我也這麼覺得。」這是一起毀罵上
　　　　師。

法　師：是自己不要成為這種人嗎？

仁波切：自己不要成為這種人，就是這個。別人毀謗自己的上師，
　　　　你也去讚歎他的話，這就是最後所說的這種人──別人毀
　　　　謗了你自己的上師，你也去附和。

真　師：那看到這種，假如說那個人也曾經是上師的弟子……。

仁波切：那個人不一定是上師的弟子。

真　師：就假如說他那個人也是上師的弟子，和我兩個都是上師的
　　　　弟子。

仁波切：不、不！他這沒寫。「其餘」是指不是他的上師，別人毀
　　　　謗你自己的上師的話，你就跟他等於是一塊，也同意他的
　　　　觀點。你一塊毀謗的話，那就是這種人，第二種。

真　師：師父，那我有一個問題，就是說不讓我們跟這種人為友
　　　　嗎？

仁波切：喔，對、對！你幫他毀謗自己的上師，你幫他。

口　譯：去幫助他的意思。

仁波切：幫助他的意思，主要是這個——附和。

真　師：喔！是、是。那之前那種人，就是他從心裡深處不喜歡，
　　　　然後說上師的壞話，然後還財敬供養上師。

仁波切：這是自己做的，自己內心去毀謗，自己去毀謗的；後一種
　　　　是別人毀謗你的上師，你去支持他。

　　[ⓒ]縱若於[ⓑ]己未結法緣，然於三乘補特伽羅，及[ⓑ]為餘人說
法比丘，不起恭敬，及尊長想，或大師想者，此等能得[ⓒ]昔時
未得之法，或[ⓑ]昔曾已得者，令不退失，無有是處。[ⓒ]其因相
者，由[ⓑ]於說法師不恭敬，_當沈沒法故。」[ⓑ]是故說不敬持教
者，亦是教法隱沒因緣。

講記

　　上述經文尚未結束。「若於三乘補特伽羅，及說法比丘，不起恭
敬，及尊長想，或大師想者，此等能得未得之法，或已得者，令不退
失，無有是處」，還是一樣，下面還要說明。雖然不是自己的上師，
「縱若於己未結法緣，然於三乘補特伽羅」，比如大小乘或三士夫，這

之中有比丘、沙彌等很多種。此外，「**為餘人說法比丘**」，不是自己的上師，為別人說法的比丘，對這些人也應當恭敬；恭敬還不夠，還要對他起尊長想、起大師想。如果不這樣做，「**此等能得昔時未得之法，或昔曾已得者**」，一切新證的法，以及已獲得的法，「**令不退失，無有是處。其因相者，由於說法師不恭敬，當沈沒法故**」，即使不是自己的上師，是為其他人說法的法師，如果不恭敬就成了沉沒法的因，因此造下大惡，會障礙自己的功德與成就。這段經文結束了。

口　　譯：「於三乘補特伽羅，及為餘人說法比丘」，我們都要視這些人為自己的上師嗎？

仁波切：對這些人必須這樣作意，如果不這樣作意會阻礙獲得成就。

　　如果不恭敬任何一位持教的士夫，這就是教法隱沒的因緣，所以應當恭敬一切持教士夫。但在恩德方面有差別，有的對自己恩德比較大，有的對他人恩德比較大，並不一樣。除此之外，對他人的上師也要起大師之想，要這樣去恭敬。箋註裡說：「**不敬持教者，亦是教法隱沒因緣**」，所以要恭敬。

真　　師：師父，那個執持教法的士夫，凡是說法者就是執持教法的士夫嗎？

仁波切：不是這樣！所謂的執持教法，任何一位比丘、沙彌都要執持佛陀的教法，居士們也要執持各自的教法，執持自相續中的教法，所以要普同恭敬執持內道佛教的人。這個我們也有，比如對某一位居士，我們會想：「他很好、很清淨，他應該是佛，他非常好。」會去恭敬。如果對那位居士，說他不好；說了一個居士，接著說沙彌，然後說比丘，對他們不承許的話，就是聖教隱沒的因緣，是說這點。居士相續中的戒律，不也是佛陀的教法嗎？因此應當恭敬。如果不這樣去恭敬每一位持教者，而只對自己的上師恭敬的話，聖教就會衰敗，就是聖教隱沒因緣。只對自己的上師恭敬，不承許、不恭敬其他人，這就是教法隱沒因緣，這也違反了皈依學處；在唸「禮敬僧」時，難道只恭敬和自己有法緣的僧伽，其他的都不禮敬？不是這樣吧！他是一個出家人的話，你不能誹謗他，他也是個出家人，他是說法師！

　　重要的是，但凡是出家人，自己一定要恭敬，必須要有恭敬的基礎，恭敬心是基礎。主要是想法、意樂不能有煩惱。可以跟大家說：《廣論》本身就收攝了所有經論的要義，如果認真地以《廣論》為主來修學，就能夠更容易、快速地掌握諸大經論的內涵。

　　一般而言，要恭敬持教的士夫，這不用說。我們對任何教派、任何僧侶、任何一個人，都必須恭敬。不僅如此，如果能恭敬任何一位有情是很好的，比如對一切眾生都起大師之想，這不是很好嗎？這是自己的

一種修心，因為不知道到底誰是佛菩薩的化身，比如說狗、畜生，雖然你這樣看，但也有很多佛菩薩是化現為狗的，這是自己的一種修心方便。但主要是自己對於其他說法者、三乘補特伽羅能夠恭敬的話，是最好的。同樣地，起大師想，像之前講的，對所有的尊長都能視為大師的話，即使對方並不是大師，也能得到大師的加持，主要這是一種很好的修心方便。

寂天大菩薩在《入行論》中說到：「成佛所依緣，有情等諸佛。」[3]有情與勝者，勝者就是指佛。要成佛的話，能不能成辦佛位，依靠著眾生和依靠著佛陀二者是平等的，能否成就佛法是一樣的。「敬佛不敬眾，豈有此言教？」[4]不像恭敬釋迦佛、恭敬佛陀一般地去恭敬眾生，哪有這樣？寂天菩薩這麼說。如果沒有眾生，有辦法成佛嗎？釋迦牟尼佛如果不依眾生，有辦法成佛嗎？這樣思考的話，無論有情和諸佛，對自己的恩德是一樣大的；就成辦佛法這點，成辦的方式基本上也是一樣的。因此對任何眾生都要恭敬，修習淨相是非常重要的。

^妙第三、親近惡知識及惡友過患者：設若親近不善知識，^巴非唯僅此，並及罪惡友，亦令諸^巴昔時曾有功德漸次損減，^巴昔所未有者亦不新生，昔時或有或無一切罪惡漸次增長，能生^巴此生後世一切非所愛樂，故一切種悉當遠^巴遠避離^巴惡知識及惡友。《念住經》云：「為^巴煩惱貪瞋癡一切根本者，謂罪

惡友，此如❶生長有毒❷枝葉之樹。」《涅槃經》云：如諸菩
薩❸補特伽羅依身怖畏惡友，非❹畏醉象等，此❺醉象唯壞❻此
生之身，❼不壞後世安樂及其善因等，前❽罪惡友者❾則併俱壞
❿後世安樂善⓫因及⓬其等起淨心。又⓭復說彼二⓮者差別，謂
前一唯⓯能壞⓰滅肉身，⓱後一⓲能兼壞法身。⓳非唯如是，前
一者不能擲諸惡趣，⓴後一㉑無疑定能擲㉒入惡趣。《諦者品》
亦云：「㉓有情若為罪惡友㉔之蛇執心，棄㉕而不服善知識㉖醫
所配能除彼之正法療毒之藥，此等㉗人者不能得聽聞，縱雖㉘得
聞正法寶，嗚呼㉙此可悲境亦不得自主，重重墮陷放逸㉚之深
崖。」

講記

接著要說第三科。「第三」，妙音笑大師的第三個科判。「親近惡
知識及惡友過患者」，不是善知識，是惡知識，比如說像外道，或假扮
善知識的樣子而去欺騙有情，這種也有很多吧！不可依止惡友、不可以
依止惡知識，要依止善知識。如果依止惡知識的話，只會共同造惡，不
會修善的啊！

「設若親近不善知識，非唯僅此」，不單是這樣的惡知識，親近
「罪惡友」的話，「亦令諸昔時曾有功德漸次損減，昔所未有者亦不新
生，昔時或有或無一切罪惡漸次增長」，之前的所有功德都會損減、消

失，以前沒有的功德也沒有新生的道理；之前有的所有罪惡都會向上增長，之前沒出現的也會新生。如果這樣，「**能生此生後世一切非所愛樂**」，出生今世及來生所有不想要的東西。所以，「**故一切種悉當遠遠避離惡知識及惡友**」，要遠離、棄捨一切惡知識及惡友。下面也引《念住經》來說明。

真　師：「一切種」，是任何時候嗎？

仁波切：「一切種」——不論任何時候、任何情況下不能依止這些。

「**《念住經》云：為貪瞋癡**」三毒，成為這三毒煩惱「**一切根本者**」，是什麼？「**謂罪惡友**」，惡友能成為三毒的根本。怎麼說呢？如果根是毒的，那所有的枝葉也都會是毒的；根是藥的話，所有的枝葉也會是藥，就像這個喻一般。「**此如毒樹**」，惡知識及惡友是怎樣的？就像毒樹！《正法念住經》這樣說。但不能說「就是根本或基礎」，只是說「能成為基礎、轉成基礎」，惡友能成為一切煩惱的根基，不能直接說就是根本啊！否則說：「無明有法，應當不是一切煩惱的根基，因為煩惱的根基是惡友的緣故。」這不行的，是變成、轉變、能成為的意思。

「**《涅槃經》云**」，再引一部經——《涅槃經》。以「**菩薩補特伽羅依身**」而言，「**怖畏惡友**」，菩薩該怖畏的是惡友，「**非畏醉象**

等」，不會像怖畏惡友那樣害怕醉象。「此醉象唯壞此生之身」，醉象只毀壞今生的身體，「不壞後世安樂及其善因等」，來世的安樂及未來獲得安樂、善趣的因，這是大象無法破壞的！「前罪惡友者」，是怎樣呢？「則併俱壞後世安樂善因及其等起淨心」，把心給毀了，所以現世和來生一起毀壞了。以前擁有清淨心的話，他會去行善，但連這顆能行善的意樂——善妙清淨心也會被毀壞。因此，比如菩薩遇到兩條路：走這一條有醉象在，走那一條有惡友，他會走向有醉象的地方，這沒有其他討論空間，就這兩條路。

口　譯：瘋掉和醉了有否不同？

仁波切：「醉」要說的就是內心沒法自制，也就是一般所說的瘋
　　　　　狂。

「又復說彼二者差別」，醉象和惡友二者的差別。「謂前一」——醉象，「唯能壞滅肉身，後一能兼壞法身」，會破壞法身。「非唯如是」，醉象「不能擲諸惡趣」，不能引入惡趣。「後一無疑定能擲入惡趣」，絕對肯定會送入惡趣！

口　譯：「法身」是指什麼？

仁波切：「法身」指自己相續中的功德，比如說擁有的菩提心等
　　　　　等，都會因為惡友而遭到破壞。

　　再引經典依據。「《諦者品》亦云」，也是一部經。「有情若為_罪惡友之蛇執心」，心被惡友之蛇給抓住。「若為惡友蛇執心，棄善知識療毒藥」，以蛇為喻來講。「有情若為_罪惡友之蛇執心，棄而不服善知識醫所配能除彼之正法療毒之藥，此等人者不能得聽聞，縱雖得聞正法寶，嗚呼此可悲境亦不得自主，重重墮陷放逸之深崖」，比如說，親近惡友，自己的心就有如被蛇抓到一般。被蛇咬會死吧！自己心中的法，希欲白淨法的心也會因此而毀壞，就如同心被蛇抓到一般，不是身體被蛇抓到，是如心被蛇抓到。

口　　譯：把惡友比喻為蛇的形相是嗎？

仁波切：比喻為蛇的形相，就像牠咬了你心中的法一般。如果被蛇咬到，能去除毒液的藥是什麼？就是善知識所說的正法，善知識醫所配的法。醫生是善知識，他所配的解毒藥就是正法。「棄而不服」，因為惡友的影響，他不服藥、不依止善知識。因為惡友的關係，棄捨善知識，不如理依止、邪依。如果這樣做的話，「此等人者不能得聽聞正法寶」，這樣的人就無法聽聞極珍貴的正法，沒有聽聞的機會。由於惡友的關係，而隨散亂所自在，因此想聽聞正法的心完全捨棄。「嗚呼」，這是非常痛惜的意思，是哀嘆語。「此可悲境亦不得自主」，「可悲境」指這種人，因為自己心不得自主，跟隨著惡友，而「重重墮陷放逸之深崖」，為放逸所自在，因此無法行持正法。那「放逸」是

怎樣呢？比喻為大險崖、很高的崖，從崖邊一直往下掉，層層下墜。這四句是從《諦者品》中說的。

口　　譯：第三、四句是：縱雖得聞正法寶，也會墮入深崖？

仁波切：是啊！放逸的深崖，縱使聽到一些法，而由於放逸的緣故，他也不會修持正法嘛！

真　　師：問一下，就是剛才你翻譯說（此對話是在問口譯法師），如果他被惡友執持心的話，他心中的法都中毒了，他這個時候應該是……

口　　譯：他被咬到心之後，心中了毒，就好像被毒蛇咬到人會死一樣。

真　　師：理解！然後這個時候他應該去找善知識，可是他卻拋棄善知識？

仁波切：這個時候根本不會去找！心被蛇咬到的時候，之前心中所有的法都會失去，沒了！是說之前心中有的那些法就沒了，就如被蛇咬到一般。

真　　師：我只是有一個翻譯的地方不清楚。就是說，是這個人一旦被惡友執持之後，他的反應就是放棄善知識、療毒藥，是這樣！我是在想可不可以這樣翻？但是你解釋那個意思是說：若這個人被惡友執持之後，他應該要去找善知識，可

他卻拋棄了善知識。還是他一被惡友執持，馬上他的行為就出現拋棄善知識，這邊有一個時間性的差別。

口　譯：是說他為什麼會拋棄善知識？

真　師：對！因為他被惡友執心。

口　譯：是說不依善知識的原因？

仁波切：不依善知識的原因是因為惡友的關係。被惡友執心的話，他就不會去依止上師，就算有上師，也會拋棄上師。這是因果對吧！心已經偏了。

居　士：這個時候應該是依止善知識，結果他卻放棄了。

仁波切：不是、不是！

真　師：不是這樣的！

仁波切：不是，這個時候應該親近善知識是吧？不是、不是！

真　師：不是這樣的，我也覺得不是這樣。

仁波切：心被毒蛇所執持，即使他之前有上師，也會把那上師拋棄了，是講這個。哪有被惡友的蛇抓到後，就從此去依止上師的，這時的心是想不起來的！

真　師：對、對！

仁波切：被蛇執持到的那個「心」是什麼呢？可以說是想依止上師的心，這依止上師、善知識的心就會失壞了。

真　師：對！所以說他這兩個反應，就是一旦被那個蛇執住之後，他是不可能去依止善知識的！所以不會說「他想依止善知識，可是他卻離開了善知識」，那個可能性就沒有了。

口　譯：這有因果嘛！因為心被惡友所攝受，所以他自然就⋯⋯

仁波切：棄捨了上師！就是這樣。心已經被惡友所執持，然後想去依止上師的想法是根本不會有的！

真　師：挺奇怪的！

法　師：不會有這個果產生就對了。就是一咬到以後中毒了，就對善知識反感，棄捨善知識的言教。

真　師：對、對！

仁波切：對，是這樣。之前是依止上師的，也有聽聞正法，但因為這惡友的關係就沒了。由於惡友的影響，就跟善知識分離，之前心中有的妙法全部忘失，而為散亂所自在，就這樣下墮了。

口　譯：因此掉入那個⋯⋯

真　師：放逸。

　　《親友集》云：「㊐於舍衛城時，世尊一側提婆達多並其惡眷圍繞而住，復於一側舍利子並諸離欲之士圍繞而住。見二眾已，具信諸婆羅門及長者等訶斥提婆達多，於舍利子生起信心，依於此故，說此三偈。㊐惡友無信而㊐極貪慳吝，妄㊐說不諦實語及㊐挑撥離間，㊐具慧智者不應㊐與此輩親近㊐為伍，㊐亦勿共㊐此外其餘罪惡㊐之人住。㊐其因相者，以若自不作惡，親近㊐並與諸作惡㊐人者㊐共住，㊐縱然其人不作惡，亦不沾染其友過失，餘人由其與此過愆之人共住，當念何乃如此？亦疑㊐之為作惡，㊐依此惡名㊐蜚語亦增長。㊐是故若人近非應㊐當親㊐近之罪惡者，㊐其人先前雖無過失，後由彼㊐罪惡者之過失㊐增上力故，亦使另一方無過者成過，㊐譬如毒箭置㊐箭囊，㊐後時其毒亦穿㊐先前其餘箭中無毒者㊐故。」㊐設念：若爾，罪惡友及惡知識者㊐為如何耶？謂若近誰能令性罪遮罪惡行，諸先有者不能損減，諸先非有令新增長。善知識敦巴云：「㊐補特伽羅下者雖與上伴共住，僅成中等。㊐補特伽羅上者若與下者㊐友伴共住，不待㊐辛苦劬勞，而成下趣。」㊐是故知識以及友伴，於此初修行者之時，至為切要。

講記

　　《親友集》中也有提到。「《親友集》云：無信而慳吝，妄語及離間，智者不應親，勿共惡人住。」在箋註中有講到一段故事。這裡的這些法偈，是薄伽梵住在舍衛城的時候，在薄伽梵的一邊，有提婆達多[5]。

　　口　譯：魔？

　　仁波切：不是，是提婆達多那時待在佛薄伽梵的一邊。

　　「提婆達多並其惡眷屬圍繞而住」，一邊是提婆達多。「復於一側舍利子並諸離欲之士圍繞而住」，一邊有舍利子[6]，許多遠離貪欲之士圍繞。「見二眾已」，看到舍利子及提婆達多二者。「具信諸婆羅門及長者等」，這些人應該是當地的楷模。「訶斥提婆達多」，呵責提婆達多，而「於舍利子生起信心，依於此故」，佛陀說了下面這些偈頌。

　　口　譯：說此三偈？

　　仁波切：「說此三偈」，下面說了三個偈頌。

　　口　譯：現在說的「具信諸婆羅門及長者」是什麼？

　　仁波切：是在那個地區的人，有婆羅門、有具信的長者。

口　譯：這邊說的是一個婆羅門、一個長者，還是說很多人？

仁波切：應該是很多人。

　　「無信而慳吝」，「惡友無信而極貪慳吝」。「妄語及離間」，「妄說不諦實語」，說謊話為妄語。「挑撥離間」，別人和睦相處卻對其挑撥離間的人。「具慧智者不應與此輩親近為伍」，「與此輩」，就像提婆達多這種人，具智慧的人不應該與這種人為伍，不可以與他們為友，這是惡友。「亦勿共此外其餘罪惡之人住」。

口　譯：「此外其餘」說的是什麼？

仁波切：上面所提過的以外。

口　譯：是智者以外的惡人嗎？

仁波切：不是。上面有「無信而慳吝，妄語及離間」對吧？對這些
　　　　人，具慧的人不應與之為友，除上述以外，其他的罪惡之
　　　　人也不應與之為友。不應為友的原因在下面會說。

口　譯：說這三個偈頌的人是婆羅門和長者嗎？

仁波切：應該不是他們。「長者等訶斥提婆達多，於舍利子生起信
　　　　心，依於此故，說此三偈。」說的人應該是薄伽梵本人。

　　不應與他們為友伴的原因是什麼呢？「若自不作惡，_親近並與諸作惡人者共住」，如果一位不作惡的人和作惡的人相伴。「縱然其人不作惡，亦不沾染其友過失」，雖然那個人沒有作惡，他也沒有被惡友影響而沾染其作惡的過失，但是卻與惡友相伴。其他的人見到時會想：「其與此過愆之人共住」，與罪惡之人在一起，他也有做這件罪惡吧？「當念何乃如此？亦疑之為作惡，依此惡名蜚語亦增長」，比如你和一個小偷在一起，其他人很容易想：既然和小偷在一起，你也有偷吧！就像這樣，所以說「惡名亦增長」。這個是第二個偈頌。

口　譯：這「惡名亦增長」說的是同時還是之後呢？

仁波切：「惡名亦增長」，會同時增長不好的惡名。如果靠近作惡的人，會增長壞名聲。和小偷在一起，別人看到時，會想：你和小偷在一起，應該也是不幹正事吧！

　　第三個偈頌。「人近非應親」，不應親近罪惡友，如果靠近惡友作朋友。「其人先前雖無過失」，即使是一個之前沒有任何過失的人。「後由彼罪惡者之過失增上力故，亦使另一方無過者成過」，之後由於惡友的影響，也會變得有過失。「如毒箭置囊，亦穿無毒者」，這裡應該是「亦染無毒者」。就好像以前的弓箭有放置的箭箱，將一支箭放入塗了毒的容器之中，所有的箭也會被毒沾上。其他的箭不用塗上毒藥，也會變成毒箭，只要一支箭就可以了。同樣地，沒有過失的人如果與

惡人為友的話，也會成為有過失者。因此「譬如毒箭置箭囊」，在容器中塗了毒的時候，「後時其毒亦染先前其餘箭中無毒者故」，這是出自《親友集》所說。「如毒箭置囊」這一句實際上是說在容器中放了毒，在上課解釋時，會說箭進了有毒的容器。在字面上是「箭置塗毒囊」吧？囊是什麼呢？就是容器。在容器裡放了毒，雖然箭是沒塗毒的，但最後全部都染到了。在講解時，是說一支箭被染到的話，那就會遍及到所有的。

口　　譯：這邊就是在比喻說……

仁波切：字面上看，就是容器裡面放了毒。

口　　譯：放毒？

仁波切：有說「箭置塗毒囊」吧？所謂囊就是容器，是說容器中放了毒的話，就不用去塗箭。

口　　譯：這邊說的不是指有支毒箭放進去後，才塗到其他的箭嗎？

仁波切：不是這樣說的，是在這容器中放毒，字面上是這樣，上課是這樣講解的。是說「箭置塗毒囊」，漢文是這樣的嗎？

口　　譯：是「如毒箭置囊」。

仁波切：囊就是容器，這容器中塗了毒，把箭置於其中的話，所有箭都有毒，是指這個。這個解釋方式不一樣，我們上課時

是解釋箭放進這個容器中的話，毒就會遍及於所有的箭。

法　師：變成「毒箭置毒囊」。

真　師：不是，是「如毒置箭囊」。

仁波切：嗯，如毒置箭囊。

真　師：如毒放在箭囊裡邊。

仁波切：喔，對、對！

真　師：可是他翻譯的是「如毒箭置囊」。

仁波切：不管怎樣，意思都是這個。一支箭塗了毒，如果與此一起
　　　　放到容器裡的話，一切都會遍布毒了。就是這個喻。

口　譯：也是可以用剛才的方法解釋，一支箭如果有毒的話，在裡
　　　　面的其他箭也是會染到的。

仁波切：對，是這個。現在知道了嗎？

口　譯：意思是這個，但字面上是說，在容器中下毒，放進去的箭
　　　　都會染上。

仁波切：對。

　　那麼，這樣的惡友是什麼樣的呢？應該要觀察而辨識這樣的「罪惡

友及惡知識」，對吧？如果不辨識的話，會認為是善友，不知道嘛！
「為如何耶」，要如何去觀察呢？要從下文了知。「謂若近誰」，如果
依靠這個人的話，「能令性罪遮罪」，罪，就是罪惡、作惡的意思。所
謂性罪，指沒受三種戒律的人，比如長者、普通的人去殺生的話，就是
性罪；如果比丘殺生的話就是遮罪。

口　譯：比丘？

仁波切：比丘殺生的話是遮罪。

口　譯：比丘殺生的話？

仁波切：對。如果一個沒有戒的人去殺生的話就是性罪。

　　一旦親近了他，使罪「惡行，諸先有者不能損減，諸先非有令新增
長」，自己以前所作罪惡沒法向下滅盡，先前沒有的罪惡令新生，這種
人就是惡知識、惡友。

口　譯：如果親近他的話。

仁波切：對，這是惡友、惡知識。使自己所有的過失、不善的行
　　　　為，不僅沒有滅除反而增長的人，這就是惡友、惡知識。

口　譯：那要怎麼去觀察惡友的內涵呢？

仁波切：但凡依止後，會變成和這惡友一樣的人。

　　「善知識敦巴云」，種敦巴說：「補特伽羅下者雖與上伴共住，僅成中等」，縱使和善友為伴，功德下劣的人與具功德的人為伴，也只能得到中等功德，要獲得上等功德是有困難的。「補特伽羅上者若與下者友伴共住，不待辛苦劬勞，而成下趣」，賢善之人要成為惡友、下劣之人，不用什麼辛苦很快就變下劣者了。就像我們從山上往下滾石頭一般，石頭往下滾容易，往上滾難，對吧？就是像這樣。「是故知識以及友伴，於此初修行者之時」，我們一開始的慧力還不是很廣的時候，觀察善知識及善友是極其重要的！要斷除惡友依止善友，以及斷除惡知識而依止善知識，此「至為切要」。依止軌理就是這樣，依止勝利、不依過患全部都講完了。到了第六科攝彼等義，現在我們先告一段落。

真　　師：師父，可以問一個小問題嗎？

仁波切：嗯，說吧。

真　　師：就是講到惡友，《親友集》裡面說：「無信而慳吝」，那個「無信」是對什麼沒有信心？是不信業果，還是不信三寶，還是什麼？

仁波切：這個是對三寶沒有信心。

註釋

1 **在之前《藍色手冊》裡有講**　《藍色手冊》中提到:「自之敬心無有間缺,亦勵趣行上師所喜,雖為師意之所棄捨,此生縱雖不得加持,後不乏師是乃法性,諸業已造不失壞故。」夏日東活佛解釋,雖然自己努力以敬信令師歡喜,但由於見解錯誤,或因其他的小過失,讓上師不歡喜,被師心意所捨的時候,那對上師修敬信是否沒意義呢?是有意義的,就算今生不得加持,來生自然不匱乏善知識,會被上師所攝受,或被與師相等、比師尊勝的上師們所攝受,因為修敬信的業,縱經百劫也是不會失壞的。

2 **明處**　學問,透由學習可以獲得的知識。有大五明、小五明等各種分類。

3 **成佛所依緣,有情等諸佛**　引文出自《入行論‧安忍品》113偈。

4 **敬佛不敬眾,豈有此言教**　引文出自《入行論‧安忍品》113偈。

5 **提婆達多**　義為天授,甘露飯王之子、阿難之兄。雖從佛出家,由於貪求利養恭敬,常對釋尊心懷嫉妒,雖然能口誦諸多經典,最後仍造下諸多無間重罪而墮入地獄。

6 **舍利子**　為釋尊座前二大弟子之一,也是佛聲聞弟子之中智慧最超勝者。

攝彼等義

第六、攝彼等義，^妙分二：第一、勝利者：世遍讚說尊長瑜伽教授者，應知即是如前所說^巴求一具相知識，次以意樂加行二門如理依止。

講記

那麼親近善士這部分，現在到了「第六、攝彼等義」，在攝彼等義這部分分成兩科，這是前面講的意樂親近軌理和加行親近軌理等所有內容的總結。「第一、勝利」，要說勝利。這裡分成兩科，其中的第一科說的是勝利。

口　譯：分二科？

仁波切：這裡分了兩科啊！

口　譯：我這裡是分三科。（果芒本）

仁波切：用現在這種版本解說就可以了，我這本只分了兩科，應是兩個版本不同，但不管哪一種，都一樣要講勝利。先說依止善知識的勝利，第二要說過患，第三個是什麼？「自應勵備法器諸法」？

口　譯：「教誡應當勤修一切生中得善知識攝受方便者」。

仁波切：嗯！拉卜楞寺本裡面可能是遺漏了，我想可能遺漏了。

　　那麼第一科，「**世遍讚說尊長瑜伽教授者**」，一般而言，「尊長瑜伽」在顯教裡有，密教裡也有。如果以近代的西藏而言，主要是以密教的上師瑜伽比較普遍；顯教的上師瑜伽，例如有《兜率眾神頌》，即「從於睹使天眾依怙心」這部課誦，這當中沒講密法。這個例子是只有顯教，其中並沒有講到密法。《兜率眾神頌》是色舉派[1]的上師瑜伽；格魯派裡有兩種上師瑜伽的傳承，一為色舉派，一為溫薩耳傳[2]派。溫薩，應該知道吧！一是色舉派，另一個是溫薩，溫薩耳傳，你們聽說過吧？

真　　師：溫薩耳傳教授！

仁波切：溫薩耳傳，還有一個叫做色舉派，兩個傳承。

真　　師：色舉？

仁波切：嗯，色舉派。

真　　師：是哪個字？

仁波切：不知是哪個字？藏文裡面是「色」（ཤར），漢文裡面就是那個音，溫薩也是，沒有一定。

那麼總的來說，《兜率眾神頌》是色舉派的，《上師薈供》是溫薩耳傳派，依止宗喀巴大師是以這兩個比較著名。以《兜率眾神頌》而言，一點也沒有密法，只有顯教；《上師薈供》就有說密法，顯密二道全部圓滿。「應知即是如前所說」，要修尊長瑜伽的話，主要是要修持依師軌理、意樂親近軌理；要修尊長瑜伽，就要修持這種尊長瑜伽。箋註裡提到：「求一具相知識，次以意樂加行二門如理依止」，應知所謂的尊長瑜伽主要就是這個，不是只是課誦；是說先找一個具相知識，接著以意樂、加行二門如理依止，應知此為尊長瑜伽。

口　　譯：尊長瑜伽有《兜率眾神頌》、《上師薈供》？

仁波切：這些都是尊長瑜伽。

口　　譯：《上師薈供》是屬於密法，是溫薩耳傳？

仁波切：《上師薈供》不是只有密法，顯密二者皆有，那裡面圓滿講述了顯密二道。《兜率眾神頌》在文字方面沒有密法，一般而言可能也可以從密法來講，這就不知道，但文字方面沒有說殊勝密法。

前面我們講了很多親近善知識軌理的法，講的是依止上師軌理、親近知識軌理。那麼所有親近知識軌理，都收攝到短短的尊長瑜伽儀軌裡面。要如何結合到自己修行呢？主要是以意樂親近軌理的角度修持。這

裡面雖然也有加行親近軌理，最主要還是從意樂親近軌理修持，將上師視為真實佛陀，將自己的上師修成與至尊宗喀巴大師、勝者釋迦能仁、金剛持等體性毫無差別，這種瑜伽就稱為尊長瑜伽。親近知識軌理就是這個，是將前面講到的親近知識軌理，全部匯集於此的修行方式。

實際上，下面講到資糧田的時候，也有將上師、善慧、能仁、金剛持這些全部修成體性無別的。比如在《上師薈供》裡，是要把自己的上師修成宗喀巴大師。那麼，你可能會想：這不是自己的上師啊？必須想成是自己的上師，要想自己的上師和他的體性毫無差別。所以有人說：不用修成是釋迦牟尼佛。是要修的，要想成和釋迦牟尼佛體性無別，想成與勝者金剛持體性無別，在此之上修持。能令親近知識軌理中所有的證量在相續生起的方便，就是所謂的上師瑜伽，所以說要修上師瑜伽。

依止宗喀巴大師的尊長瑜伽法中，主要的就這兩個；依止宗喀巴大師——上師文殊怙主的尊長瑜伽較為有名的就是《上師薈供》和《兜率眾神頌》這二種。除了這二種外，依止自己上師的上師瑜伽儀軌還有很多很多，各式各樣長短不同的很多。不管怎樣，依止宗喀巴大師的尊長瑜伽修法中，最主要、較有名的便是由宗喀巴大師親自以耳傳的方式傳下來的修法，後來由班禪善慧法幢大師[3]述諸文字。溫薩這派寫成文字的人是班禪善慧法幢大師，是他說的《上師薈供》；而將色舉派的尊長瑜伽《兜率眾神頌》寫成文字的人是篤那巴[4]，實際上這也是從宗喀巴大師輾轉傳下來的。

口　　譯：是作解釋嗎？

仁波切：不是作解釋，是寫成文字。《上師薈供》儀軌的作者是班禪善慧法幢大師，內容是以前宗喀巴大師傳到溫薩巴，代代相傳而來。班禪善慧法幢大師為了後代所化機，而將這所有的修法，寫成文字、寫出儀軌。

口　　譯：《上師薈供》。

仁波切：對！寫了《上師薈供》，這是溫薩耳傳派。色舉派的《兜率眾神頌》也是這樣，耳傳就只是代代口耳相傳而已，之前並沒有寫出儀軌，後來才由一位叫篤那巴的祖師寫出來。

口　　譯：篤那巴？

仁波切：對！篤那巴，寫成儀軌的人就是他。

　　若一二次修所緣境，全無所至。若是至心欲行法者，須恆親近無錯引導❶道途最勝知識。爾時亦如伽喀巴云：「依尊重時，即恐捨離。」謂若不知依止軌理而依止者，不生利益反致虧損，故此依止知識法類，較餘一切極為重要。見是究竟欲樂根本，故特引諸無垢經論，並以易解、能動心意、符合經義諸善士語而為莊嚴，將粗次第略為建設，廣如餘處，應當了知。

講記

「若一二次修所緣境」，一般所謂的尊長瑜伽，應該要理解為「以意樂加行二門如理依止」，不是僅僅念誦儀軌而已。但是「若一二次修所緣境」，在尊長瑜伽法的儀軌上，對所緣僅修一兩座，只是今天、明天，花一兩天去修持的話，這樣「全無所至」。依師的證量在相續中是無法生起的，「全無所至」就是這樣。

下一句很重要！「若是至心欲行法者」，我們是不是至心欲行法者？多半我們去說法、去學法，也只是給別人看，或是別人有需要，或為了自己生活而已。能打從內心自己真的想成就佛法，這種人是很稀有的，這句話講的就是這個。「若是至心欲行法者」，那些希求解脫，真心有這種殊勝心的人，「須恆親近無錯引導道途最勝知識」，這是根本、道之根本，而且不是承事上師一兩天就可以了。對所緣境只修一兩次，今天只花一小時修一修上師瑜伽，明天就忘記了，這樣的話全無所至，不可能的！「若是至心欲行法者，須恆親近無錯引導道途最勝知識」，是說必須長久、長時間如理依止。

口　譯：「一二次修所緣境」是什麼意思？

仁波切：修行時只是修一、二次，他說要修上師瑜伽法，今天修明天又忘了，只修一、二次，「全無所至」，這樣在心續當中是生不起證量的。

請大家要多留意！主要是這樣一句話。可說是宗喀巴大師對我們講的教授也好、口訣也好、遺囑也好、心裡話也好，這一句有許多值得思考的地方。這在漢文是作「如是至心欲行法者」，這個文字表達的力道就沒有那麼強大。在藏文中，是從心深處！從心深處！「打從心底想要修法的話，須恆如理親近無錯引導最勝知識」，我們說這是宗喀巴大師的口訣或是遺囑，沒有比這更好的開示了。在藏文中這句話的力道是非常強大的、非常大！「若是至心欲行法者」，這是宗喀巴大師對我們的遺囑──我們現在看不到宗喀巴大師，這對我們來說就是遺囑。

若是打從心底要修法的話，這裡面有很多內涵可以去想。如果不是這樣，自己去修行時，若只為了向別人誇耀，或為了自己的生活，這樣是不行的，現在修行者很多都是這樣！必須是打從心髓想要修行才行。如果不是這種，是修行給別人看，近代大部分修行人都是如此。那些修法的人為了向人誇耀，辦了很多大法會、水陸法會。要怎麼講，說這些不好嗎？但如果要說這些是清淨的法，不是挺困難嗎？

我們學佛的目的，我們學佛的目的，這要觀察自己學佛目的到底如何？到底如何？這必須要觀察自己的心啊！觀察自己的心。我們學佛的目的不是讓別人看的，不是讓別人看。我們很多人在學佛的過程當中，為了自己的生存、為了自己的名譽、為了自己求名求財！宗喀巴大師這裡講的，這個意思很深的，在藏文的這個「凝沓巴內」（ སྙིང་ཐག་པ་ནས ，至心）這個「沓」字的義涵是很深的！但是這漢文上翻過來是「至心」，我看這個詞句的力量不太強。

在藏文當中「凝沓巴內」，假如你真正地、專心地要學佛的話，你就要這麼做，就要依止具量善知識！大體意思就這樣。這就是要我們觀察自己的心啊！我們求法、學法到底目的是什麼？不管別人，慢慢觀察自己的時候，我們也很容易出現這樣的事啊！哪怕你是一個寺廟的大格西也好，「我當一個大格西，我這個名字、名譽啊，普傳於這個世界。」如果有這樣的想法，就不是專心學佛的人。在這裡宗喀巴大師強調的一點，你是專心、真正的一個學佛人的話，這樣的法你千萬不要放棄，千萬、千萬要把這個法學好！大體意思就這樣。我的漢文沒有說得很好，大概就這樣。

這個的下面「伽喀巴云」，伽喀巴是迦當派的祖師，「伽」是指尸林的意思，「伽喀」，尸林，放屍體的地方、墓地。伽喀巴上師應該是為了修習無常，長時間住在尸林中，所以才名為伽喀巴。「依尊重時」，你依止上師時，「即恐捨離」，這個意思是：「謂若不知依止軌理而依止者，不生利益反致虧損，故此依止知識法類，較餘一切極為重要」，又再次強調說明。「如伽喀巴云：依尊重時，即恐捨離。」他只說了這些，下面是宗喀巴大師講的。

伽喀巴說的比較難懂，所以在很多《廣論》的引導中，有很多種解釋方式。比如拉卜楞寺的阿喀慧海，以前非常有名，是很久以前的人，他是一位大格西，是色舉派的教主。他解釋的方式，是說雖然待在上師面前，但是意樂和加行不如理依止而捨離上師的意思。「伽喀巴云：依尊重時，即恐捨離。」是不如理依止上師的意思。接下來是宗喀巴大師所講的，「謂若不知依止軌理而依止者」，一點都不知道該如何依止。

依止軌理要努力學，不學的話不能很好地了解依止軌理，這樣不能得到利益，反而會遭致虧損。因此「此依止知識法類」，上面宗喀巴大師說了很多，這裡又再次強調「較餘一切極為重要」，說若是欲行法者，沒有比這更重要的！

「見是究竟欲樂根本，故特引諸無垢經論」，引用佛陀的言教和解釋。「並以易解、能動心意」，容易理解、動心；指宣說了能調伏心續的方法，這是「能動心意」的意思。「符合經義諸善士語而為莊嚴，將粗次第略為建設」，以善士們的這些語錄作為莊嚴而撰寫。「廣如餘處，應當了知」。

口　　譯：可否再說一次「依尊重時，即恐捨離」？

仁波切：不如理依止上師而捨棄他，這是慧海大師[5]說的。不如理依止上師而捨離上師、拋棄上師，就是這個意思。

口　　譯：伽喀巴是？

仁波切：伽喀巴是迦當派的大德。「伽喀」就是尸林的意思，他常常在尸林裡修行，所以人們叫他是伽喀巴——尸林者。

口　　譯：慧海大師是？

仁波切：拉卜楞寺的慧海大師，慧海格西，是以前的那位，而不是後來另一位慧海大師。前一位阿喀智慧海，是一切灌頂、

嚨、口訣的寶庫、根本，他講授很多灌頂、教典、口訣，是這樣的大上師。他不是轉世仁波切，是格西，雖然著作了很多論典，但主要他是灌頂、嚨、口訣的庫藏。慧海格西在各大寺、雪域西藏，沒有人不知道的。

口　譯：「棒」（ སྤང་ས，捨離）是什麼意思？

仁波切：捨棄、放棄。

口　譯：「究竟欲樂根本」是什麼意思？

仁波切：最終目的的根源，這裡面有講。漢文是怎麼翻？

口　譯：「究竟欲樂根本」。

仁波切：這就是了！

　　這裡並未廣說一切依止善知識的法類，而是「粗次第」；是約略的，不是非常非常廣的，就是所謂的「粗次第」。是依著無垢的佛語和釋論，以及諸善士的語錄作為莊嚴而撰寫的。「廣如餘處，應當了知」，想要了解更多可從其他地方了解。

口　譯：「能動心意」是什麼意思？

仁波切：能動心意，就是能讓心趣注、能調伏心續的意思。容易了

解，又能動心。

「廣」說則要從何了知呢？下面沒法一一寫出，應該就是指上面那些引據的經典。那要從何了知呢？《三十四本生論》、《三摩地王經》、《妙臂請問經》、《中觀四百論》、《般若八千頌‧常啼菩薩品》、《華嚴經》、《寶炬陀羅尼》、《金剛手灌頂續》、《幻化網續》、《十法經》、《寶雲經》、《事師五十頌》、《不可思議祕密經》、《地藏經》、《正法念住經》、《涅槃經》等，這都是上面引用的部分。除了這些以外還有很多。

居　士：前面引過的都要看？

仁波切：對、對，前面引過的，主要是這個。還有呢，《宗喀巴大師傳》、《噶當父法》、《子法》、《密勒日巴尊者傳》等等，無論是哪位上師的傳記，沒有不提到依止軌理的。很多傳記這裡就不詳述了，廣的要從這邊了知。主要還是從經和續、佛語和釋論等所講的，任何顯密經典都會講到很多依止法的部分，所以說應該從這些來廣泛地了知。

前面我們剛剛唸過的，宗喀巴大師在這邊講到「故此依止知識法類，較餘一切極為重要，見是究竟欲樂根本」，這是宗喀巴大師給我們的口訣或遺言，至於能否留心於此就看我們自己了！

口　譯：這是宗喀巴大師留給我們的口訣？

仁波切：「較餘一切極為重要」，從漢文翻譯來看，我還是感覺不
　　　　夠。「極為重要」，這裡的意思是再也沒有更重要的事，
　　　　再也沒有更重要的意思！「究竟欲樂根本」，你究竟的欲
　　　　樂根本！這段話是很重要、很重要！總體就是這些。

⬥第二、若不能如是，懺悔過失者：我等煩惱極其粗重，
既不了知依師道理，知亦不行，復從多處聞法，此等當起無量
依師之罪；即於此罪，亦難發生悔❷前防❷後等心，故應了知
如前所說勝利過患，數數思惟。於昔多生，未能如法依止諸
罪，應由至心而悔，多發防護之心。自應勵備法器諸法，數思
圓滿德相知識，積集資糧，廣發大願，為如是師乃至未證菩提
以來攝受之因。若如是者，不久當如志力希有常啼佛子，及求
知識不知厭足善財童子。❸傑喇嘛為吾等後學垂賜悲語教授，
當置心中，竭力行持。

講記

「若不能如是，懺悔過失者」，這是第二科。你那本是寫什麼？

口　譯：「宣說若不如理依止知識有過患者」。

仁波切：不如理依止，就會有過失，如果有過失，就應該懺悔。

「我等煩惱極其粗重，既不了知依師道理，知亦不行，復從多處聞法，此等當起無量依師之罪」，「我等」是指我們，我們的煩惱非常粗重、非常粗重，而修法的心非常地鈍劣，因此對於依師道理大部分都不了解；即使知道了一些，仍然「不行」，不如理依止，像這樣的人是很多的。「復從多處聞法，此等當起無量依師之罪」，如果不知道這樣的道理去依止善知識，會生起無量罪過——依師之罪！「罪」就是惡業的意思，說會生起無量之罪。

如果有這些過失，不管是這輩子、前輩子，依此出生的諸多過患，這些全都得靠上師相應法，將以前違背上師教誡等，不如理依師的所有罪過懺悔，這很重要！要打從內心發起強烈的悔心進行懺悔，以及要有「從此以後絕不再犯這樣的過失、不要再有依師之過」的防護心。像這樣的心，對我們而言「亦難發生」，我們很難生出這種心態，去反省思考的話，會發現是很少的！「故應了知如前所說」，按著前面依止善知識的段落所說的「勝利過患」，最初在學習時，要好好理解，接下

來要「**數數思惟**」，在這上面再再去想。「**於昔多生，未能如法依止**」知識「**諸罪，應由至心而悔，多發防護之心**」，打從心底懺悔，然後懷著「**從今以後要如理依師**」的堅固防護心。由於很難生起這樣的悔防之心，所以說要了知前面所說的勝利、過患等。

「**第三、教誡應當勤修一切生中得善知識攝受方便者**」（仁波切唸果芒本的科判）。「**自應勵備法器諸法**」，指符合自己心量的法器諸法。從最初就疏忽依師軌理等法，而要去修甚深的密法，這是不可以的；應按自己心量，去努力成辦符合自己心量的法器諸法。之後「**數思圓滿德相知識**」，善知識之相，就是先前講的《經莊嚴論》裡提到的十德相。數思圓滿德相知識，「**為如是師乃至未證菩提以來攝受之因**」，為了要被這樣的善知識攝受。它的因是什麼呢？就是「**積集資糧，廣發大願**」，「願我一切生中都被大乘善知識攝受！」要打從心裡這樣去發願。「**若如是者**」，自己如果能這樣去努力，「**不久當如志力希有常啼佛子，及求知識不知厭足善財童子**」，之前在《華嚴經》裡有提到善財童子的事蹟，這邊說「不久」我們就能變成如《華嚴經》裡講的善財童子，和《般若八千頌・常啼菩薩品》裡講的常啼佛子。不久就能成為「求知識不知厭足善財童子」，像善財童子一樣，依止知識不知厭足。

口　譯：「自應勵備法器諸法」，什麼是法器諸法？

仁波切：符合自心，適合自己心量。

口　譯：也可以說是指學的人應努力具足弟子相嗎？

仁波切：對！可以這麼說，應該是這樣。若不具足弟子相，自己就
　　　　應該勵力完備這些。所謂「法器諸法」，應該修持符合自
　　　　己心量的法。為什麼呢？所謂「堪為法器」，是自己要努
　　　　力成為法器的，自己的根機是自己要創造條件，才能把自
　　　　己的根機圓滿啊！自己去創造條件！

　　一般來說，在藏地有一些善知識會學習《華嚴經》，但是非常少，
並沒有很多人在學，在漢地就有很多人在研閱《華嚴經》。《土觀宗派
源流》記載很多中國大德修持《華嚴經》[6]，在社會裡也有很多人研閱
《華嚴經》，這樣很好，能研閱《華嚴經》等諸多經典是很重要的。

　　下面是語王尊者的箋註。「傑喇嘛」，和前面講過的一樣，這正是
大師對我們講的口訣、遺教，在此為我們總結而講的無上教授。傑喇嘛
「為吾等後學垂賜悲語教授，當置心中，竭力行持」，要全力以赴、盡
力去實踐，這很重要！

　　前面「稍開宣說」依止軌理，接下來講的是「總略宣說修持軌
理」。「總略宣說修持軌理」，在任何一個道次第的法類都會提到。下
面的方式都一樣，一開始是廣說，之後總攝而說。那什麼是「總略宣說
修持軌理」？在這個章節會直接抉擇各別的修習方式，而宣說自己應該
如何修持，後面以此類推。任何的道次第法類，不管是暇滿也好、下士
道中的念死無常也好，要一一按照這樣的次第去修持每個法類。我們依
止軌理已經學完了，這就是一種法類。那講了「總略宣說修持軌理」以

後，關於在這個章節要出生什麼，在教完了以後自己就要去修，要去修持，過程中一一消除修持中所生的疑惑，而對此獲得少許定解——一般而言，必須獲得定解。獲定解後，下面是「暇滿難得」，再來就是按每個法類次第下去。總之，在總略宣說修持軌理時，直接說明了修持的方式，此處是依師的部分。

我們說「道之根本是親近知識軌理」，在科判中，這是道之根本。道次第的所有法類，包括後面的下士道也好、中士道也好、上士道也好，所有的根本就是指親近知識軌理；而下中上士所有的法類，都如同樹枝一般。如果是這樣，我們之前有說到，比如秤的兩邊沒有輕重差別，依止軌理和後面的所有道次第，各放一邊，是沒有輕重之分的。

要對道之根本依止法，及所有道次第的法類略作觀修其實不難。比如說在諸多上師的傳記中說，有一位上師在單腳放在馬鐙上的時候，一剎那就能對全部道次第作一次略修。騎馬、上馬時都能對道次第作略修，可見只要自己在心上養成習慣其實就不太難。從依止善知識軌理作為根本開始思惟，暇滿難得和依止軌理為前行法類。後面的下士道，從念死無常開始，然後三惡趣苦、皈依、業果，這四者就結束了下士道。之後就是中士道——四諦、十二緣起，中士道就結束了。再來就是上士道，六度，之後四攝。當然，所謂略作觀修未必就是這樣，最主要在這之上要讓心中生起所有道次第的證量，就是要把依止法當作根本，去修其他的道次第，這樣會比較容易。有根本的話，再去修其他的道次第，在心中要生起證量就比較簡單了！

　　在依止法的部分，比如之前法師說到，有些人學了這個法類，知道了上師要具足上師的德相，因此生起很多對上師觀過之心。這主要是自己信心不穩固、不堅固的象徵，才會想：「上師有過失吧？」而去觀察。問題的根本，在於不去看自己要如何具弟子相、不看自己要如何具足功德，只看別人有沒有功德，主要是這樣。比如在《廣論》中說到，善知識之相要具足十德，但因時運故，不能的話至少要有一半，還不行的話至少要有八分之一。任何的善知識應該是沒有連兩種德相都不具的，比如他心地很善良、很會修行，或者很善說，總會具足兩個條件。要求善知識要具備最究竟圓滿的功德，自身的過失卻不去觀察，這主要就是自心腐爛之相。

　　我們也是，首先要用弟子相去觀察自己具足了多少，然後不是不需要對上師觀察，也要非常仔細地對上師觀察，否則也會出生很多過失。在這樣觀察之後，自己具有清淨信心，而且信心堅固的時候，就可以結下法緣。有了這個法緣之後，不論如何，如前面已經說了很多，必須不能退失信心！

　　總體來講，沒有產生師徒關係之前必須要觀察，這是很重要的，必須要觀察！已經產生了師徒關係以後，你再去觀察的話，真正來講這就是自己的過失。別人可能會說：「你們的上師，你們的師父，有這個缺點、那個缺點……。」你要是聽了別人的話，也是自己的過失。已經產生師徒關係以後，再觀察：上師這不對、那不對，這個說錯了、那個說錯了，這實際上是自己的過失。

　　觀察上師是否具相是很重要的，這點可以參考《喻法集》[7]。實際上要將《喻法集》與《藍色手冊》配合在一起，這並不會很困難，很簡單的！但我們沒有很多時間。《喻法集》中說到：「黃金井，具眼路。」這是博朵瓦大師舉的兩個譬喻，很簡單、很容易理解。「黃金井」，井裡有金子冒出來；「具眼路」，是指有眼睛的人。一共用兩個譬喻來說。那什麼是黃金井？博朵瓦大師這樣說：「如果有人說：在一座山上有一個金井，你們快去啊！」其他人是不會相信的。但如果說：「那有個金井，我要去，你們也要去！」自己先走，後面其他人也會跟著去。同樣地，上師也要這樣，自己要先希求菩提心，如果自己不希求，要其他人去希求，不可能的！這是一個比喻，上師也是要這樣子。

　　口　　譯：「金井」是金子做的井，還是井裡有金子？

　　仁波切：「金井」是有水的，金子做的。水裡也有金子，水也像金子。

　　簡要地講，「善知識」就是：自己在菩提路上殷重修行，也教別人殷重修行菩提。像這樣的人就叫善知識——自己在菩提路上殷重修行，也令別人殷重修行。

　　還有說到：「哈窩雪山，雀翎眼」。哈窩，是一座雪山的名字，一座非常大的雪山。善知識要像雪山，遠遠地看雪山會越來越明顯，不會越來越模糊；相對於站在雪山近邊看，遠看反而更清晰，遠看要這樣。

而在近距離的地方看，要像孔雀翎眼——羽毛上的翎眼，越近會越清楚看到更多的顏色。上師也是需要如此，遠看像雪山，近看像孔雀翎眼。孔雀羽毛有白色、黃色、紅色的色澤，越靠近看越能看到更清楚的色澤，上師的功德也要像這樣，才能幫助利益到他人。上師要這樣，這是在《喻法集》說的。

這樣的善知識，其教導弟子的方式，應像《藍色手冊》裡說的：「除了從苗芽漸次出生以外，沒有其他方法。」從苗芽漸次出生——種子種下去後會長出苗來，慢慢地苗越長越高；如果不這樣，一開始就想讓苗長得很高，也高不了、長不了。就像這樣，弟子要在心中生起功德，必須先將下面的基礎紮得堅固，以後再看能否在這之上依次生起功德，這很重要。所以才說依止善知識之理、依止上師之理是根本。心堅固了，在此之上，上師再教其他的法，越來越往上教，功德就能很快地上進。如果不是這樣，斷掉了一切的根本而想修高高的道，例如生起次第、圓滿次第等，就像揠苗助長一樣。什麼是揠苗助長呢？作物沒長大，就去幫忙往上拉。這應該是一個愚夫，他為了讓苗長得快一點就把苗往上拉，這下就完了，苗乾掉了。弟子在行持正法時也像這樣，一開始就想得到很高的法，好比說空性等等。我們都很希求空性的義涵，這是需要的沒錯，但是如果不依著次第、不依著根本，而去聽聞高深大法，就會像揠苗助長一樣，不能這麼做。要依著次第，以親近善知識軌理為根本，那麼在這之上功德就能往上增長，乃至最後修持生起次第、圓滿次第等等，所有的修行都能堅固生起。這是在《藍色手冊》中講到的。

　　上師教弟子必須這樣，要從最初次第教起；自己對自己也是一樣，要符合心量，照著次第一步一步學上去，所以是針對上師與弟子兩個方面。如果不這樣，不符順自己心量去學法的話，急急忙忙地修，就想趕快證得空性、獲得圓滿次第，這樣就會像「劣母育劣子」的喻一樣——愚劣的母親養愚劣的小孩，怎麼說呢？小孩的食欲、胃口很大，愚劣的小孩就會這樣。那小孩吃很多了還要很多食物，一直要、一直要；媽媽搞不清楚，就一直給、一直給，吃了很多東西之後，那小孩就死了。同樣地，如果不符順心量的話，就會像這個「劣母育劣子」一般。一位不知道怎麼養小孩的愚劣母親，她來養孩子的話，當然孩子也很愚劣，太貪婪、太貪吃了，給了還要、給了還要，然後食物就越給越多，就是這樣養小孩的。如果今天我們一直跟上師要這個、那個法，由於不合自己的能力，就毀了！這就跟「劣母育劣子」的喻一樣，劣母養育劣子，對孩子的食量完全不了解，不斷給、給、給很多，孩子消化不了食物就死掉了。就像這樣，不但沒有好處，反而有害。這是博朵瓦大師在《藍色手冊》裡說的。

口　　譯：小孩也會一直要這、要那嗎？

仁波切：會要很多食物，吃太多了就把命給丟了。同樣地，一個弟
　　　　　子要了很多跟自己程度不相順的法，像是甚深的空性或是
　　　　　生起次第、圓滿次第等等，那是不會懂的，下面的基礎都
　　　　　沒有！基礎不足而為此所害，也有因此墮入惡道的。

口　　譯：剛才問題主要是問，除了母親這樣亂養小孩外，小孩也有
　　　　　　主動一直要嗎？

仁波切：「劣母育劣子」，不論哪個，媽媽也壞、小孩也壞，都搞
　　　　　不清楚狀況，孩子就死掉了！那愚劣的母親不懂得怎麼養
　　　　　小孩。那麼應該要怎麼樣呢？應該如「賢母哺幼子」一般
　　　　　哺育幼子。賢母、善巧的母親就懂得如何養育小孩，善知
　　　　　識應該如是，知道將身體養胖要給什麼，符合食量，什麼
　　　　　可以吃、什麼不可以吃，何時可以再多吃一點、何時不能
　　　　　再多吃。如賢母育子般攝護弟子。

　　另外，博朵瓦大師也提到，一位好的護士照顧病人的時候，雖然飲
食可以幫助病情恢復，但是他不會因為病人想吃什麼就讓他吃什麼，這
會讓病情更加嚴重。病人就算想要吃多、喝多，也必須適量地給予，病
才會好。如同這樣，善知識種敦巴說法的時候也是適量地依著次第教
授。

　　藏布貢穹[8]住在山上的時候，看到鳥巢、「卡拉舖」──燕子，在
寺院裡我們叫「窟大」。看到燕子巢後，由此明白了上師對弟子說法的
方式。如何明白的呢？燕子在他修行處的山壁上築巢，用泥巴一層層地
築。他看到就想：這旁生真可憐啊，真的很辛苦！他就拿泥巴幫忙蓋，
一蓋，反而巢就全部掉了下來。然後他想：這是怎麼回事？到底築巢需
要些什麼？他仔細去觀察燕子，燕子先用泥漿，就是用水和土混成泥

巴，在岩面上畫了一個圖，是濕的；等乾掉之後，又在這上面這樣做。
這個乾掉後才又用泥巴一口一口往上放，依次地蓋，再讓它乾。過了一
天，他想：燕子怎麼不做了？結果過幾天，燕子又開始在上面依次地築
巢，沒過多久就築起一個很好的巢。看到這樣，他明白了上師引導弟子
修行也是有這樣的次第，必須有次第。

因此，說這些內容的根本是什麼呢？主要是對於道之根本——親近
知識軌理這個根本，我們要令心堅固，根本是這個，主要是這個！

口　　譯：燕子是先把土用唾液含在嘴中混合？

仁波切：先用泥水打個線，在岩上畫圖。他看到的可能不多吧！
　　　　　一、兩天之後牠就不見了，然後過了一、兩天再來繼續。

在依止軌理這方面是怎麼說呢？主要是自己有信心——這個近取因
的話，自然就不會缺乏善知識，這是法爾如是的道理。例如種敦巴勝者
生源是在雪域出生的，而上師阿底峽是在印度東方的孟加拉，但即使
是在遙遠的孟加拉，他也會來到雪域攝受弟子。所以如果自己有近取
因的話就會像這樣，如果沒有近取因，博朵瓦說就像他的弟子霞之昂巴
貢嘎一樣，不論怎麼教授對他一點幫助都沒有，毫無益處。博朵瓦說：
「內在由無近取因，故諸外緣悉無益，霞之昂巴貢嘎者，我寶明教無益
處。」就是這樣。如果有近取因的話，就像種敦巴勝者生源，即使生在
雪域西藏，阿底峽尊者也會大老遠地來攝受；內在沒有近取因的話，就

會像霞之昂巴貢嘎，雖然有博朵瓦來教導他，但完全沒有幫助。主要是自己信心的因緣，這很重要！

口　譯：霞之昂巴貢嘎有到博朵瓦身邊嗎？

仁波切：是弟子！實際上是弟子，但博朵瓦沒法幫他，因為沒有近取因。沒有近取因是什麼？就是沒信心。

口　譯：由於他沒有信心，就算博朵瓦大師來到他身邊也沒有利益。

仁波切：不論怎樣給予教授，也沒有利益。「我寶明教無益處」，寶明就是博朵瓦的名字。「霞之昂巴貢嘎者，我寶明教無益處」，即使給予教授也沒利益。

　　總之，主要是修信心。我們應該修習信心，並精勤如理依止善知識，我們每一位都要努力！如果自己修持以後具足信心的話，就能不缺乏善知識，恆常值遇佛法。就像宗喀巴大師說的一樣：「不久當如志力希有常啼佛子，及求知識不知厭足善財童子。」我們也要這樣發願。好！發願成為像常啼佛子和善財童子一樣！

　　法　師：師父，這邊「數思圓滿德相知識」怎麼解釋？

仁波切：喔，對的！也要去想這樣的圓滿德相。

口　　譯：「思」是怎樣？

仁波切：想善知識是具足所有德相，不能想我的善知識不具足。就算他是也好、不是也好，都要這樣想。不管具不具足，我們在觀想當中就要這樣觀想。我們觀察到他不具這個條件，也不一定是如我們觀察到的，很多時候是因為我們自己錯誤的觀察而顯示不出來。

　　如理依止善知識的勝利、不依過患，已經說了很多了。一般而言，打從內心毀謗師長、毀罵阿闍黎的話，來世是決定要入三惡道的，此生也會出生很多不想要的因緣，現法受、現前領受到果報的例子就有很多。西藏以前有很多例子，不重視上師的言教、不聽上師的話，比如一九五八、五九年間，在各個寺院都有很多毀謗上師的，由此引來諸多不吉祥的事。在我們寺院的附近，也有很多不恭敬上師言教的，這種例子講太多也沒有多大的意義，就不需要講太多了。最主要就是，先不論後世，即便今生也一定會遭受到病、鬼等很多不好的事情。以前因為不聽上師的言教，所以在西藏發生很多不順遂、不吉祥的事，大部分的根源即此。

法　　師：可否請師父講這方面的公案，幫我們策勵一下。

仁波切：要說嗎？這種事有很多，不太好。以西藏為例，第十三世
　　　　達賴喇嘛[9]在西藏執政時，說了很多教誡，但是沒有人聽
　　　　進去，沒有實際照著去做。講了什麼呢？因果的教授，要
　　　　重視因果、好好守護業果。但是聽話的很少，因此西藏的
　　　　教法才遭遇大災難。看外在的因緣雖然是如此，但以內在
　　　　事實而言，則是自己的錯誤；不重視上師的言教，而使聖
　　　　教產生很多劫難，實際上就是自己沒福報了！我自己會覺
　　　　得，這都是我們藏人不聽上師言教所造成的，一個一個講
　　　　的話太多了！關於這方面的故事很多，但現在不必講那麼
　　　　多。就在我們寺院裡，有些出家人不聽上師的話，反抗上
　　　　師，不是很多人，大概有四、五個，可憐！他們全部都得
　　　　了麻瘋病，這是現世報，現世報！對方成為自己的上師之
　　　　後，如果打從心底毀罵他，現見今生就得到病等災殃的就
　　　　像這樣，是非常明顯啊！

　　一般來說，在依止的時候，也有很多緣起弄錯、不謹慎的，看那若
巴[10]的公案就可以了知。在瑪爾巴要離開時，上師把吉祥勝樂金剛的壇
城及本尊天眾，非常清晰地迎請到前方的虛空。而瑪爾巴看到天上的聖
眾後，那若巴就問：「你是要先對本尊壇城天眾頂禮呢？還是對上師頂
禮？」瑪爾巴想：「本尊天眾只有今天才難得見到，而平常都能見到上
師。」所以就對本尊天眾頂禮，這是不好的緣起。因此大班智達那若巴
上師說：「於昔無師時，佛名亦非有，千劫諸佛陀，咸依師力生。」沒

有上師前，連佛的名字都聽不到，而所有的佛陀，都是依著上師而生的。說完後一彈指，壇城諸天眾全部融入上師的心間。原本瑪爾巴是可以即身成佛的，就因為如此，而無法即身成佛，關鍵就是這個緣起，也有這樣的啊！

總之，像這樣的還有很多，之前已經說過很多了，現在還是再說一下。一般對惡知識、惡友等要非常警惕，這是很重要的！例如對惡知識，一開始不觀察的話，我們前面說過了，現在說一下《喻法集》中的喻。如「誤蛇為影」，蛇在大樹所蔭蔽的影子底下，形成一大塊黑影，這棵樹就很蔭涼。印度熱的時候，人們會想：那邊有樹影很涼爽，而走進樹下。而在那裡有大毒蛇，毒蛇就把人吃掉了。《喻法集》中提到這個喻。

惡知識也有像這樣的危險，一開始不觀察而依止了一位假裝的善知識，起初會將你這生的受用耗盡，之後把你送入惡趣中。例如現在的格西們之中就有很多這種，假裝是上師的樣子，一開始很好地攝護他身邊的弟子，後來向弟子們拿很多財物等。之後弟子們認為這位上師所有的行為是惡劣、虛假的，因而退失信心，於是兩者皆墮入惡趣。這種事很多，非常危險！

同樣地，對於惡友也應該斷除。這個之前說過很多了，依止智者是很重要的，如果依止愚友，功德不會增長。自己應該遠離惡知識及惡友，而要依止具足善巧、聞思的善友，這很重要！如果不這樣依止的話，就會像「森林的織布者」一樣。

口　譯：森林的織布者？

仁波切：所謂的森林的織布者，以前有織布的人對吧？一個女織布
　　　　人為了求得紡織用的木頭，她就去森林中找木頭。到了一
　　　　個有很多好樹的地方，但她不去砍樹，因為假如砍了會破
　　　　壞那些森林、樹木。後來又去了很多森林，但也都是很
　　　　新、很好的樹，就都沒砍。她為了要做織布工具，到森林
　　　　裡採木頭，但由於很多樹都是新長出來的、很可愛，就捨
　　　　不得砍。

法　師：她捨不得去砍？

仁波切：她捨不得砍，在大片森林中轉了一圈，就是捨不得砍樹，
　　　　最後感動了樹林女神。樹林女神過來對她說：「你是好
　　　　人，你需要什麼樣的成就？可以給你一個。」因為她沒有
　　　　可詢問的朋友，就去問她的丈夫：「你喜歡哪個成就？說
　　　　個你喜歡的成就。」她丈夫是個愚蠢的人，想了一下她的
　　　　問題，就說：「以前妳只有四隻手腳織布，就賺到很多
　　　　錢；假如妳的後面也有四隻手腳，變成八隻手腳的話，
　　　　會賺到更多錢。」於是她便對樹神說：「要再多加四隻手
　　　　腳，要這個悉地。」才一說完，就長出四隻新手腳，成
　　　　為八隻手腳。她就回去城市，才到市郊，有人看到了就不
　　　　讓她進城。所以如果依靠惡友、愚友的話，就會像這個樣
　　　　子，依靠的朋友也需要有智慧。這個喻懂了嗎？

口　　譯：是妻子問丈夫嗎？

仁波切：對，是問丈夫，丈夫是個癡人啊！他不懂，才說要多四隻
　　　　手腳。《廣論》此處也有提到，要依止好的善知識，也要
　　　　依止智者為朋友，否則依止愚者的話，就會變成這樣。主
　　　　要就是要依靠善友，如果依止愚友，就會像這個喻，要講
　　　　的就是這個。

　　朋友很重要，這是一點。然後，在我們學習的時候，不管是學道次
第也好或是學什麼，當在上師面前的時候，我們每一位都能稍微攝持內
心，敬重善知識的教誡。但是當和善知識稍微分離的時候，就又回到自
己以前的習慣中，自己以前是怎樣，又回到那條路上，這樣是不行的。
一般而言，不論善知識在不在自己旁邊，不管怎樣，都要透由三門在善
法上精勤。

　　否則就像博朵瓦說的，他以前住在某處時，見到綿羊和山羊兩隻綁
在一起，用繩連起來。像我們以前放山羊出去時，還沒回來前，都將山
羊和綿羊綁在一起放牧，如果連結的繩子斷掉，綿羊就回綿羊的家，山
羊回山羊的家。博朵瓦說他有些弟子也是如此，在他身邊的時候，雖然
心有稍微變善良，修持也很好，一旦離開他去了別處，就又回到先前的
習性，成為山羊與綿羊，是山羊就回到山羊的家，綿羊就回到綿羊家。
就像這個喻，不能這樣做。我們都是內道佛教徒，比如只要身為一位僧
人，不論在不在上師的座前，自己一個人也好，不論怎樣都要長時將護

自己先前的那些軌則。這是一點。

另外，要符順上師的心意，這也很重要。自己想要求法的時候，必須在上師心情愉悅、符順師心的時候求。如果上師非常忙碌，而弟子一再求法的話，這樣會運氣不好，這種情況也是很多的。上師很忙，他卻一再一再求法，此時即使講法，也無法如實產生利益。例如寶賢大譯師[11]傳授給一位弟子本尊瑜伽的修法，那弟子修了之後，卻一點徵兆也沒有出現。因為沒有徵兆，就去請問寶賢譯師，說他按修法儀軌都修了，而且修了很多，卻還是不行，是怎麼了？寶賢譯師就說：「這個法傳給你的時候，我是用很歡喜的心傳給你的，你應該會得到成就，應該會出現徵兆，但是沒出現，可能是你儀軌的支分沒修完整吧？」儀軌！修法的時候他忘了洗澡，除了這點，其他都有按照上師的教誡去修。「喔！所以是你儀軌不完整，你洗完澡後再修吧！」之後就獲得了成就的徵兆。為什麼呢？上師歡喜地傳法給你，就加持門而言是很大的，上師歡喜傳的任何法都很容易修起，不歡喜地傳的話要修也是很難的。因此才說，求法必須要符順上師心意。

註釋

1　**色舉派**　指宗喀巴大師的弟子智慧獅子所傳承下來的密宗。由於在色的地方初建道場，故名色舉派。

2　**溫薩耳傳**　指格魯派中，由溫薩巴大師一系口耳相傳的成佛教授。

3　**班禪善慧法幢大師**　公元1567-1662。第四世班禪大師。為四世及五世達賴法王近圓戒師，並為扎什倫布、色拉、哲蚌三寺寺主，對格魯派教法有極大貢獻。

4　**篤那巴**　公元1402-1473。本名具德賢。生於後藏大拿達，從那塘成就慧師出家，親近克主傑、根敦主巴、智慧獅子、桑噶師利譯師等諸善知識，廣學聲明、曆算、顯密經教，特別從智慧獅子得到宗喀巴大師耳傳上師瑜伽《兜率眾神頌》，從克主傑大師得到不傳之密——《燈卷》。後於智慧獅子所授記處領眾講修密續，創立色舉派的寺院，於69歲為那塘大寺住持。世壽72歲。

5　**慧海大師**　公元1803-1875。為安多地區著名的持教大德。16歲出家學習五部大論，從三世貢唐大師學習道次第引導等諸多顯密教法，17歲受沙彌戒，26歲完成五部大論的學習，並精通朵瑪、書法等技藝，獲得智者的稱號。28歲受比丘戒。此師一生依止30多位善知識，廣學顯密教法，弘傳眾多稀有口傳教授，成為諸多傳承的寶庫。世壽73歲。

6　**《土觀宗派源流》記載很多中國大德修持《華嚴經》**　《土觀宗派源流》中提到，中國有華嚴五祖，那時他們以講聞這些方廣經而廣弘佛法。

7　**《喻法集》**　為噶當派祖師博朵瓦隨機散說的譬喻教言，經善知識札巴、札嘎瓦二師收錄而成，世稱此為博朵瓦大師的譬喻道次第，而大師的內義道次

第則為善知識鐸巴所輯的《藍色手冊》。

8 **藏布貢穹**　本名自在慧，又名卡惹貢穹，為噶當祖師袞巴瓦的弟子。師出生於後藏上部，曾聽受大圓滿的教授，後至熱振寺，依止大瑜伽師及袞巴瓦七年，完整聽受噶當派的口訣。之後獨自專修，十一年間，夏日唯飲蘿蔔粥，冬季但食蔓菁糊。由於精熟慈悲及菩提心，所以山中禽獸都恆來依附。曾將心中證悟供養博朵瓦大師，令大師極為歡喜，讚歎道：「我等師徒都不及彼一日之修持。」後至卡惹的山洞中修行，故名卡惹貢穹。

9 **第十三世達賴喇嘛**　公元1876-1933。本名語王善慧聖教大海離畏自在普勝諸方軍。4歲在班禪大師座前出家，20歲在經師普布覺仁波切座前受比丘戒，24歲考上拉朗巴格西學位，並依眾望執掌政教。廣學格魯、寧瑪等各派法教。一生致力於改善西藏政教。世壽58歲。

10 **那若巴**　為11世紀中，印度大成就者帝洛巴的親傳弟子，及為西藏瑪爾巴譯師的上師。將勝樂及那若六法等密法傳給瑪爾巴，也是阿底峽尊者的上師之一。

11 **寶賢大譯師**　公元958-1055。為西藏後弘期新譯密法的大譯師。生於阿里上部，自幼勤奮學習，故為智光王遣至喀什米爾。師從諸多智者學法，善達聲明、量學、醫方明及顯密教法等。學成以後返回西藏，廣譯密法、醫明等經典。世壽98歲。

AMRITA TRANSLATION FOUNDATION

創設緣起

　　真如老師為弘揚清淨傳承教法，匯聚僧團中修學五部大論法要之僧人，於 2013 年底成立「月光國際譯經院」，參照古代漢、藏兩地之譯場，因應現況，制定譯場制度，對藏傳佛典進行全面性的漢譯與校註。

　　譯經院經過數年的運行，陸續翻譯出版道次第及五部大論相關譯著。同時也收集了大量漢、藏、梵文語系實體經典以及檔案，以資譯經。2018 年，真如老師宣布籌備譯經基金會，以贊助僧伽教育、譯師培訓、接續傳承、譯場運作、典藏經像、經典推廣。

　　2019 年，於加拿大正式成立非營利組織，命名為「大慈恩譯經基金會」，一以表志隨踵大慈恩三藏玄奘大師譯經之遺業；一以上日下常老和尚之藏文法名為大慈，基金會以大慈恩為名，永銘今後一切譯經事業，皆源自老和尚大慈之恩。英文名稱為「AMRITA TRANSLATION FOUNDATION」，意為不死甘露譯經基金會，以表佛語釋論等經典，是療吾等一切眾生生死重病的甘露妙藥。本會一切僧俗，將以種種轉譯的方式令諸眾生同沾甘露，以此作為永恆的使命。

　　就是現在，您與我們因緣際會。我們相信，您將與我們把臂共行，一同走向這段美妙的譯師之旅！

大慈恩譯經基金會官網網站：https://www.amrtf.org/

AMRITA
TRANSLATION FOUNDATION

———— 創辦人 ————

真如老師

———— 創始董事 ————

釋如法 釋禪聞 釋徹浩 釋融光

———— 創始長老 ————

釋如證 釋淨遠 釋如淨

———— 創始譯師 ————

釋如密 釋性柏 釋如行 釋性華 釋如吉 釋性忠 釋性展 釋性理

———— 創始檀越 ————

盧克宙闔家 陳耀輝闔家 賴錫源闔家 簡清風 簡月雲 張燈技闔家
賴正賢闔家 吳昇旭闔家 吳曜宗闔家 青麥頓珠闔家 劉素音
李凌娟 彭奉薇 楊勝次 桂承棟闔家

———— 創始志工 ————

釋衍印 釋慧祥 釋法行 釋性由 釋性回 胡克勤闔家 林常如闔家
李永晃闔家 李月珠闔家 潘呂棋昌 蔡纓勳

創始榮董名單

彭劉帶妹　張曜楀闔家　蔡榮瑞　蔡佩君　陳碧鳳　吳曜宗　陳耀輝　李銘洲
鄭天爵　鄭充閭　吳海勇　任碧玉　任碧霞　鐘俊益邱秋俐　鄭淑文　廖紫岑
黃彥傑闔家　唐松章　陳贊鴻　張秋燕張火德闔家　釋清達　華月琴　鄭金指
郭甜闔家　鉦盛國際公司　高麗玲闔家　嚴淑華闔家　賴春長闔家　莊鎮光
馮精華闔家　簡李選闔家　黃麗卿闔家　劉美宏闔家　鄭志峯闔家　紀素華
紀素玲　林丕燦張德義闔家　潘頻余潘錫謀闔家　鍾淳淵闔家　林碧惠闔家
陳依涵　黃芷芸　蔡淑筠　陳吳月香陳伯榮　褚麗鳳　釋性覽釋法邦　張健均
林春發闔家　吳秀楮　葉坤土闔家　黃美燕　黃俊傑闔家　陳麗瑛　張陳芳梅
吳芬霞　釋法將林立茱闔家　張俊梧楊淑伶　邱金鳳　邱碧雲闔家　詹明雅
陳奕君　翁春蘭　陳財發王潘香闔家　舒子正　李玉瑩　楊淑瑜　徐不愛闔家
地涌景觀團隊　林江桂　簡素雲闔家　花春雄闔家　鍾瑞月　謝錫祺　李回源
蘇新任廖明科闔家　張桂香闔家　沈佛生薛佩璋闔家　張景男闔家　李麗雲
張阿幼　古賴義裕闔家　鍾乙彤闔家張克勤　羅麗鴻　唐蜀蓉闔家　陳卉羚
蔡明亨闔家　楊智瑤闔家　林茂榮闔家　郭聰田　曾炎州　林猪闔家　林登財
艾美廚衛有限公司　張幸敏闔家　呂素惠闔家　李明珠　釋清暢歐又中闔家
李文雄闔家　吳信孝闔家　任玉明　游秀錦闔家　陳曉輝闔家　楊任徵闔家
何庚燁　洪桂枝　福智台南分苑　張修晟　陳仲全陳玉珠闔家　黃霓華闔家
林淑美　陳清木張桂珠　張相平闔家　潘榮進闔家　李明霞闔家　張米闔家
釋聞矚劉定凱闔家　林祚雄　陳懷谷闔家曾毓芬　陳昌裕闔家　釋清慈闔家
立長企業有限公司　林翠平闔家　楊勝次闔家　楊貴枝蕭毅闔家　釋性亨

2023-2024 榮董名單

2023-2024

王昭孌闔家　詹蕙君　付慈平　彰化15宗07班　妙群闔家　曾順隆闔家
羅惠玲闔家　俊良美純秀英闔家　釋聞王釋聞浩　莊郁琳李國寶闔家
劉秀玉邱家福　釋性呂王志銘闔家　粘友善黃招治闔家　盧明煌盧陳幼
鄭惠鶯　釋性利　林淑敏　孫濤張麗榮闔家　林忠義闔家　李慶財闔家
李逢時林秋香闔家　蔣瑜闔家　李建彤　陳怡君闔家　釋超怙及增上班
釋清燈徐鄭秀鳳　釋性求顏國宏闔家　龍寶建設股份有限公司　釋清翰
侯美賢林秀蓮闔家　李彩蓮闔家　利駿貿易有限公司　鄭伯達鄭蔡佳珠
管素瑜闔家　林藝帆闔家　李春郎闔家　李翊綺闔家　黃登洲闔家
莊浚楓闔家　翁燕如闔家　張語彤闔家　李志峰闔家　鄧雅如闔家
林綉錦闔家　謝錦敏闔家　朱晉熙闔家　李春田闔家　劉嘉蘭闔家
花春雄闔家　蔡明興闔家　郭文隆闔家　楊鴻鵬闔家　高美蘭闔家
林家誼闔家　楊惠玫闔家　陳靜慧闔家　唐廷照闔家　陳福臺闔家
陳武華闔家　陳志聲闔家　吳春山闔家　謝麟兒闔家　林正雄闔家
陳三奇闔家

四家合註入門②

哈爾瓦·嘉木樣洛周仁波切講記【增訂版】

造　　論	宗喀巴大師
合　　註	巴梭法王　語王堅穩尊者　妙音笑大師　札帝格西
講　　述	哈爾瓦·嘉木樣洛周仁波切
總　　監	真　如
合註漢譯	釋如法、釋如密等
講記漢譯	釋性柏、釋如行等

責任編輯	伍文翠、廖育君
編輯協力	沈平川、張慧妤、葉惠欣、侯貞君、賴韻如
美術設計	王佳莉、吳詩涵
繪　　圖	鄭秋梅
美術完稿	吳詩涵
排　　版	華漢電腦排版有限公司
印　　刷	上海印刷廠股份有限公司

出 版 者	福智文化股份有限公司
地　　址	10555台北市松山區八德路三段212號9樓
電　　話	(02) 2577-0637
客服Email	serve@bwpublish.com
總 經 銷	時報文化出版企業股份有限公司
地　　址	桃園市龜山區萬壽路二段351號
電　　話	(02)23066600 轉2111
出版日期	2024年07月　二版一刷
定　　價	新台幣980元
I S B N	978-626-95909-5-7

國家圖書館出版品預行編（CIP）目資料

四家合註入門：哈爾瓦．嘉木樣洛周仁波切講記 / 宗喀巴
　大師造論；巴梭法王，語王堅穩尊者，妙音笑大師，札
　帝格西合註；哈爾瓦．嘉木樣洛周仁波切講述；釋如
　法，釋如密等合註漢譯；釋性柏，釋如行等講記漢譯．
　-- 二版 . -- 臺北市：福智文化股份有限公司, 2022.10-
　冊；　公分
　ISBN 978-626-95909-5-7　（第 2 冊：精裝）

1.CST: 藏傳佛教　2.CST: 注釋　3.CST: 佛教修持

226.962　　　　　　　　　　　　　　　　111013747